我的职业是妈妈
我的事业是孩子

孩子的成长是一个漫长的过程，
也是一个极其复杂的过程。
妈妈一定要特别注意自己的教育方式，
要不断尝试着跟自己的孩子不断地沟通，
千万不能在这份事业中迷失方向。

文　静◎编著

◎用赏识和赞美成就明天的英才◎

中国华侨出版社

图书在版编目（CIP）数据

我的职业是妈妈 我的事业是孩子/文静编著．—北京：中国华侨出版社，
2012.9（2014.11修订版）

ISBN 978 - 7 - 5113 - 2661 - 4

Ⅰ.①我⋯　Ⅱ.①文⋯　Ⅲ.①家庭教育
Ⅳ.①G78

中国版本图书馆 CIP 数据核字（2012）第 159282 号

●我的职业是妈妈 我的事业是孩子

编　　著/文　静
责任编辑/文　筝
封面设计/纸衣裳书装
经　　销/新华书店
开　　本/710×1000毫米　1/16　印张18　字数220千字
印　　刷/北京溢漾印刷有限公司
版　　次/2012年10月第1版　2014年11月第2次印刷
书　　号/ISBN 978 - 7 - 5113 - 2661 - 4
定　　价/32.80元

中国华侨出版社　　北京朝阳区静安里26号通成达大厦3层　　邮编100028
法律顾问：陈鹰律师事务所
编辑部：（010）64443056　　64443979
发行部：（010）64443051　　传真：64439708
网　址：www.oveaschin.com
e-mail：oveaschin@sina.com

前 言

　　由一个女孩变成女人，可能需要 20 年左右的时间，但是由一个女人变成妈妈，却需要付出女人一生的努力。每个女人，从自己的孩子呱呱坠地的那刻起，她就有了一份属于自己的一生的职业——妈妈，也开始了自己一次不允许失败的创业——孩子。当然在这个职业中，她永远都不能辞职，永远也不会退休；在这次创业中她也不允许失败，更不允许放弃。并且这个职业对从业人员的要求也很高，除了要有一颗温暖宽厚的爱心，还需要有一双善于观察和发现的眼睛，一个不断学习和发挥智慧的脑袋，并且还要有一双能"授人以渔"的手……

　　可能初次接触这份职业，每个妈妈都会感觉到有一些恐慌，毕竟没有任何的经验，并且这份职业也没有让自己试验的机会。但是即使这样，妈妈们也不要担心，因为妈妈天生就是这份事业的经营者，也天生是这份职业的操作者，所以妈妈要相信自己能够用爱心以及智慧经营好自己的事业，能够通过不断的学习以及思考做好自己的工作。

　　在这份不允许失败的创业中，妈妈想要经营好自己的事业，那么一定先要学会修炼自己，完成自己从女人花到育人树的蜕变。用爱去滋润自己的孩子，让他们在妈妈的爱心以及支持下快乐的成长；提升自己的耐心，让他们能够时刻感受到来自妈妈的呵护；提

1

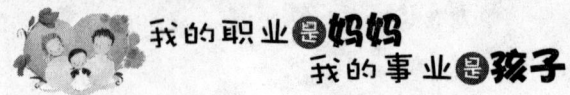

升自己的修为，尽量跟自己的孩子站在同一条起跑线上，不要让孩子拉开与自己的距离；找出孩子真正的需要，让他们顺势而为，成长成一个真正独立的个体；并且不要忘记以伯乐的慧眼去敏锐地观察他们，发现他们，给予他们积极地引导、赏识和鼓励，只有这样孩子才能在爱的世界里面徜徉，才能在享受爱的时候感受到来自妈妈的认同，才会变得更加自信，用饱满的热情去做自己喜欢的事情，从而在不久的将来，真正像千里马一样傲视群雄，驰骋天涯。

孩子的成长是一个漫长的过程，也是一个极其复杂的过程，作为这份事业经营者的妈妈一定要有韧性，也要有自己的一些适当的经营策略，来让自己的这份事业变得更加的完美。孩子在成长过程中可能会调皮，会任性，会无理取闹，会有一些小秘密，也会犯错，这时候妈妈一定要特别注意自己的教育方式，也要不断尝试着跟自己的孩子去不断地沟通，千万不能在这份事业中自己迷失方向。当孩子犯了错，有了不好的念头，妈妈一定要及时地引导指正，去巧妙地破解他们的内心密码，帮助他们解决问题，从而让自己更专业地去解决在这次创业中发生的一切问题。

《我的职业是妈妈，我的事业是孩子》这本书就是给经营着孩子这份事业的妈妈们一些建议，让她们在这条路上省去一些麻烦，让她们少走一些弯路，从而将自己的事业经营得更好，经营得更加完美。

在孩子的这份职业中承载了妈妈们太多的希望跟理想，也融入了太多的关爱与祝福，所以妈妈们，让我们将眼光放远，让我们保持自信，让我们用爱以及智慧去经营，让我们一直努力，相信总有一天我们会收获成功，会拥有幸福，也会实现那个深埋在心中的伟大理想。

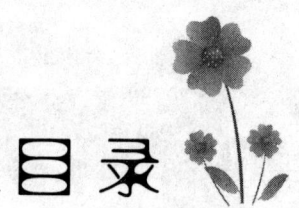

目 录

第一章　不许失败的创业
——从女人花到育人树的蜕变

　　当一个女孩儿变成女人，需要20年的时间，而当一个女人变成了母亲，却需要付出一生的努力。曾经的女人像是一朵美丽的花朵散发着诱人的芬芳，而做了母亲之后就化作了一棵挺拔的育人之树，散发着恬静的奶香。也许起初的你并没有做好什么准备，也不知道怎样才能培育好这个从自己身体里孕育出来的小生命，然而不管你怎么想，这都是一次不许失败的创业，这条路上只能成功，只能用心，当然也必须幸福……

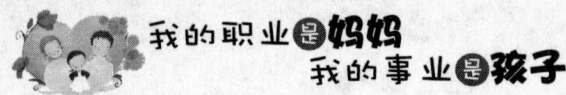

第二章　睁开伯乐的慧眼
——用赏识和赞美成就明天的英才

　　孩子是一个独立的个体，有着天生的个性和特质。随着年龄的增长，他们会有自己许许多多的想法和行动。老人们常说："三岁看大。"作为孩子事业的经营者，妈妈必须具备独到的眼光，以伯乐的慧眼去敏锐地观察孩子，发现孩子，并给予其积极地引导、赏识和鼓励，只有这样孩子才能更加自信，用饱满的热情去做自己喜欢的事情，在不久的将来，像千里马一样傲视群雄、驰骋天涯。

第三章　经营事业的温度
——耐心感召，创造温馨家庭事业

如果说妈妈是孩子的第一任老师，那么家庭就是孩子的第一所进修学校。它就像一个企业，需要自己别具一格的企业文化，只有这样里面的人才能得到耳熟目染的熏陶。所以，要想让孩子这个永恒的事业得到长足的发展，就必须给孩子营造一个温馨而恬静的家庭氛围，身体力行地去影响孩子、感染孩子，既体贴入微又伸张有度。只有这样，孩子才能在家人的关怀下茁壮成长、明辨是非，拥有更多的幸福和快乐。

第四章　解密内心的玄机
——成为最一流的心灵捕手

每个孩子都有自己的小秘密，每个孩子都有自己的小困惑，每个孩子都渴望靠着自己的能力找到自己内心的种种疑问。作为家

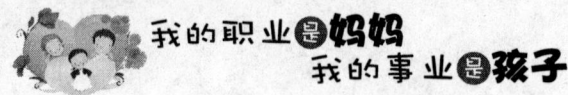
长，要以过来人的心态看待孩子的种种表现，做一名一流的心灵捕手，巧妙地去引导，去破解孩子内心深处的心灵密码。帮助他解决问题，但同时又不过分侵占他的领地；排除他的忧伤，但又不剥夺他们自主解决问题的权利；对他适度理解，却从不减少自己管理引导的力度，这才是作为一个事业经营者最聪明的处世哲学。

第五章　展望未来的航程
——找准方向，做好事业掌舵手

　　当一个人还是孩子的时候，他80％的未来都掌握再自己的父母手中，为了让这份不许失败的事业能够在自己的经营之下越来越好，妈妈绝对不能迷失方向。相反我们要做一名成功的掌舵手，指引孩子拥有更好的发展，锻炼孩子各种各样的能力，磨炼他们坚强的意志和勇往直前的气魄。只有这样，我们事业的航程才会越行越远，最终到达理想的阳光彼岸。

第六章　掌握交流的策略
——沟通，必不可少的管理平台

　　这个世界需要沟通，只有沟通了才能消除误解、扫除障碍、更好地发展和进步。同样妈妈和孩子之间也需要交流和沟通，这是一个亲近的过程。一个增进信任的过程，也是一个理解和和解的过程。它需要妈妈不断地更新自己的思想，转变交流的方式和策略，和孩子保持在一个平等的位置上。它是一个必不可少的事业管理平台，只有维护好这个平台，才能推进事业更稳定地上升，才能真正打开那扇自我封闭的心门。

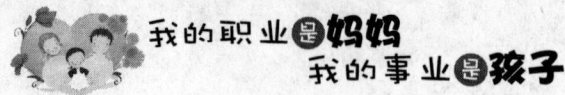
第七章　谱写宽心的智慧
——用尊重与理解为事业保驾护航

　　有了孩子仅仅有耐心还是不够的，除此之外我们还必须拥有一个宽容的胸襟，当孩子第一次冲你发脾气，当孩子在你面前理所当然地搞破坏，当孩子不小心打破了装牛奶的玻璃杯坐在那里哇哇地哭泣，你一定要抑制住心中的怒气，更不要用各种各样的方式去责罚他们。要知道他们是你爱的延续，要想将这份事业更好的经营下去，我们必须学会尊重和理解。它是你为事业保驾护航的必备工具，也是你作为妈妈这个经营者所必须拥有的大智慧。

第八章　坚持到底的理想
——永无止境，爱让事业尽善尽美

在每个妈妈心中孩子都是自己一生的事业，他承载了自己太多的希望和理想，就好比是自己用一生精心雕琢出来的作品，我们总是希望他能够尽善尽美，总是希望他能够更加完美。于是孩子就这样慢慢长大，在他还很小的时候，妈妈就已经高瞻远瞩地将自己的目光放远到了遥远的未来，不停的运作，不停的辛劳，最终为他插上了展翅高飞的翅膀。然而，事业还在继续，妈妈的努力还在继续，勇敢地去经营自己的这份爱吧，尽管从未奢求回报，但你一定会得到自己想得到的东西……

当一个女孩儿变成女人，需要 20 年的时间，而当一个女人变成了母亲，却需要付出一生的努力。曾经的女人像是一朵美丽的花朵散发着诱人的芬芳，而做了母亲之后就化作了一棵挺拔的育人之树，散发着恬静的奶香。也许起初的你并没有做好什么准备，也不知道怎样才能培育好这个从自己身体里孕育出来的小生命，然而不管你怎么想，这都是一次不许失败的创业，这条路上只能成功，只能用心，当然也必须幸福……

第一章 不许失败的创业
——从女人花到育人树的蜕变

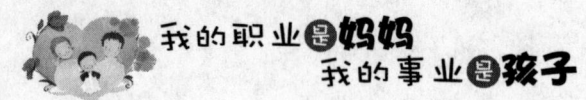

爱无痕迹，做一个默默无闻的支持者

在这个世界上没有什么爱比母爱更让我们感觉到温暖，不仅仅因为它的无私，还因为它不留痕迹。年轻的时候我们不理解母亲的爱有多么宝贵，然而当自己真的成为母亲的时候才发现，原来做孩子默默无闻的支持者也是如此的美好和幸福。

每个母亲都对孩子有着各种美好的期望，把孩子带到这个世界上，最希望的就是他能够茁壮的成长，能够在未来的社会中拥有属于自己的一片天地。在妈妈看来，孩子就是自己的一份终身事业。不管别人怎样看待他，怎样评论他，在妈妈的心里孩子永远是一份难以割舍的情感，一块放在哪里都不放心的宝贝。为了这份事业能够顺顺利利地经营下去，为了它能够变得越来越兴旺、越来越美好，每个母亲可以说都是不遗余力地奋斗着，默默无闻地耕耘着。

人们常说："爱无需挂在嘴边，爱始终存在心里。"每一个母亲从来都不曾在付出的时候在意留下怎样的痕迹，尽管从未跟孩子说过"我爱你"，但是却无时无刻不在经营着这份爱的事业。当我们由一个女人升级为一个母亲，就会不由自主地绕到孩子的身后，默默地鼓励他们，推动他们，做他们最无声、最不求回报的支持者。

　　舟舟出生于 1978 年 4 月 1 日，母亲把他带到这个世界上的时候是如此的幸福和喜悦。为了他今后能够生活得更加快乐幸福，母亲给他起了一个好听的名字胡一舟，意在希望他像一叶自由的小舟，快乐地去访问人生的每个港口。然而，舟舟还没有满月，就被查出患有先天愚型病，也就是我们常说的智障。

　　尽管舟舟智力不高，可这位母亲还是有意识地培养孩子的自立意识，从来不限制他接触外面的世界。吃早餐时，母亲会给舟舟两块钱，让他自己出去买自己想吃的东西，但很多次舟舟都是哭着跑回了家。还有一次，已经 12 岁的舟舟竟然光着身子哭着跑回了家。原来，外面的坏孩子看舟舟是智障就有意地欺负他，还扒光了他身上所有的衣服。看到自己的儿子受到了这样的屈辱，这位母亲伤心极了，但她还是不愿意把舟舟关在家里，使他失去生活和快乐的权利。

　　一天，舟舟的母亲不经意间路过一家音像店，发现有一大群人在围观，时不时地还传来鼓掌声和喝彩声。出于好奇心她走近一看，简直不敢相信自己的眼睛，原来看似呆板的舟舟正在那儿进行音乐指挥，他的动作竟是如此的洒脱自如！突然，这位母亲看到了希望，心想自己不能把舟舟培养成大学生，为什么不引导他向音乐指挥方向发展呢？于是，她下定决心要帮助舟舟实现当音乐指挥的梦想。

　　于是，这位母亲便从音像店买来很多类似《梁祝》《卡门》《拉德斯基》等曲子的磁带，随时播放给舟舟听。而舟舟无论在哪儿，他一听见音乐就会挥舞双手指挥起来！

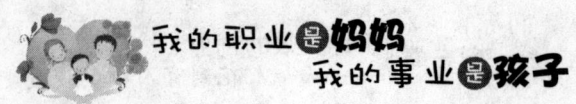
我的职业是妈妈　我的事业是孩子

　　1999 年元旦前夕，中国残联特地邀请舟舟参加残联举办的春节晚会。在那次晚会上，舟舟将自己的音乐天才发挥得淋漓尽致，残联主席邓朴方拥抱着舟舟，深情地说："一切生命都是伟大的！"而这个时候，他的母亲却躲在一个角落悄悄的流下了眼泪。

　　舟舟是一个智障的孩子，在很多人眼中他没有任何希望，甚至有些人还会片面地觉得他活着没有任何意义，但是就是这么一个看起来没有希望的孩子，却在母亲的默默支持下成就了一段不可思议的神话，迎来了众人的惊叹和欣赏。可谁能知道从他出生到走上指挥台的那一刻，这位默默无闻的母亲付出了多少艰辛和努力。整个过程中，没有抱怨，没有放弃，没有过多的语言，有的只有坚强、执著和美好的憧憬。由此可见，母爱是多么的伟大，是多么的无私。美国现代教育家约翰·杜威说："做孩子永远的支持者，永远爱孩子，永远赏识你的孩子，而没有任何附加条件，这样才能让他真切地体会到父母的爱。"这正是我们每一位做母亲的人所必须具备的优秀品质。有了这样的坚持和博爱，相信每一个孩子都能最大限度地施展自己的舞台，在妈妈的支持下走向属于自己的成功。

　　那么这时候很多母亲一定会问，究竟应该怎样做才能给孩子最为有利的支持呢？究竟怎样做才能让孩子在自己的支持下，一步一步地靠近成功呢？下面就为大家提出一些建议，希望对妈妈们有所借鉴和参考。

找到孩子的兴趣点

　　每个孩子都有着自己的兴趣点，这个时候作为妈妈千万不要以自己的主观意识去判断孩子需要什么，而是要绕到他的身后仔细地观察。一旦找到了他的爱好，就要想方设法地去维护，去支持，鼓励他在自己感兴趣的领域更好地探索和发展。

给孩子最有效的帮助

要做到最大限度支持孩子，就要在他最需要帮助的时候挺身而出，给予他最有效的帮助和支持。例如孩子喜欢音乐，却苦于财力买不到吉他，再比如孩子遭遇探索的瓶颈，有了想放弃的失落，这时候都需要妈妈的鼎力支持和关怀，我们必须要在财力和心理上成为孩子的坚强后盾，只有这样才能排除他内心的忧虑，专心致志地做自己的想做的事情。

默默地鼓励

鼓励是这个世界上最强大的支持，他可以给予一个人更多的勇气，更多的拼搏精神，而这些都是孩子最需要的精神食粮。作为家长，一定要成为孩子最默默无闻的支持者，用自己的言谈和眼神为他鼓舞士气，告诉他不管什么时候、什么情况，他都不是一个人，你永远是他最忠实的支持者。

妈妈职业通行证 》》》

有的时候你是沉默的，但是爱却早已付出了很多；有的时候你没有痕迹，但是却给予了他最动听的声音。妈妈和孩子之间有时候真的需要那么一点默契，当孩子快乐地去经营一项自己认为很伟大的梦想，作为妈妈一定会站在他看不到的角落露出淡淡的微笑。不管他能不能成功，母亲永远都是他身后最默默无闻的支持者。

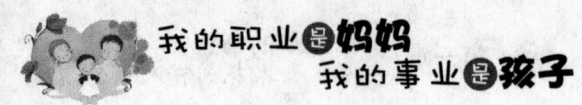
历练耐心，将育儿之路进行到底

也许孩子的哭闹一度让你心烦意乱，也许你面对他们的低级错误懊恼不已，也许你时常会有怎样才能将这个心肝宝贝养好的焦虑，但不管怎样，我们都必须拿出耐心，保持将育儿之路进行到底的信念，毕竟明天的明天你还要有很长一段路要和宝贝一起走过。

不管是哪位母亲，一提起自己育儿的经过的时候总是充满了各种各样的感慨。或许有人还会抱怨孩子接受知识太慢，教了多少遍都不会；有人看到孩子犯低级错误就觉得很伤脑筋，不知道怎么引导才能让他不要总是这样反反复复地让人操心。其实，孩子必定还是孩子，我们小的时候也未必就把每件事情做得都很优秀。作为妈妈，我们还是应该拿出自己的耐心，只有将育儿这条道路进行到底，才能在最终让孩子的这朵心中的花朵开出最亮丽的颜色。

试想一下，如果你用一颗充满关爱的心去认真对待那些成绩平平、没有养成良好学习习惯的孩子，你会有怎样意想不到的收获呢？不过在得到这些收获之前，你首先就必须拿出足够的耐心，我们必须让孩子看到自己心中的那份真诚，而不是一副不耐烦或者是勉强为之的怪模样。要知道，孩子是最敏感的，他会分辨哪些是真诚，哪些是勉强应付，哪些是敷衍糊弄。作为一个妈妈来说，身上背负着教育孩子的责任，并且是一个比孩子强大很多的成年人，如果这时候对孩子没有足够的耐心，怎么还能指望他对你有多么强烈的好感呢？孩子毕竟是孩子，他的心智绝对是不成熟的，各方面都需要母亲的诱导，没有足够的耐心怎么能做好孩子这项长远而伟大的事业呢？也许以前的你总是把问题考虑得很简单，认为自己对孩子们已经尽心尽力了，其实仅凭那点努力是远远不够的。富兰西斯·培根在《论求知》里有这样一个比喻："孩子的天性犹如野生的花草，而我们的工作就是修剪移栽。"如果你的工作做得不细致，你能指望着花园里的花草会成长得赏心悦目吗？

丹丹每次到钢琴老师那上课，都要被老师指出几个错音。今天让妈妈着急的是，一个错音已经指出多次了，丹丹就是一错再错。妈妈认为这分明是他弹琴不用心！回家的路上，妈妈跟丹丹说，"犯错误不怕，但人不能两次掉到一个井里，同样的错误一错再错，知错不改，这么不用心，将来能干什么。"到了家，妈妈决定马上带他练琴。弹第一遍时老师指出的那个错音就又错了，连弹数遍还是一错再错。"看你再不用心！再错看我不扇你！"妈妈已经越来越不耐烦而开始发怒了，但妈妈的盛怒并没有起作用，错音又来了。丹丹当然挨了一顿打。但丹丹已经习惯了，什么指尖站立呀、指法不对呀，从开始学琴，打没少挨，骂、吼是常事。丹丹的妈妈也不理解，平时孩子比较听话，可不知为什么，就是在学琴时，一旦出错误就总是屡次三番地错，总也不改。

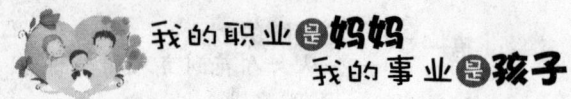

可能大多数学琴孩子的妈妈都有过故事中这样的经历。其实作为大人，我们应该相信，没有哪个孩子天生愿意惹人生气，而不愿意吸取教训改正自己的错误的。当一个错误总是经常地出现时，作为母亲，我们应该耐心地分析一下为什么，而不要动辄就责备孩子不用心、不注意。其实有的时候孩子很可能是遇到了无法逾越的障碍，正在期待你的引导和帮助，而这时候如果你只是一味地责备，只能让孩子幼小的心灵受到伤害，最终使他们自暴自弃，丧失了继续学习的热情。与上面的例子相比，下面故事里的这个妈妈就要明智得多。

史蒂芬·葛莱恩是一位著名的科学家，在医学领域曾有过重要的发现和成就。这与他的母亲对他的教育密不可分。

有一次，他趁母亲不在身边的时候，想自己试着从冰箱里拿一瓶牛奶。可是瓶子太滑了，他没有抓住，掉在地上，牛奶洒得满地都是。他的母亲闻声连忙跑到厨房里，面对眼前的一切，她相当沉着冷静，并没有教训或惩罚他，而是故作惊讶地说："我还从来没见过这么大一摊牛奶呢！哎，反正已经这样了，在我们打扫干净以前，你不想玩几分钟牛奶吗？"听母亲这么一说，他高兴坏了，马上在牛奶上玩起来。几分钟后，母亲对他说到："史蒂芬，你知道，今后，无论什么时候，当你制造了像今天这样又脏又乱的场面时，你都必须把它打扫干净，并且要把每件东西按原样放好。你想和我一起把它打扫干净吗？我们可以用海绵、毛巾或者是拖把来打扫。你想用哪一种呢？"母亲接着问。他选择了海绵。很快，母子俩就

8

一起把满地的牛奶打扫干净了。然后，母亲又对他说："史蒂芬，刚才，你用两只小手去拿大牛奶瓶的试验失败了。那么，你还想不想再学。"史蒂芬点点头。"那好，我们到后院去，把瓶子装满水，看看你有没有办法把它拿起来，而不让它掉下去。"在母亲的耐心指导下，小史蒂芬很快就学会了，只要双手抓住瓶颈，瓶子就不会从手中滑下来。他笑着对母亲说："这堂课好棒啊！谢谢妈妈！"

面对孩子小小的失误，妈妈并没有责备或者是惩罚他，而是用自己独特的方式给孩子上了一堂生动形象的课。在我们的生活中，可能孩子总会犯这样那样的错误，总是会做出很多不尽如人意的事情，但是作为母亲，我们还是应该拿出自己的耐心去接纳孩子，引导孩子，因为很多时候他们对眼前的事情一知半解，很多时候他们自己也不清楚自己在做些什么，很多时候他们根本不知道眼前的事物发生了自己应该怎么去处理，而这一切作为大人，我们都应该有这份责任和义务去帮助他们，引导他们，用自己的耐心和包容给他们更多安全的感觉，只有这样孩子才会渐渐地长大，渐渐地成熟，渐渐地掌握处理问题的方式方法，这是一项长期的、伟大的工程，需要母亲用自己的耐心去用心地经营，去耐心地培养。只有这样孩子的这项事业才会越做越好，越走越顺。

妈妈职业通行证 》》》

如果有一天你发现你的怒吼和打骂已经再也起不到任何作用，如果有一天你发现自己的烦躁和敷衍让孩子的脸上出现了失望和沮丧的神情，如果你发现你的孩子似乎已经习惯了你失去耐心以后的

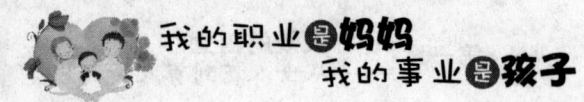

那种紧皱眉头的表情，那么作为母亲，你真的应该好好检讨改变一下现在的教育方式了。我们应该知道孩子还仅仅只是个孩子，只有我们真真正正付出耐心的时候，他才会更快乐、更顺利地茁壮成长。

提升修为，和孩子站在一条起跑线上

虽然你是大人，也不要觉得自己有什么了不起，尽管你是孩子的妈妈，也要记得将自己摆在和孩子平等的位置上。教育孩子需要耐心，需要信心，但同时也需要童心。只有我们和孩子站在同一条起跑线上，才能更深切地了解他们，知道他们需要什么，心里在想什么。当然最重要的是，你真的能够和他成为最亲密无间的好朋友。

从孩子出生的那天起，母亲就在瞬间完成了从女人升级为妈妈的转变，也许你在这个角色转变中还不是那么的适应，也许你看着那个娇小的生命忽然有一些手足无措，也许你对怎样把他抚养成人没有任何的把握，但不管怎样，还是让我们尝试着淡定下来，说服自己要将这份孩子的事业做得有模有样。既然我们对孩子的明天只有展望的余地，那为什么不从现在开始和孩子站在同一条起跑线上，陪伴他一起成长呢？这就好比一家创业型的公司，也许刚开始的时候很艰难，但是只要稳扎稳打，一步一步地前进，那么等待他的未来一定是无比光明的。

很多妈妈都有这样的感觉，当孩子小的时候，母亲在他的心中是可亲可爱、无所不能的，但是随着孩子慢慢长大，孩子心中的母亲却不如从前。母亲老了，总是唠叨个没完，工作上停滞不前和外面的社会也开始脱节了，一切与事业上如日中天的母亲形成完全对比。这样的评价一旦让妈妈知道了的话不知道该有多么伤心，但这也不由得引起来我们的思考，如果母亲总是关注孩子生活上的细节，而在事业上没有进步甚至持续退步，那么，在孩子的心目中，母亲还能那样高大吗？如果我们没有把自己与孩子放在同一条起跑线上，与他一起成长一起进步，那么总有一天孩子会超越自己，并慢慢地与自己形成代沟，丧失了彼此交流的共同语言，自然也就会产生各种各样的冲突和矛盾，这或许是任何一位妈妈都不愿意看到的，可是它却每天都在我们的生活中不停地上演着。

楠楠从小是一个听话的孩子，从来没有让妈妈费过心，而且学习成绩也一直很不错，这一直让这位做母亲的女人很是骄傲。然而当楠楠上了初中以后一切都发生了变化，变化得让妈妈有些不知所措，更难以置信。

楠楠开始回家以后就进自己的屋子然后关上房门，很少与妈妈说什么。有时候妈妈洗好水果，装进果盘趁机进她的屋子看看她在做什么，楠楠就没好气地说："又来监视我了，赶快出去，我这里很忙呢。"这时候妈妈觉得很没面子，但还是沉了沉心中的不快说："楠楠最近学习遇到困难了吗？有什么烦心事儿跟妈妈说说吧！"

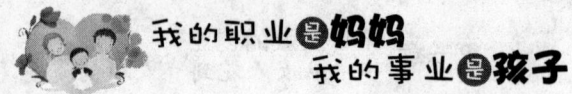

"说？哼！说了你能解决什么问题啊？我的想法你懂吗？我学的东西你也不会。怎么说啊？赶紧出去吧！别烦我了，我这里还有很多事情要做呢。"看到楠楠这样的态度，妈妈实在受不了了，于是狠狠地摔上了门，委屈地出去了。

这时候，妈妈一直在考虑一件事情，究竟自己在教育上出现了什么问题，为什么女儿会出现这样反常的现象。经过几天的思考以后，她决定一定要对自己的教育模式进行改变。于是她有意地去观察女儿感兴趣的话题、她喜欢的书、喜欢听的音乐，甚至是她正在学习的课本，妈妈都会认认真真地研究学习，慢慢地她发现自己与女儿之间的共同话题越来越多了，她们时常会一起讨论郭敬明的小说、金庸笔下的武侠人物，还会一起去看周杰伦的演唱会。慢慢地妈妈发现自己的心态年轻了，也更加了解女儿了，而女儿也越来越愿意把自己的心事告诉母亲，母女之间真的又回到了同一起跑线，相处得越来越和谐融洽。

为了孩子的教育问题，故事中的妈妈真的是花了不少心思。有些时候，我们总是觉得自己是大人，知道的肯定要比孩子多，但事实上并非如此。我们不知道孩子心里在想什么，也渐渐淡忘了自己当年青春年少的情怀，慢慢闭塞了接触新鲜事物的大门，就这样我们慢慢与孩子疏远了，渐渐偏离了自己的位置，明明没有站在一条起跑线上，却总是说自己什么都明白，这样怎能真真切切地明白孩子的想法呢？其实有些时候我们作为母亲，还是应该提高自己的修为的，努力向孩子靠拢，和他们保持一致的步调，一起成长、一起进步，也许过不久就会得到不错的效果。

那么作为母亲，究竟应该怎样做才能不断地靠近孩子的世界，赢得孩子的信任呢？究竟怎样做才算是和孩子一起成长，和他们站在同一起跑线上呢？看看下面的几点建议，希望对您有所帮助。

相互加油，相互鼓励

不管是大人还是孩子都喜欢别人赞扬自己，只要别人说自己哪点好，就一定会努力做得更好。作为妈妈一定要掌握这条必胜法则，每当看到孩子有了一点点进步的时候就要及时地给予鼓励。同样当自己在一些地方有了进展的时候也要暗示孩子给予自己支持，只有这样，妈妈和孩子才能长久保持在一条起跑线上，互相鼓励，互相加油，一同进步。

彼此学习，共同进步

尽管作为母亲你是个大人，但是有很多现在的东西，你未必真的就那么的明白，这时候就不要再端大人的架子了。孔子都说："三人行，必有我师。"孩子为什么就不能做自己的老师呢？当我们从他们的身上学到更多的东西，也就和他们有了更多的共同语言，更明白他们心里的想法。当然，当他们遇到一些阅历不足的难题的时候也会第一个想到你，这时候你就是他人生中的老师，指点他做好自己生命中的选择。这就是彼此学习的过程，也是共同进步的过程，只要妈妈能够掌握里面的方法，就一定可以让孩子敞开心扉，成为孩子的良师益友。

共同探讨，寻找答案

大人最爱犯的一个毛病就是明明自己不懂，却还是不愿意告诉孩子自己不知道，于是胡乱地说一个答案，或者有意地回避，装出

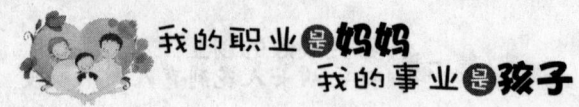
一副不屑一顾的样子。可是你知道吗？一旦孩子知道你在有意糊弄他，心情会是什么样子。要想真心和孩子交朋友就必须拿出以谦虚谨慎的行事态度，有不知道的东西，可以和孩子相互探讨，一同寻找答案，这样一来不但孩子会对你表示尊敬，而且在寻找答案的过程中还可以找到更多的乐趣，这样一来母子之间的关系也会更加的和谐。

妈妈职业通行证 >>>

孩子是妈妈要用自己的一生去经营的事业，除了每天花心思要求成绩以外，也要注意适当地进行人文关怀，用心地去了解孩子，了解他们的想法和心思，时刻和孩子保持在一条平等的起跑线上。只要你真的用心地坚持下去，就会发现原来孩子并不是什么都不如自己，他们的世界是那么的丰富多彩，他们知道的知识如果不说，你永远都不会明白。

了解孩子，时刻保持发展眼光

孩子不会永远是孩子，从牙牙学语到明辨事理，再从跌跌撞撞的学步，到自己独当一面地去处理各种各样的问题，期间少不了妈妈的教育和引导。所以要想把这份事业做得更有发展前景，妈妈就必须时刻保持发展的眼光，真真正正地了解孩子，牢牢地掌握战略优势、只有这样才能让孩子在不远的将来赢得更多的优势，更多的成功。

孩子真是一项伟大的事业，他的一言一行、一举一动总是能给妈妈带来莫大的惊喜。只要你用心观察就会发现他们总是能在我们的意料之外说出一些非常有哲理的话，做出一些连大人都想不好、做不到的事情。这个时候，我们不要盲目地忽略这些小小的细节，更不要觉得孩子还小，什么都不明白，什么都不懂。相反，为了孩子的将来考虑，妈妈还要时刻保持长远的发展性眼光。只有这样孩子在今后的成长道路上才能少走弯路，在妈妈的战略指导下，一步一步地向成才的道路上不断前行。

小红今年已经 10 岁了，活泼可爱，而且能写会画，尤其在写作和演讲方面彰显了相当优秀的才华，这使得小红的妈妈成为了家长们眼中的明星。很多家长经常会打电话来询问小红妈妈关于教育孩子方面的问题，希望能够从这位优秀生家长那里取得教育孩子的真经，然而每每打电话，小红的妈妈总是和气地说同样一句话："孩子是潜力股，不要只关注现在，而是要关注他们长远的发展态势。"

那么小红妈妈所说的保持发展眼光是什么意思呢？这要从小红的成长经历说起，在 5 岁的时候小红并没有表现出什么和别的孩子不同的优秀特质，甚至在反应力和学习力上还有些跟不上其他孩子的进度。别人学习三遍就把唐诗记住了，可是小红却念了五遍十遍也没学会，这让小红的妈妈很诧异："孩子到底是怎么了？"那段日

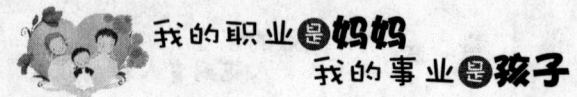

子，小红的妈妈很苦恼，担心孩子上了学以后跟上老师的学习进度会很困难。然而有一天，在小红不经意的言谈中，妈妈备感惊讶地发现，原来自己的孩子能够在反复背诵很多遍唐诗以后清晰地向她表述出唐诗里所讲的故事，而且还表述得惟妙惟肖，这是很多靠死记硬背才记住唐诗的孩子所不能做到的。

从那天起，小红的妈妈开始重新振作精神，为女儿规划未来的美好蓝图，思考怎样培养女儿更好的表达能力，开发她对于文字的热爱，每天给她精挑细选什么样的故事，然后再锻炼她用自己的方式重新表达出来。等小红上了学，学会了汉语拼音，妈妈又开始有意地让小红用汉语拼音记录下自己每一天的心情。慢慢地，小红认识的字也越来越多，妈妈开始尝试着锻炼小红独自进行阅读，而自己退居二线进行引导工作。就这样，小红的知识开始丰富起来，在写作和演讲上也有了突飞猛进的提高，甚至就连班主任也对小红的文字水平刮目相看。然而小红的妈妈却说，孩子仅仅是迈开了她规划旅程的一小步，未来的路还很长。妈妈已经开始以发展的眼光去看待孩子的未来，希望她在不远的将来有更多的提高，拥有更多的惊喜，当然最重要的是她能够生活得更快乐，能够真真正正感受到文学给她生活带来的那份乐趣和不一样的感觉。

孩子都还小，可能他们并没有意识到自己未来要成为一个怎样的人，更不知道理想是一个什么样的东西，就像故事中的小红一样。但是作为母亲，要想经营好孩子这份长久的事业，就必须拥有战略性的发展眼光，我们要让小小的他们在心里形成一种目标意识，要让他们明白这个世界上一个理想对一个人有多么的重要，要让他们接受更多的知识，体会不一样的世界，要让他们明白自己不会只在妈妈的身后安全地生活一辈子，而是早晚要有属于自己的一份天地。

正像小红妈妈说的那样，有些时候我们的孩子看起来不起眼，感觉也很平凡，但他们或许就是隐藏着的潜力股，只要我们以经营者的眼光发现他们身上与众不同的闪光点，关注到他们不经意间言谈行动的火花，就一定可以让这只小小的潜力股时刻保持强劲走势，在不久的将来成就属于自己的骄傲与辉煌。

其实，孩子的可塑性很大，我们必须用发展的眼光看孩子。只有用发展的眼光看孩子，我们才会更好地善待他们的优点，包容他们的缺点，关注他们的长处，留心他们的进步，不吝惜自己的鼓励和肯定，不因孩子一时的得失而轻言放弃。用发展的眼光看孩子，你就不会斤斤计较孩子成绩上的差异，而更注重他们的全面发展。用发展的眼光看孩子，你眼里的宝贝什么时候都是可以塑造的好孩子，你就会用心观察，因材施教，最终将其培育成为一个对社会有用的人才。

总而言之，还是那句话，我们要用自己的心去贴近孩子的心，要多花心思去观察孩子，去了解孩子，去帮助孩子，去引导孩子，用发展的眼光去看待孩子，不要让任何一个可以带来无限发展能量的细节在我们的忽视中错过丢失。相信你的孩子，也相信你自己，当我们这棵育人之树结出丰硕的果实，当我们的孩子在我们的规划中渐渐靠近成功，你这个做母亲的必将在最终成为一个优秀的经营者，体会到那份幸福与快乐的甘甜。

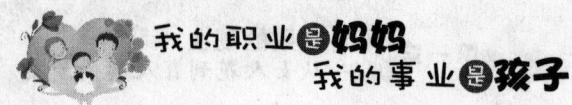

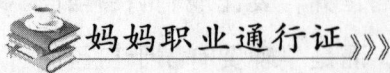

想让孩子这个永恒的事业日行稳健，做妈妈的就必须保持战略性的发展眼光，既要为孩子规划、建设，又要教会他们自我选择的判断能力。这是一个长期而又伟大的工程，只有真正懂得孩子。了解孩子的妈妈，才能在这场拉力赛中稳操胜券。我们要让孩子在自己的乐趣中快乐成长，顺利发展，要让他们明白理想的重要、目标的坚持，这一切的一切都是需要妈妈在教育孩子的过程中去精心培育、耐心引导。

保持自信，成为最优秀的引导者

很多妈妈在有了宝宝以后总是产生这样那样的担心，担心自己不能把孩子养大成人，担心自己没有能力帮助孩子拥有锦绣的前程，担心自己没办法经营好孩子的现在和将来，总而言之，就是在心中惶恐不安，说来说去还是对自己不够自信。其实，每个妈妈都可以成为一名优秀的引导者，只要你够自信，就一定可以让孩子的未来充满阳光和希望。

当孩子生下来的时候，作为母亲的你就有了一份责任、一份期待，同时也有了一份内心深处的担忧。其实，世界上任何一个浩大的工程都抵不过培养一个孩子所要付出的艰辛，这一切也许很多母亲在生孩子之前是没有那么多体会的，于是当孩子出生了，内心开始变得有些有些纠结，总是担心孩子的未来在自己手里会有什么闪失，总是害怕自己没有能力给予他们更好的发展前程。其实细细想来这又是何苦呢，尽管孩子在小的时候需要我们教会他们很多，但大多数的生命旅程还是都掌握在他们自己的手里，而我们所要做的，就是成为一名优秀的引导者，教会他们如何为自己做出正确的选择，如何在未来的是是非非面前做出自己的正确判断，当然最重要的是要培养他们更为深刻地了解自己，明白自己有哪些长处、有哪些缺点，今后又该注重哪些方向的发展，这才是作为一个母亲最应该关注的事情。

那么怎样做才能成为一个最优秀的引导者呢？除了不断地关注孩子，爱护孩子，不断地更新自己的想法和知识以外，妈妈首先最要紧的事情就是要不断地为自己补充自信，告诉自己一定可以把孩子教育得越来越好。只有真真正正地做到了自信，妈妈才不至于在教育孩子方面出现没有底气、犹豫不决的现象，才能在第一时间帮助孩子专注机会，赢得自信，同时也能够最果断地引导孩子拥有更好的发展前景，提高他们的学习力、创造力和思考力，最终顺利地将他们引导到属于自己的成功舞台，让他们成为未来社会中的耀眼明星。而那个时候，你就真的可以坐在台下默默地微笑，成为他们当之无愧的经纪人了。

一个清爽明媚的早晨，一个小男孩儿诞生在了一个平平常常的

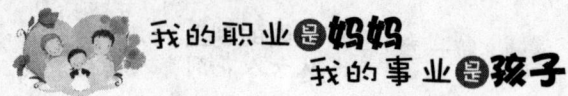

面包师家庭里。他的母亲是个歌剧爱好者，她常把卡鲁索、吉利、佩尔蒂莱的唱片带回家来听。耳濡目染，于是这个男孩儿也喜欢上了唱歌。然而令母亲意想不到的是，这个男孩儿从很小的时候就已经显示出了唱歌的良好天赋，他的声音如天籁一般动听，这不禁让这位母亲感到无比的惊讶和欢喜。

长大后的男孩儿依然喜欢唱歌，但是同时他更喜欢孩子，并励志成为一名优秀的教师。于是，他考上了一所师范学校。在师范学校学习期间，一位著名的专业歌手发现了男孩儿的唱歌天赋，决定收他作为自己的学生。

临近毕业的时候，这个男孩儿问母亲："妈妈，你说我应该怎么选择？是当教师呢，还是成为一个歌唱家？"尽管妈妈很想让男孩儿从事歌唱事业，但这位母亲还是作出了这样的回答："宝贝，如果你想同时坐两把椅子，你只会掉到两个椅子之间的地上。在生活中，你应该选定一把椅子。"

听了母亲的话，这个男孩儿一开始选择了当教师这把椅子。不幸的是，初执教鞭的时候，这个男孩儿因为缺乏经验而没有权威。学生们就利用这点捣乱，最终他只好离开了学校。百般考虑以后，他最终还是选择了另一把椅子——唱歌。

17岁时，这个男孩儿的母亲介绍他到一家合唱团工作，他开始随合唱团在各地举行音乐会。并且经常在免费音乐会上演唱，希望能引起某个经纪人的注意。

可是，近7年的时间过去了，他还是无名小辈。眼看着周围的朋友们都找到了适合自己的位置，也都结了婚，而自己还没有养家糊口的能力，男孩儿开始苦恼起来。偏偏在这个时候，他的声带上长了个小结，在一场音乐会上，他就好像脖子被掐住的男中音，被满场的倒彩声轰下了台。就这样，他难过极了，失败让他产生了放弃的念头。

这时候冷静下来的男孩儿又想起了母亲的话，于是他坚持了下来。几个月后，他在一场歌剧比赛中崭露头角，接下来一个又一个惊喜连番出现。他被经纪人发现，并在无数次的演出中获得了雷鸣般的喝彩，并成为一位具有天籁般嗓音、深受大众欢迎的男高音歌唱家。每当有人问他成功的秘诀是什么的时候，他总是会说："感谢妈妈的引导，让我在不断的选择中选对了自己施展才华的方向。我觉得一个人如何去体现他的才华，就在于他要选对人生奋斗的方向……"

男孩儿生在一个平凡的不能再平凡的家庭，母亲也仅仅只是一个歌剧爱好者，但是就是这样一个平凡的家庭，却培养出了一个具有天籁般嗓音的歌唱家，而这位歌唱家当初的梦想却是成为一位老师。这不禁让我们对这位母亲肃然起敬，她没有像很多家长那样盲目地警告孩子不能做什么，应该做什么，而是用一个简简单单的小例子来引导孩子自己做出正确的选择，让孩子真真切切地自己去把握人生，找到可以最大限度施展自己的才华的舞台，真真正正选对适合自己终生奋斗的人生目标。尽管她在字里行间并没有太多的语言，也没有任何的命令之词，却最为及时地帮助了孩子、引导了孩子，成就了他毕生的事业和未来的辉煌，这真的值得我们每位妈妈倾心地去学习，去体会。

其实每个孩子都有着自己与众不同的特质和潜力，作为母亲，

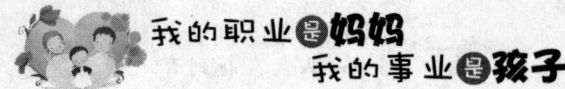

首先要做的，就是不断地挖掘他们身上的潜力，找到他们身上最与众不同的特质，然后在潜移默化间用自己自信的力量去做一个孩子身边最优秀的引导者，引导他们更好地去经营自己的兴趣，并将自己最为优秀的特质最大限度地释放出来，最终靠自己的力量为自己定制一条通往成功的金光大道。这是每个母亲都愿意看到的，也是每个母亲倾尽全力去追求的。所以，不管怎样，为了孩子，让我们将内心的那份自信牢牢地抓在手里，去用心做一位优秀的引导者吧，相信在不远的将来，你一定会看到孩子的进步，这份伟大的事业一定会因为你的苦心经营而在最终绽放流光溢彩。

妈妈职业通行证 >>>

不要总是看到孩子就满心的纠结和担心，孩子需要你的支持、你的引导，如果连妈妈自己都没有必胜的信心和信念，那么孩子又怎能步调稳健的走上成功的旅途呢？在孩子这份事业面前，妈妈是一个开发者，是一个建设者，当然也是一个引导者，只有在最关键的时候，凭着自己的自信和直觉经营好孩子人生的每一个关键点，才能让他们在不久的将来拥有更多的自信、快乐和喝彩。

顺势而为，爱他就给他最需要的幸福

　　妈妈希望孩子能够拥有幸福，也倾其所有地去给予孩子幸福，但是很多人却没有搞清楚什么才是孩子真正需要的幸福，它不是物质上的满足，不是攀比之下的风光，而是一种淡淡的、甜甜的感觉。的确，孩子需要家长的爱，但是家长也要学会怎样付出自己的这份爱。或许我们应该学会顺势而为，在最恰当的时候给予孩子最需要的东西，才是作为一个母亲的英明之举。

　　幸福是每一个人所希望得到的东西，但奇怪的是没有任何一个人能说出它的形态究竟是什么样子的，更何况孩子还小，想让他们表达出自己想要什么样的幸福似乎真的很困难。可是做父母的还是急着想付出，恨不得一股脑地将自己所拥有的一切全部掏给孩子，只要自己有，就不能让孩子受了委屈，似乎觉得这样做孩子就能够得到真真正正的幸福，但事实上真的是这样吗？有些时候孩子需要的不是高昂的玩具，不是丰富的美食，而仅仅是一种开心的、快乐的感觉，这种感觉能够给他们带来希望，带来喜悦，带来鼓励，可这样简简单单的一个愿望却经常被很多父母所忽略。他们错误地认为，在物质上尽自己所能给予孩子满足，孩子就会感到快乐，但是物质是需要自己用更多的时间去努力工作换来的，因此很多家长总是处于紧张的工作状态，就连对孩子想让妈妈睡前讲一个故事这样的小小要求也经常是敷衍了事，结果孩子那种被爱的感觉日渐淡漠，渐渐变得烦躁孤僻起来，可是这时候的家长却百思不得其解，根本不知道孩子究竟为什么会变成这个样子。

一位母亲下班回到家已很晚了，很累并有点烦，走到门口他忽然发现5岁的儿子靠在门旁等他："妈妈，我可以问你一个问题吗？"

"什么问题？"

"你1小时可以赚多少钱？"

"这与你无关，你为什么问这个问题？"母亲生气地说。

"我只是想知道，请告诉我，你1小时赚多少钱？"小孩哀求。

"假如你一定要知道的话，我1小时赚20美金。""喔，"小孩低下了头，接着又说，"妈妈，你可以借我10美金吗？"

母亲发怒了："如果你问这个问题只是想借钱去买毫无意义的玩具的话，给我回到你的房间并上床。好好想想为什么你会那么自私。我每天辛苦劳作，没时间和你玩游戏。"

小孩安静地回到自己的房间并关上门。

母亲坐下来时还在生气。大约一个小时过后，她平静下来了，开始想自己可能对孩子太凶了——或许孩子真的很想买什么东西，再说他平时也很少要钱。

于是母亲走进儿子的房间："孩子，你睡了吗？"

"妈妈，我还没睡着。"

"我刚才可能对你太凶了，"母亲说，"我将今天的气都爆发出来了——这是你要的 10 美金。"

"妈妈，谢谢你。"小孩欢叫着从枕头下拿出一些被弄皱的钞票，慢慢地数着。

"为什么你已经有钱了还要？"母亲生气地说。

"因为这之前还不够，但现在足够了。"小孩回答，"妈妈，我现在有 20 美金了，我可以向你买一个小时的时间吗？明天请早一点回家——我想和你一起吃晚餐。"

　　小孩向自己的妈妈借 10 美金并不是像他妈妈想象的那样要去买毫无意义的玩具，而是想要买妈妈的一个小时，这多么地引人深思。的确作为一个女人是很不容易的，既要把自己的工作保质保量地完成，回到家以后还要为洗衣做饭的家务而劳碌，我们经常让孩子一个人漫无目的地摆弄着高级的玩具，翻阅着一厚摞又一厚摞的故事书，以为该给他们的幸福都已经给了，想当年自己小的时候哪有那么多的玩具可以玩儿，哪有那么多美味的食物可以吃，哪有那么多故事书可以看，可是自己也就这样不知不觉地长大了，比起现在的孩子来说不知道亏了多少美好的时光。但是你有没有想过，孩子有的时候真的仅仅需要这些物质上的幸福吗？也许有的时候他们只是希望妈妈能领着他们到公园里走走，和妈妈一起吃一顿丰盛的晚餐，在临睡的时候听听妈妈的声音，最好能给自己讲一个白雪公主的故事，或是婉转动听的一曲动人的歌谣。而这小小的愿望却经常化为泡影。有些妈妈回来的时候，孩子已经在等待中睡着了，而当孩子醒来时，却发现妈妈早

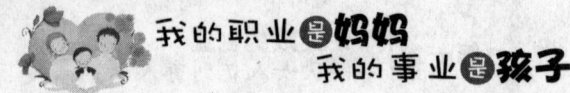

已经出门了，就这样一天又一天，那小小的心灵似乎近似于绝望，不情愿地适应了这一切，因为妈妈总是告诉他们自己在赚钱，为了给他们买好吃的、好玩儿的，为了让他们更幸福。

在妈妈眼中孩子永远是最重要的，但是这个最重要的人，真正需要什么样的幸福，却并不是每一个妈妈都能说得清清楚楚。所以，作为一个孩子人生的经营者，我们必须要尽自己所能地去了解他们的需要、他们眼中的幸福，然后顺势而为地去给予他们小小的满足、小小的惊喜，尽自己所能地去帮助他们实现心中那些一直不敢说出来的愿望。尽管有些时候，孩子在不同的时间会有不同的心愿，随着年龄的增长我们终将有一天会承担不下他们的理想，但至少我们可以做他们最理想的引导者、最忠实的支持者、最鼎力的激励者，也许那个时候，当他们回过头来打量自己的成长岁月，回忆妈妈陪自己走过的一点一滴，也会绽放出开心的、满足的、幸福的笑容。

妈妈职业通行证

妈妈对孩子的爱，可以说是情深似海，只要孩子需要，付出生命也在所不惜。然而有些时候尽管我们自认为了解自己的孩子，却未必真的知道他们到底需要什么。他们是一个小小的个体，有着自己的思维、自己的想法，他们所期待的幸福和心中的小小愿望会随着年龄的增长而不断变化，所以作为他们人生的头号经纪人，妈妈一定要具备顺势而为的应对技巧，在最恰当的时间给孩子最需要的幸福和惊喜，只有这样他们的脸上才能永远洋溢着真真正正幸福的别样神采。

身心平静，用深沉的爱给他永恒的呵护

　　这个世界上没有什么比母亲的爱来得更自然，尽管她每天并没有把太多的"爱"字挂在嘴边，尽管有些时候连孩子自己也没有意识到这种感情的重要，尽管这种爱来得太过于平静而深沉，但却总能在最关键的时候给孩子送去最温馨的呵护。这份呵护是永恒的，从出生到渐渐长大，这份深沉的爱将长长久久地陪伴着他，不离不弃，始终如一。

　　假如没有爱，这个世界就会变得冷酷无情，假如没有爱，我们的人生就会变得相当悲惨，没有爱的世界是恼人的，是无助的，是凄凉的。作为孩子的母亲，我们深知自己是爱孩子的，但往往总是不好意思将自己内心深处的那份爱表达出来。然而孩子有些时候比大人更容易忽略身边的感情，一旦他们觉得孤立无援，就会觉得自己是一个得不到爱的人。为了杜绝这种现象的发生，妈妈一定要尝试着通过自己不懈的努力，让孩子感受到自己存于内心的那份深沉的爱。

　　母亲深沉的爱，恰似大江大河的源泉，当孩子的生命面临干涸时，给孩子带来希望；母亲深沉的爱，恰似不灭的灯塔，当黑暗袭

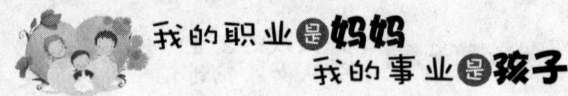
来时，给孩子送去光明；母亲深沉的爱，恰似激昂的旋律，当孩子意志消沉时，给孩子欢欣鼓舞；母亲深沉的爱，恰似激越的号角，当孩子的烦恼袭来时，给孩子强大的力量。

知心姐姐卢勤曾说过："爱是一个口袋，往里装产生的是满足感，而往外掏产生的是成就感。"的确，如果让孩子时时刻刻成长在妈妈的爱心之中，那么孩子就一定能在生活中获得更多的快乐和满足，就会用一种深深的爱意去感悟生命，迎接挑战，健康地成长。有些时候，这种深沉的爱不需要语言，不需要过多的表白，但却发自内心，它就像一张天然的屏障，仅仅围绕在孩子周围，无时无刻给予孩子最温暖的呵护和最无私的关怀。

凯特小时候家庭条件不好，别的同学都穿新衣服、新鞋子的时候，他在穿哥哥穿过的衣服和鞋。在学校里，他经常受到同学们的奚落。

在多次经历这样侮辱性的遭遇后，凯特像完全变了个人似的，不再任由同学取笑，只要是取笑他的同学，他都会拳脚相向。有一次，他竟然将一个同学的鼻梁骨打断了。

除此之外，凯特开始偷窃，最初是偷同学的东西，后来去偷街上的商铺。

一次失手，凯特被人给送到了警局。学校知道这件事情之后，立即做了开除凯特的决定。凯特的妈妈赶到学校，向校长请求给儿子一次机会。

可是校长似乎心意已决，说："我已经给了他很多次机会，可他根本就不思悔改。我如果这次再原谅了他，他还会是以前的样子，到时候我怎么向学生们交代啊？"

"再说，你怎么能保证他今后就会改过自新呢？"校长补充道。

凯特的妈妈看到校长的态度异常坚决，她"扑通"一声给校长跪下了。

要知道妈妈是个成年人，而成年人的面子是很重要的，如果不是因为儿子，凯特的妈妈怎么会向校长下跪？如果没有厚重的爱，她怎么会弯下自己的双腿？

校长网开一面，允许凯特回校学习。当校长告诉凯特他妈妈下跪的事情之后，凯特发疯似的跑回家，跪在妈妈面前，久久不能起来。

从此，人们见到了一个全新的凯特，他不仅改掉了所有不良行为并开始努力学习，最终以优异的成绩毕业于某知名大学。

如果没有妈妈的爱，我们也不会见到现在每天积极生活和工作的凯特了。

俗话说"可怜天下父母心"，为了孩子，父母可以说是能够为他们牺牲一切。故事中的这位母亲，为了自己的孩子不惜放弃自己作为一个成年人的尊严，双膝跪倒在校长面前，为自己的儿子祈求一次重新做人、继续接受教育的机会，这是多么不容易的事情。尽管儿子在别人的眼中已然成为了一个朽木不可雕的坏孩子，但是这位母亲始终都没有放弃任何希望，谁能说这种爱来得不够深沉，这种爱不会令人感动呢？

当然在感动的同时，作为母亲的你肯定会联想起自己的孩子，孩子还小，有淘气捣乱的事情是很正常的，年少的叛逆情况我们这

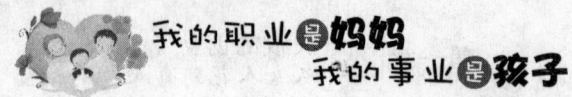
些做父母的也同样有过类似的经历，面对孩子的错误和恶习，一味地指责和训斥往往起不到太大的作用，甚至很多孩子还会觉得父母根本就不爱他们，只会用打骂这样极端的行为对待自己，因此慢慢地与父母疏远，甚至还会有意犯错来以此报复父母，这真的是每一个家长都不愿意看到的事情。母亲应该是孩子最亲近的人，而不是孩子一看就要躲开的冤家。与其对孩子的错误棍棒相加，不如时不时地让他们感受到自己的那份深沉的爱，用自己的温暖的手去贴近他们敏感的心，用自己的博大的爱去感动他们、引导他们，帮助他们走出封闭的内心牢笼，从那份不为人知的阴暗中走向属于自己的光明前程，这才是妈妈最应该做的事情。

妈妈的爱，应该是一波平静的湖水，尽管少有波澜却总是映衬孩子朝霞一般的美好未来，它应该承载孩子更多的美好回忆、更多的倾心笑容、更多的幻想和希望，这份深沉的爱除了无私和伟大以外，还有着更深的使命，那就是成为孩子人生事业的经营者，帮助他们实现自己心中的理想和愿望。所以不管怎样，尝试着给孩子一个拥抱，告诉孩子他对于你的重要，在他需要关怀的时候，给予他最到位、最真挚的呵护，只有这样孩子才会真正感觉到母爱的力量，才会在这股力量的推动下，不断地努力，不断地前进，不断地快乐成长。

妈妈职业通行证 》》》

从孩子出生那天起，妈妈的这份感情就变得越来越深沉了，尽管没有说过一次我爱你，但是字里行间却充满了浓浓的呵护和温暖。其实有些时候我们没有必要将内心的那份爱沉甸甸地压在心里，相反我们应该在平平静静中让孩子感受到自己的那份爱，而这一切并不像我们想象中的那么艰难，一个抚摸、一个眼神、一个拥抱完完全全就可以给予他们最温暖的呵护和暗示。

拒绝抱怨，不要成为满怀怨气的牺牲者

我们不可否认女人是天下最容易说出抱怨之词的人，不管是对同事、老公，还是孩子，但是我们要知道，作为一个母亲就算背负着再多的压力，也绝对不可以把孩子当做负担。我们不要在孩子面前一味地抱怨，更不能将自己变成一个满怀怨气的牺牲者。其实有些时候，我们完全可以将时间和压力妥善的重新分配，这样不管对于孩子还是自己都是一个不错的选择。

做女人难，做一个母亲更难，不但每天要操持家务，还要工作赚钱，除此之外还要仔细关注孩子的教育问题，每天从白天忙到晚上，而且几乎每天都要重复同样的事情，枯燥乏味是不言而喻的，于是，很多妈妈开始慢慢抱怨起来，总是对着老公和孩子唠叨说："我上辈子造了什么孽，这辈子要给你们当牛做马？"于是乎，孩子总是看到妈妈紧皱着眉头，从她的脸上越来越看不到笑容，于是他们担心自己今天会不会因为妈妈心情不好而受到责骂，为了避免这

样倒霉的事情在自己身上发生，孩子渐渐地学会了能躲就躲，母子之间的亲近感就这样越来越少了。

的确，做一个妈妈真的很不容易，尤其是一些在事业上如日中天的女人，当了妈妈以后更是不知道应该带给孩子什么，总是觉得自己很不容易，每天工作的事情焦头烂额，回来家里的事情一样还都不能耽误，不知不觉地心中难免会产生一些怨气。但是我们不要忘了，孩子是没有罪过的，我们不应总是在他们面前一味的抱怨，使他们消极地认为自己已经成为了母亲的累赘。说实话，孩子是母亲这辈子最甜蜜的负担。有了孩子，一个女人才能真正领略到什么是幸福，什么是完美。所以为了这份爱，我们还是要努力做一个快乐的牺牲者，而不要让那些消极的怨气影响到自己与孩子之间的和谐关系。

电视节目主持人杨澜很忙，可谓一个空中飞人，在这样的情况下，还能成为孩子钢琴学校里出勤率最高的家长之一，还能在儿子8岁之前陪着他游历了15个国家，真让人惊讶。如今的杨澜经常在北京、上海、香港三地飞来飞去，但为了多一点和孩子在一起的时间，每次出差，她都会安排儿子到机场接送。回到家中，杨澜即使再累再忙，都会抽出时间和孩子交流，专心致志地和他们说话，认真倾听他们说的每一件事，全身心地投入到他们的世界。孩子们都很聪明，知道妈妈辛苦，是挤出时间来陪他们的。

杨澜工作那么忙，而且从事的项目可谓挑战力十足，必然会遇到各种各样的困难，但是对待家里的孩子，还是时刻展现出自己慈爱而谦和的一面。在孩子的面前她从来没有过多的谈及自己的工作，更不会抱怨很多自己遇到的烦心事，而是尽情地和孩子享受那段快乐的时光。她不会因为孩子没有记住单词而过分地唠叨指责孩子，也不会因为自己很累而对孩子产生任何不耐烦的情绪。相反，孩子在妈妈的身边总是那么的快乐、那么的幸福，由此看来这位智慧妈妈当得很到位，也很成功，她深刻的了解到孩子最需要的是什么，也深深地明白作为一个明智的妈妈究竟怎样做才能带给孩子最需要的东西。

的确，世界有着它残酷的一面，但是作为母亲，我们还是应该多给孩子一些阳光、一些自信，而不要让反复无常的抱怨和唠叨久久地将他们围绕。试想一下如果一个成年人，每天都在不停地接受各种负面的消息和信息的话，他的心情一定会糟糕透顶，甚至还会产生抑郁、自卑、纠结等一系列的心理问题，更何况孩子还仅仅是个孩子而已。

总而言之，不管自己今天遇到了什么样糟糕的事情，不管未来还会遇到什么样的困难，作为一个母亲，最明智的选择，就是做孩子快乐童年的捍卫者，不要残酷的用自己消极的抱怨过早地如乌云一般缠绕住他们幼小的心灵，更不要用无休止的唠叨让他们心中那些小小的幻想过早地破灭。当我们选择了做母亲的这条道路，就意味着自己已经做好了成为一个幸福牺牲者的准备。当你的大手拉着孩子的小手在这条爱的道路上渐行渐远，将会发现原来避免不必要的怨气会给彼此的生活带来多少快乐和希望。

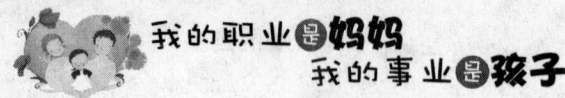

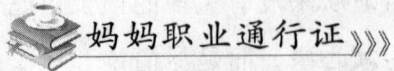

　　抱怨不但会让自己的心情越来越糟糕，还会给别人带来更多的不安和郁闷。大人如此，孩子也是如此。作为妈妈，尽可能地给孩子带来快乐是一种责任，但同时尽可能停止自己的怨气，不将种种消极的思想传递给孩子也是一种责任。如果说母亲是孩子天生的牺牲者，那么就让这种牺牲营造出更多幸福的旋律吧。相信自己，也相信孩子，拒绝怨气，你们将会生活得更快乐。

　　孩子是一个独立的个体,有着天生的个性和特质。随着年龄的增长,他们会有自己许许多多的想法和行动。老人们常说:"三岁看大。"作为孩子事业的经营者,妈妈必须具备独到的眼光,以伯乐的慧眼去敏锐地观察孩子,发现孩子,并给予其积极地引导、赏识和鼓励,只有这样孩子才能更加自信,用饱满的热情去做自己喜欢的事情,在不久的将来,像千里马一样傲视群雄、驰骋天涯。

第二章　睁开伯乐的慧眼
——用赏识和赞美成就明天的英才

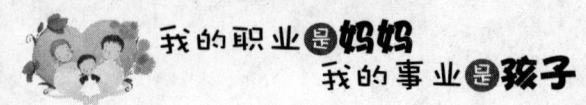

赏识，让孩子的世界充满阳光

不管孩子是否优秀，做妈妈的都应该以平常心对待孩子。只有把孩子当做一个平凡的人，当你在发现孩子的优点和长处时，你才可能发自内心地去赏识他。当你要赏识孩子的时候，一定要认真地注视着孩子，温和地对他说："宝贝，你真的是妈妈的骄傲！"

在我们的现实生活中，有些妈妈经常会把自己孩子的短处和别人孩子的长处相比，甚至把别人的孩子过度地美化和夸张，本想给自己的孩子树立一个模范榜样，却在不知不觉中给孩子带来巨大的伤害，甚至会因此影响孩子的一生。

其实，每一个孩子都有着自己的长处和优点，虽然我们不可否认孩子的天资有别、学习事物有快有慢、学习成绩也有高有低，但判断一个孩子的好坏绝对不能仅仅只取决于一个方面。

作为一个母亲不能只凭长相、成绩等某个方面就认定自己的孩子不如别人、没有出息，而是应该善于发现他们的闪光点，发现他们与众不同的地方，要始终相信自己的孩子是具备优秀特质的，要把最真挚的赞美留给他们，让他们在母亲的赞美声中继续发扬自己的优点和长处。只有这样，他们才能在这个世界上充满自信，乐观向上地生活下去。

杜鲁门当选美国总统后，有一天，一位客人来拜访他的母亲。

客人笑着对杜鲁门的母亲说："有哈里这样的儿子，你一定感到十分自豪吧！"

杜鲁门的母亲微笑地回答："是这样的。不过，我还有一个儿子，他同样让我感到非常自豪。他现在正在地里挖地豆呢！"

杜鲁门的弟弟是一位农夫，但是，母亲并没有认为这位做农夫的儿子是无能的。对她来说，每个孩子都令她感到自豪，无论儿子是总统还是农夫。

在接受记者采访时，杜鲁门的弟弟是这样评价哥哥和自己的："我为哥哥感到骄傲，他将是美国最优秀的总统之一。但我同时也为自己感到骄傲，我是一名农夫，用自己的双手养活了自己，照顾了父母。"

这是何等的自信！而这种自信正来自于母亲的赏识。

杜鲁门的母亲无疑是一位非常明智的人，她用她的赏识造就了一位伟大的总统，但同时也用自己的赏识给了自己做农夫的儿子十足的自信心。其实，有些时候，孩子做什么并不重要，重要的是，他们可以在这个世界上生活得更快乐，能够在妈妈的引导、鼓励、支持下，最大限度地发挥自己的长处，在自己的世界里绽放不一样的光彩，当他们长大成人的时候，仍然可以怀着一颗自信的心去经营自己从事的工作，快乐地生活，快乐地成长，而不是一味地因为过度的自卑而在心中造成本不该有的阴影。作为母亲，我们当然希

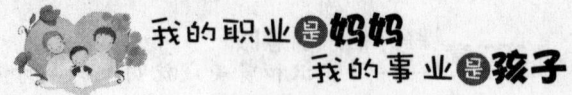

望自己的孩子将来能够成就一番事业、出人头地，但同时也不要过于苛刻地要求他们，相反我们应该用赏识的目光，去观察孩子身上的闪光点，并利用自己的鼓励让他们的闪光点变成耀眼的明星，只有这样孩子才会有更多的勇气去迎接明天的挑战，以更坚韧的意志和斗志去实现心中的理想，拥有更美好的未来。

美国伟大的成功学家拿破仑·希尔小时候被认为是一个坏孩子，家人和邻居甚至认为他是一个应该下地狱的人。无论何时出了什么事，诸如牧场的母牛被放跑了、堤坝裂了，或者一棵树神秘地倒了，人人都会怀疑"这是小拿破仑·希尔干的"。在这种情况下，拿破仑·希尔破罐子破摔，一心想表现得比别人形容的更坏。他的母亲去世后，一位新母亲走进了他的家庭。拿破仑原本以为继母是不会给自己半点同情的，但是，事实却并非如此。

继母发现了拿破仑·希尔人性中的优点。在继母的赏识和鼓励下，拿破仑·希尔开始改正自己的缺点，并发奋学习。继母用她深厚的爱和不可动摇的信心，塑造了一个全新的拿破仑·希尔。

拿破仑·希尔在他的著作《人人都能成功》中这样形容继母对他的影响："这个陌生的女人第一次走进我们家的那天，我爸爸站在她身后，让她独自应付这个场面。她走进每一个房间，很高兴地问候我们每一个人，直到她走到我面前。我倚墙站着，双手交叠在胸前，凝视着她，眼中没有丝毫欢迎的神色。我的爸爸说'这就是拿破仑·希尔兄弟中最差劲儿的一个'。"

"我绝不会忘记我的继母是怎样回应他这句话的。她把双手放在我的双肩上，两眼中闪耀着光辉，凝视着我的眼，这使我意识到我将永远有一个亲爱的人。她说'这是最差的孩子吗？完全不是。他恰好是这些孩子中最伶俐的一个。而我们所要做的，无非是帮他把自己所具有的好品质发挥出来'。

"一股暖流涌向我的心底。这一时刻是我生命历程的转折点。我的继母总是鼓励我依靠自身的力量，制订大胆的计划，坚毅地前进。后来证明这种计划就是我事业的支柱。我决不会忘记她教导过我的话：'当你去鼓励别人的时候，你要使他们有信心。'我的继母造就了我。因为她深厚的爱和不可动摇的信心激励着我，使我努力成为她相信我所能成为的那种孩子。"

在自己爸爸的眼中是所有兄弟中最差的一个，却成了美国伟大的成功学家，这就是拿破仑·希尔，是他的继母的一句肯定的话给了他自信，让他觉得自己并不是那么的差。其实有些时候，他们真的很努力，只不过我们往往因为要求太高而忽视了他们的努力。因而，他们内心产生了一阵阵的伤感，最终越来越没有起色。有句话说得好，天下没有坏孩子，只有不会赏识孩子的妈妈。如果想彻彻底底地改变孩子毫无起色的现状，就从现在开始，将自己的目光聚焦到孩子的长处上吧，相信作为妈妈的你发自内心地去赏识孩子的优点，并将这种行为演变成字里行间的一种习惯，那么总有一天你会惊讶地发现他们身上的改变，一份赏识不仅仅能给他们带来更积极乐观的心态，还能让他们的世界从此充满明媚的阳光。

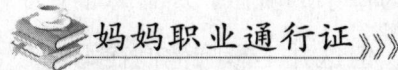 妈妈职业通行证 》》》

许多父母把赏识与赞扬等同起来，以为赏识孩子就是告诉孩

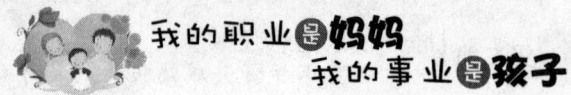

子："你真棒！"事实上，赏识教育远远不是说一句"你真棒"这么简单。赏识首先应该是一种心态，一种欣赏孩子的心态；而赞扬只是赏识的一种手段而已。只有把赏识的心态融入赞扬之中，孩子才会真正感受到赏识的力量。

激励的目光，暗示他"我以你为荣"

在孩子的眼中，妈妈的肯定和赞扬是世界上最幸福的礼物，它所带来的力量完全可以超越一件精致的玩具、一顿丰盛的大餐。其实，有的时候孩子真的很需要妈妈的鼓励，所以作为一位母亲，为什么不能满足他们这桩小小的心愿呢？用激励的目光去支持他，给他一个明确的暗示，告诉他你是多么地为他骄傲，说不定过不了多长时间，你就会发现他眼神中的那份不一样的光彩。

不管别人眼中孩子到底是一个什么样子，在妈妈的心里孩子永远是一块难以割舍的心头肉。为了让他们生活得更快乐，生活得更自信，作为母亲的你究竟应该做些什么呢？其实有些时候孩子的心愿很简单，他们始终希望自己能够成为母亲的骄傲，尽管每个孩子在各方面的能力上的确有着某种差距，但这并不影响他们在妈妈心中的地位，所以有些时候，多说一些鼓励的话，多用一些激励的眼神，用自己的心去暗示孩子你始终是以他为光荣的。当孩子接受了这个信号，当孩子意识到了你对他的期望和支持，就一定会更加努力、更加积极地去做好自己应做的事情，发自本能地向你证明，他绝对不会辜负你的期望。

　　第一次参加家长会，幼儿园的老师说："你的儿子有多动症，在板凳上连三分钟都坐不了，你最好带他去医院看一看。"

　　回家的路上，儿子问她老师都说了些什么，她鼻子一酸，差点流下泪来。因为全班30位小朋友，唯有他表现最差；唯有对他，老师表现出不屑。然而她还是告诉她的儿子："老师表扬你了，说宝宝原来在板凳上坐不了一分钟，现在能坐三分钟了。其他的妈妈都非常羡慕妈妈，因为全班只有宝宝进步了。"

　　那天晚上，她儿子破天荒吃了两碗米饭，并且没让她喂。

　　儿子上小学了。家长会上，老师说："全班50名同学，这次数学考试，你儿子排第40名，我们怀疑他智力上有些障碍，您最好能带他去医院查一查。"

　　回去的路上，她流下了泪。然而，当她回到家里，却对坐在桌前的儿子说："老师对你充满信心。他说了，你并不是个笨孩子，只要能细心些，会超过你的同桌，这次你的同桌排在21名。"

　　说这话时，她发现，儿子黯淡的眼神一下子充满了光，沮丧的脸也一下子舒展开来。她甚至发现，儿子温顺得让她吃惊，好像长大了许多，第二天上学时，去得比平时都要早。

　　孩子上了初中，又一次家长会。她坐在儿子的座位上，等着老师点她儿子的名字，因为每次家长会，她儿子的名字在差生的行列

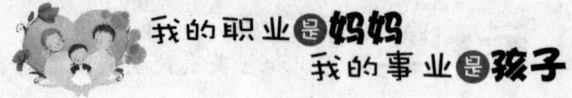

中总是被点到。然而，这次却出乎她的预料，直到结束，都没听到。她有些不习惯。临别，去问老师，老师告诉她："按你儿子现在的成绩，考重点高中有点危险。"

她怀着惊喜的心情走出校门，此时她发现儿子在等她。路上她扶着儿子的肩，心里有一种说不出的甜蜜，她告诉儿子："班主任对你非常满意，他说了，只要你努力，很有希望考上重点高中。"

高中毕业了。第一批大学录取通知书下达时，学校打电话让她儿子到学校去一趟。她有一种预感，她儿子被清华录取了，因为在报考时，她给儿子说过，她相信他能考取这所学校。

儿子从学校回来，把一封印有清华大学招生办公室的特快专递交到她的手，突然转身跑到自己的房间里大哭起来，边哭边说："妈妈，我知道我不是个聪明的孩子，可是，这个世界上只有你能欣赏我……"这时，她悲喜交加，再也按捺不住十几年来凝聚在心中的泪水，任它打在手中的信封上。

"妈妈，我知道我不是个聪明的孩子，可是，这个世界上只有你能欣赏我……"这是一个孩子在得到了成功以后给自己妈妈最真诚的回音，也是对自己的妈妈最大的肯定。是的，她的孩子并不优秀，甚至还一度成为老师眼中的差生，但是正是因为这位妈妈的不断激励和支持，使孩子从来没有过早地磨灭内心的希望，反而不断地增长了心中的斗志，最终为自己最爱的母亲交上了一份满意的答卷。

现在，再将目光转移到我们自己孩子的身上吧！当孩子出现技不如人的时候，当孩子成绩有了很大浮动的时候，当孩子犯了错误受到老师批评的时候，作为妈妈的你又是怎么做的呢？我们没有必要一味地将自己的孩子和别人的孩子作比较，也不要一上来就是一通劈头盖脸的批评，相比之下，我们不如向这位妈妈好好学习一下，用激励的目光去启发孩子，让他们的内心重新燃起昂扬的斗志，只有这样，他们才能在之后的日子里拥有更多的自信，不断地依仗自己一天比一天强壮的羽翼飞向属于自己的成功。

那么究竟我们应该怎样激励孩子呢？究竟我们应该怎样告诉他们自己是多么的爱他们，期待着他们有更大的进步呢？看看下面的三点，希望对您有所帮助。

注意孩子天生的感悟力

我们不要认为孩子还小，看不出你脸上的阴晴冷暖，要知道人的感悟力和交流能力可以说是与生俱来的。也许孩子很多事情还不明白，但他绝对可以通过你的语言和表情来感知你的态度和想法，比如一个微笑和一个高昂快速的声音都是你不经意间流露出的快乐的情绪，当孩子感受到你的愉悦的信息时，他也一样会感到很快乐。

采用多元化的表达方式

孩子越是年龄不大，妈妈给予他激励方式就越要多元化，这样孩子才能从感官上最大限度的体会到你对他的支持，比如鼓掌、微笑、拥抱、眼神的交流、说一句"你真棒"等。如果你的动作和语言能够互相结合的话，效果当然会更好，因为这样会让孩子感觉到更大力度的鼓励。

鼓励要发自内心

虽然给予孩子鼓励并不需要额外花费什么，但是妈妈一定要记

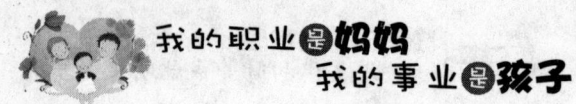

住，所有的鼓励和赞美都要是发自内心的真诚的鼓励，一味地赞美个不停并不一定都是正向的积极的激励，有些时候那样反而会让孩子对大人产生质疑和不信任感。

总而言之，孩子需要妈妈的关怀，但同样也需要妈妈的鼓励，时不时地给予他们一个激励的目光，暗示他们能够做得更好，用自己的真心去贴近孩子的心，相信不久的将来，你就能看到意想不到的效果。

妈妈职业通行证 》》》

世界上没有教不好的孩子，只有不会教的妈妈。有些时候妈妈一个激励的眼神，就完全可以让孩子的身心重新充满力量。我们不要过多地在孩子的面前唠叨他的不足，相反妈妈应该学会为孩子加油喝彩，只有这样孩子才能不断地从妈妈的支持中找回信心，因为在他们的心里，妈妈始终是以自己为荣的。

看到孩子的努力和进步，过程与结果同等重要

如果说孩子是妈妈的一门毕生的事业，那么作为经营这项事业的你，是不是一直都非常关注最终的结果呢？其实对孩子的投资是需要我们具备长远的眼光的，珍惜每一个过程、每一个细节才能在最终结出美丽的花朵。因此，

妈妈一定要看到孩子的努力和进步，而这一切似乎比成绩
要重要得多。

每一个妈妈都希望自己的孩子能够出人头地，一旦看到别人的
孩子比自己的孩子强心里就会觉得着急，希望自己孩子能够有一个
大跨越的进步，正是这种过高的期望，总是让我们忽略了孩子每一
天的努力，以至于让孩子有一种不管自己怎么努力都达不到妈妈要
求的感觉。这种感觉是很危险的，他很容易在瞬间摧毁孩子的斗
志，最终造成破罐破摔的现象。其实，作为一个母亲我们没有必要
一味地用成绩来衡量孩子的能力，而是应该将眼光聚焦在他们的努
力和勤奋中去。从长远的目光来看，一个人勤奋坚持的意志往往比
他未来能不能考出好成绩更重要。这是一种品质，也是一种生活态
度。只有让孩子长长久久地保持正确的人生观价值观，才能让他们
在长大成人之后更快地适应社会，不会轻易被任何困难打倒。

作为一位母亲，我们应该更加欣赏孩子的勤奋和努力，对他们
的努力给予最热情的支持和鼓励。不要因为自己孩子的不够聪明而
气馁，相反我们更应该为孩子的不努力而担心。很多情况下，父母
应该故意淡忘孩子的聪明与否，而应该重视孩子的努力，并把这种
信息巧妙的传递给孩子，让他们感觉到妈妈是一个很注意细节的
人，会关注他们每一次小小的进步、每一个努力的过程，只有这
样，孩子才会更加尽心的去做好人生中的每一件事情，力争把每一
个细节过程做到最好。有了这样的可靠保证，你还会担心未来孩子
不会给你一个美好的结果吗？

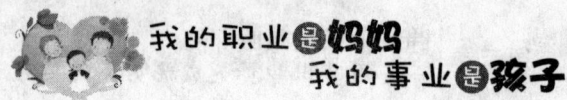
"这是你的卷子吗?"妈妈吃惊地问乐乐。

"当然是我的,上面有我的名字啊!"乐乐自豪地对妈妈说。

"乐乐真不错,告诉妈妈你是怎么考出这么好的成绩的?"妈妈问道。

"老师讲课的时候我经常听不太懂,所以下课之后同学们都出去玩,我就把不懂的地方拿去问老师。老师再给我讲一遍,我就全懂了!做作业的时候如果有不会做的题,我就把老师讲的课再复习一遍,不会做的题也就会做了。所以考试的那些题目我都会做,就考了 100 分。"乐乐高兴地对妈妈说。

听了乐乐的话,妈妈的眼圈一下子红了——虽然自己的孩子算不上聪明,却如此好学和努力。

"乐乐真努力,是我们的好孩子!"妈妈含着泪说。

自己的努力能够得到妈妈的赞扬与肯定,这是每个孩子都有的向往。故事中的乐乐,在经过自己的一番艰辛的努力之后,终于在考试中得了 100 分,这件事情让他很是高兴,但是更让他高兴的是自己得到了妈妈的表扬和赞美。回想自己孩子生活中的一点一滴,我们就会不经意地发现,自己真的忽略了很多孩子的努力和进步。当他们从全班的中游慢慢前进了一个名额,当他们学会了自己清洗穿脏的内衣,当他兴奋地把体育竞赛的奖状拿给你看,很多妈妈的反应常常并不是那么的激动,相反有些妈妈甚至很冷淡,在她们眼中似乎成绩才是最重要的,没有好的成绩一切进步似乎都没有那么重视,没有那么的有意义。

"妈妈，今天跑步我得了第一名。"佳佳高兴地对妈妈说。

"和谁跑步啊？为什么跑步啊？"妈妈淡淡地问了一句。

"今天上体育课，老师让我们比赛跑步。我是跑得最快的，老师夸我很有运动天赋呢。"佳佳的脸上带着得意的笑容。

"哦，知道了。今天有作业吗？快去做作业吧！"妈妈好像没有听到佳佳说的话。

听到妈妈这么说，佳佳非常失望，闷闷不乐地躲进了自己的房间。她不明白为什么自己跑了第一名，妈妈却一点都不高兴，更没有夸奖她。

跟孩子相处的片段，可能是妈妈们最珍贵的东西。但是妈妈们有没有发现，有些时候作为母亲，尽管自己觉得很了解孩子，却也经常会犯下一些错误。比如我们常常在孩子不需要关心的时候，给予孩子过分的呵护，而当孩子真正需要妈妈赞扬和鼓励的时候，我们却因为各种各样的考虑而故作冷淡。

其实，每个人都希望获得别人的认同，孩子也是如此，有些时候他们希望得到别人的认同，尤其是来自于妈妈的肯定。孩子通过自己的努力，在学习或者其他方面取得了好成绩，这是多么值得父母赏识的事情！这时候，作为母亲，我们应该为孩子感到高兴，应该及时给予热情的赏识和赞扬。从某种角度来说，及时地赏识和赞扬孩子，看到他们的努力和进步，要比事后才给予他们赞扬所起到的作用要大得多。

及时给予孩子成绩的认同，可以表现出妈妈对孩子的真心赏识和热切期望，这能传递给孩子一种强大的精神力量。这种力量不仅

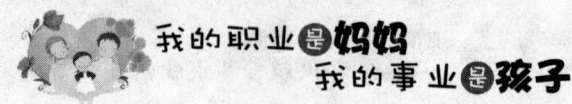

可以让孩子更加努力和自信，而且会促进孩子的智能发展和身心健康，大大增强孩子对学习和生活的信心和勇气，从而激励孩子奋发向上，让孩子健康快乐地成长。

总而言之，孩子的努力和进步是很重要的，它代表着一个过程，记录了孩子一段时间的成长。作为一个母亲，我们应该珍惜这种过程，它也许没有结果那样能够给人带来惊喜，但是确是一个必不可少的阶段。从某种角度来说，过程与结果同等重要，只有让孩子体会到过程中的快乐和自信，妈妈才能在最终让这份事业之树结出最为丰硕的果实。

妈妈职业通行证 》》》

这个世界上没有任何结果不需要过程，也没有任何过程联系不到结果，因此不论是过程还是结果都是非常重要的东西。作为母亲，我们应该在过程中给予孩子更多的支持和鼓励，让他们因为自己的努力而快乐，因为自己的进步而骄傲。在这样的点点滴滴中，孩子会因为你的给予而更加幸福，也会因为你的支持和赞美更加自信地踏上属于自己的成功之路。

缺点的背后，往往隐藏着更多的优点

每个人都会有自己的缺点，大人如此，孩子也是如此。作为妈妈，或许你非常希望将孩子雕琢得更加完美，妄图将所有优点融其一身，避免任何不必要的瑕疵。其实，有的时候孩子这门事业就像是一尊漂亮的维纳斯雕像，尽管表面上看来有诸多的缺陷，但只要换一种思维方式重新打量，就会发现隐藏在这些缺点背后的完美。

"金无足赤，人无完人"。世界上十全十美的成人是没有的，何况是正在成长的孩子。孩子身上所谓的优点和缺点是辩证的，表面是缺点，实质却包含着优点的潜能；今日的缺点，也许就是明日的优点。辩证法告诉我们，一切事物都处于转化之中，在一定的条件下，一个孩子的缺点一定会转变成为优点。

的确，我们不可否认，作为一个妈妈，我们每天都在希望孩子往好的方向发展，所以要求会越来越严格，只要看到孩子的不足就会心急如焚，尤其是对待孩子的缺点更是有一股子恨铁不成钢的忧虑，究竟应该怎么办呢？难道面对孩子的缺点就没有办法了吗？其实有些时候，一味地想把孩子的缺点生硬地扳过来未必是一条最为正确的引导方法。要知道孩子也是有脾气的，大人都不愿意听别人

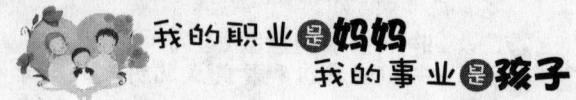

生硬地指出自己的缺点，更何况孩子的接受能力。所以这时候作为母亲还是需要那么一点点智慧，学会用赏识的角度去重新看待发生在孩子身上的缺点，也许这时候你就会发现，原来隐藏在缺点背后的还有那么多值得被我们忽略了的优点存在。

下面我们来看一个著名教育家陶行知教育孩子的例子，希望对妈妈们有所借鉴。

有一天，陶行知发现学生王友用泥块砸自己的同学，他当即制止了王友，并让他放学后到校长办公室。

放学后，陶行知来到校长室，王友已经等在门口准备挨批了。陶行知立即掏出一块糖果送给他："这是奖给你的，因为你按时来到这里，我却迟到了。"

当王友惊疑地接过糖果后，陶行知又掏出一块糖果放到他手里："这也是奖给你的，因为我让你不再打人，你就立即住手了，这说明你很尊重我。"

王友迷惑不解，陶行知又掏出第三块糖果，说："我调查过了，你砸他们，是因为他们欺负女同学。这说明你很正直，有跟坏人作斗争的勇气！"

王友感动地哭了，他后悔地说："陶校长，你打我两下吧，我错了，我砸的不是坏人，是我的同学呀！"

陶行知满意地笑了，他随即掏出第四块糖果递过去："为你正确地认识了错误，我再奖给你一块糖果……我的糖给完了，我看我们的谈话也该结束了吧！"

面对王友的错误，陶行知既没有批评更没有打骂，而是换了一个角度，用充满赏识的心态，从错误中发现学生诚实守信、尊重师长、为人正直、敢于承认错误的优点，并及时给予赞扬。陶行知用赏识唤醒学生的良知，让学生主动承认错误、接受教育，从而在心灵深处产生改正错误、完善自己的愿望。看了这样一个例子，作为母亲的你又有怎样的想法呢？是的，每个孩子都有着自己的缺点，总是会犯这样那样的错误，但是只要你留心观察就会发现缺点背后隐藏着很多我们不曾发现的优点，而这些优点远远要比孩子身上的缺点更重要，更值得我们关注。

公交车站牌下，一对母子正在等车。

一阵大风把围巾撩了起来，妈妈想用手按住围巾，可是手里还提着皮包，非常不方便。看到这个情形，小男孩主动对妈妈说："妈妈，我帮你拿包吧。"妈妈犹豫了一下，还是把皮包递给了小男孩，然后整理她的围巾。

没想到风更大了，小男孩一不小心，把皮包掉在了地上的水洼里。小男孩马上把皮包捡了起来，一脸的惊恐。

妈妈的脸色立刻变得非常难看，厉声训斥小男孩："你怎么连个皮包都拿不住啊？你看，包都脏了，你让我怎么拿？你真笨……"

小男孩一声不吭，眼泪却哗哗地涌出来。

母亲的训斥一定伤透了孩子的心。以后再有这样的情况，小男孩还会主动接过皮包吗？而如果妈妈的反应不是这样的呢？

妈妈看到小男孩惊恐的表情，先从孩子的手中接过皮包，用纸

巾擦干净，然后对孩子说："没事的，你看，皮包擦擦就干净了。"

"我不是故意的，妈妈你不怪我吧？"孩子小声地问。

"当然不怪你。你能主动帮我拿皮包，说明你很有爱心，还乐于助人，真让妈妈高兴。"妈妈抚摸着小男孩的头说。

"可是皮包掉在水洼里了。"小男孩还是很后悔。

"我知道你不是故意的。每个人都有不小心的时候，妈妈也犯过这种错误，不过妈妈以后就特别注意了，相信你也会吸取教训的！"

"嗯，我以后不会再犯这种错误了，我还想帮你拿包，好吗？"孩子说。

"好啊，妈妈相信你！"说完，妈妈又把皮包交给了小男孩。公交车来了，母子俩高兴地上了车。

在我们的生活中，每个孩子都免不了会犯类似的错误，而孩子正是在不断犯错误、纠正错误的过程中成长起来的。所以说，重要的问题不在于孩子是否犯错误，而在于妈妈采取何种态度看待和孩子认识孩子的错误，能不能用赏识的眼光在孩子的错误中发现优点，用另外一种心态去帮助孩子纠正错误。其实，有些时候转换一种教育方式，远远要比严肃的批评和打骂来得更有效果。

孩子是需要理解的，作为妈妈，我们不要总是从自己的角度出发去看待孩子身上出现的种种问题，相反有些时候我们真的需要采取别具慧眼的教育模式，去体谅孩子、赏识孩子，发现他们缺点背后的那些优点，只有这样孩子才能在妈妈的苦心经营下变得更有动力、更加自信，同时也更有决心改掉自己的不足和缺点。这样一举

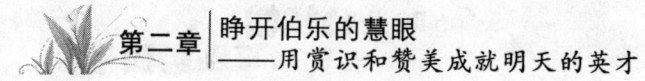

两得的事情，作为妈妈的你为什么不去做呢？

妈妈职业通行证》》》

现实生活中，发现孩子的错误并不难，难的是从错误中发现孩子的优点，并用赏识的态度和语言设计充满爱心的教育场景，在对孩子的赏识中完成"润物细无声"的教育。作为孩子事业的经营者，妈妈要想找出孩子在错误中的优点，必须首先了解孩子犯错误的过程，通过对过程的分析发现孩子的优点。另外，我们一定要保持好赏识的眼光，一旦孩子已经认识到并承认了自己的错误，作为母亲就不要再穷追不舍，相反我们应该更好地鼓励和肯定孩子敢于认错的勇气。

大人要面子，孩子更要面子

和大人一样，孩子也是有自己的自尊心的，成年人要面子，孩子也同样需要面子，作为母亲我们要想让孩子更健康地发展，就一定要保留好孩子那片尊严的净土，不要让他们的内心受到伤害。不要觉得那些让孩子丢面子的事情没有什么大不了，更不要让自己一时的过激行为给孩子的身心带来难以挽回的损伤。

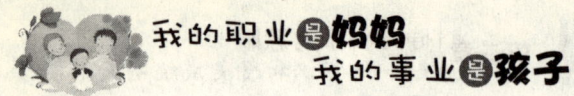

英国教育家洛克说过："父母不宣扬子女的过错，则子女对自己的名誉就愈看重，他们觉得自己是有名誉的人，因而更会小心地去维持别人对自己的好评；若是你当众宣布他们的过失，使其无地自容，他们便会失望，而制裁他们的工具也就没有了。他们愈觉得自己的名誉已经受了打击，则他们设法维持别人的好评的心思也就愈加淡薄。"而事实上正如洛克所说的那样，孩子如若被自己的父母当众揭短，甚至有意地被揭开心灵上的"伤疤"，那么他的自尊、自爱的心理防线就会受到严重的打击，甚至还会产生以丑为美的变态心理。

在机场航站楼很多乘客都在等待办理安全检查的手续。突然传来非常尖厉的训斥声，原来是一位母亲因为儿子弄丢了什么，正在对他大喊大叫。由于这位母亲用的不是英语，在场的大多数人都不明就里，想着妈妈责备孩子一定有她的道理，也没有多加过问。

但是斥责声越来越大，已经隔了七八分钟，这位女士还在气势汹汹地对着孩子喊叫，还用手用力地拧孩子的胳膊，对他推推搡搡。这回大家可有点看不下去了——不管孩子做错了什么，也不至于要当众这样羞辱他吧！因为和这位女士站得比较近，一位乘客就回头对她说："请你小声点，差不多就行了！"这位女士倒是听懂了，稍加收敛，但是没隔三四分钟，又开始推孩子了。站在我身前的一位英国男士实在忍不住了，就跑到队伍前面去告诉了机场的管理人员，希望她们能出面制止。

没过一会儿，一位身材高大、穿着制服的女士就走了过来，开始询问这位妇女的情况，并且把她带到一边加以询问。这下子女人的怒火仿佛消了不少，跟工作人员嘀嘀咕咕，无非是这孩子如何调皮，等等。工作人员对她说："这次，因为孩子的缘故，我们可以让你少排一会儿队，到前面直接办理安检的手续，但是请你不要再对孩子这样大喊大叫了，这样也会妨碍公众秩序。"女人也知道自己错了，很不好意思的样子，讪讪地走到队前去接受检查了。

在生活中有的妈妈可能不太会注意自己的行为，就像故事中的这个妈妈一样，她做什么事情从不会去考虑自己孩子的感觉，也没有意识到这对一个孩子来说是多么大的伤害。可是孩子是有自尊心的，如果我们在教育孩子时忽视了这份自尊心的存在，常常对他们进行批语指责，甚至打骂，毫不顾忌他们的"面子"，常在孩子同伴面前或外人面前数落孩子的不是，责骂惩罚孩子，使孩子在同伴中总是抬不起头来，没有任何地位可言，那么长期下去不仅达不到教育目的，反而大大刺伤了孩子的自尊心，增加了孩子心中的不满和紧张情绪，促使孩子养成报复、自卑的不健康心理，有的甚至还会引发更为可怕的悲剧。

尊重孩子，顾及他们的面子，这对孩子的成长来说是非常重要的。妈妈站在孩子的立场给予孩子应有的尊重，更益于孩子产生和形成一种自重、自爱、自尊的人格特质，并形成一种要求受到别人尊重的自然情感。具有这种情感的孩子，在人际关系上，能尊重自我又能尊重他人，因此也能受到别人的尊重，在生活中也会自信心强，责任感很强，有进取精神。那么，作为一个孩子的母亲，我们应该怎样给孩子留面子，保护好他们的尊严呢？看看下面的建议，希望对妈妈们有所帮助。

正面引导

有些家长在批评孩子的时候，张口闭口总是否定性语言："你真没出息""你真不争气""你真不要脸"……有的还带有挖苦讽刺的意味。这样的责骂不休，只能会给孩子带来更大的心理伤害。正确的方法应该是，在简明扼要抓住要害、严肃认真地指出错误后，再转用肯定的语言，如"你是有出息的""肯定会争气"等，给予孩子正确的引导，给孩子指明一条出路。要知道，任何批评，其根本目的不仅在于抑制孩子的过错行为，更重要的在于激发起孩子好的行为、正确的做人方法，这才是教育孩子最正确的初衷。

尊重人格

孩子有过错，家长该批评是要批评的，但孩子的人格应受到最起码的尊重。进行批评的时候，要对事不对人，孩子和大人、被批评者和批评者，人格应该是相互平等的。有些时候，批评可以严肃，甚至严厉，但这类似于镇痛药，用多了便失效。

避免当众批评

有的妈妈误认为当着他人的面批评一下孩子，会增强"激发"效果，但他们忽略了很重要的一点，这样做最大的弊病就是伤害了孩子的自尊心。因此，在批评孩子的时候要选择最恰当的场合，千万不要让孩子处于颜面尽丧的被动中。

看准时机

孩子一旦犯了错，妈妈当然要及时批评。"你等着，晚上爸爸回来再说"这种策略是一种很重大的失误。本是上午发生的事，到晚上再批评，这中间孩子还要干好多事，那错事也许会渐渐淡忘了。当然，所谓及时批评也应视年龄特点及错误性质有个时间跨

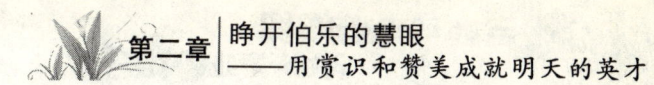

度，要抓住最佳的时机进行"冷处理"，这样才能达到最佳的效果。

相互配合

孩子有了过错，爸爸批，妈妈护，岂不效果相互抵消，又何谈教育呢？当然，父母对孩子的批评方式可以有差别，但口径必须一致，而且要配合默契。否则孩子很有可能利用父母之间的教育分歧而见缝插针，那时候教育起来难度就会加大了。

妈妈职业通行证

美国成人教育学家卡耐基说："一句或两句体谅的话，对他人宽容，这些都可以减少对别人的伤害，保住他人的面子。"我们对于孩子应该采取这种宽大为怀的态度，站在孩子的立场，以商量的口气与孩子对话，这样孩子才会心悦诚服地与你合作，才会有益于孩子产生自重、自爱、自尊和要求受人尊重的情感。

时刻发现，随时赞美

每个人都希望自己被别人肯定，小孩子也不例外，所以表扬和赞美是教育孩子最有效的方式之一。在孩子还没有学会正确的行为规范之前，需要用赞美作为行动准则，因此，家长若想要孩子按照一定的行为方式去做，就必须肯定孩子积极的一面，鼓励他继续往好的方面发展。

心理学家说："赞美，就像温暖心灵的阳光，我们的成长都离不开它。"父母的赞美能促进孩子对父母的认可和理解，消除代沟，获得彼此的信任和共识。人人都希望受到周围人的称赞，希望自己被人们认可。家庭教育中，赞美一直都被认为是最实用可行的教育方式之一。孩子都希望自己的言行能得到家长的赞扬。孩子得到父母的肯定，会更加自信。如果父母长期对孩子恶语相加，或者在孩子稍有差错时便冷面相待，孩子就会感到自尊受挫，有孤独感，觉得父母不理解自己，会产生强烈的叛逆情绪。可见，理解和赞美是与孩子沟通和交流的最好方法。懂得尊重孩子的兴趣和爱好、善于鼓励赞美孩子，会让孩子对父母的期待更重视，更愿意接受。

然而在我们的日常生活中，不少妈妈根本不知道怎样做才能算是给予了孩子恰如其分的赞美，即便是夸了自己的孩子，也没有将自己的赞美之词说在点子上，更有甚者还给孩子造成了很多的误导。其实，作为母亲的确不能吝惜自己对孩子的赞美之词，但是也要本着不断发现孩子身上闪光点进行赞美的目的，随时发现，随时赞美，这样才能更好地激发孩子身上的潜质，最终达到属于自己的教育目的。

一位中国女性到北欧某国做访问学者，周末到当地某教授家中做客，一进屋，看到教授五岁满头金发的小女儿，眼珠如同纯蓝的蝌蚪顾盼生辉，极其美丽。女学者送给她中国的礼物，小女孩有礼貌地微笑道谢。她抚摸着女孩的头发说："你长得这么漂亮，真是可爱极了。"教授等女孩退走之后，很严肃地对女学者说："你伤害了我的女儿，你要向她道歉。"女学者大惊。教授告诉她，你可以夸奖我的女儿，但不是因为她的漂亮，而是因为她的微笑和有礼貌。后来这位女学者很正式地向教授的小女儿道了歉，同时表扬了她的礼貌。

一句原本就是赞美自己女儿的话语，在某教授的眼里却成了伤害自己女儿的言辞，这是什么原因呢？原来赞美也是需要讲求技巧的，特别是对小孩子的赞美。回想自己对孩子进行赞美的时候，是不是也经常会犯那个中国女性类似的错误呢？其实，表扬的目的，无非是要给孩子一个更好的激励，但是这样激励一定要用在点子上。那么究竟怎样才能真真正正达到激励孩子的目的，才真真正正算是赞美到了点子上呢？看看下面的一些方法，希望对作为母亲的你有所帮助和借鉴。

抓住重点

妈妈在表扬孩子的时候，不要只注意到孩子成功的那一小部分，还要将眼光着重在孩子不怕困难的决心和认真态度上，特别应该针对孩子的努力进行鼓励。例如：孩子在班上画好了一幅画，一开始可能不太会画，于是自己画了又擦，擦了又画，虽然时间花得比别的孩子多，但终于还是把画顺利地完成了。这时候作为妈妈，一定要对孩子进行积极的赞美和鼓励，表扬他做事有始有终的积极学习态度。孩子在充分体验到成功的喜悦之余，一定会更加努力，坚定克服困难的信心。

赞美要具体

妈妈应特别强调孩子令人满意的具体行为，赞美得愈具体，孩

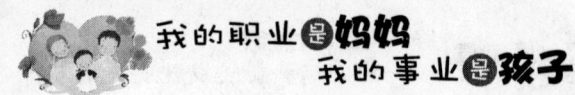

子对与好坏的认识就会更加清晰，更容易明确心中的努力方向。比如，如果妈妈说："你今天真乖。"孩子一般就不会明白妈妈所说的乖究竟指的是什么。但是如果妈妈换一种说法："你今天早上按时起床，上幼儿园没有迟到，又帮王老师收拾小朋友玩的玩具，所以你是一个乖孩子。"用这样的方法来肯定孩子守时和助人为乐的好习惯，就会得到更显著的效果。

赞美要及时

如果孩子做了某一件好事，家长就应当即作出赞美，不要有所拖延，否则，时间一长，孩子就会将赞美渐渐淡忘，能强化好行为的效果就不会那么明显了。

确立表扬目标

要想赞美孩子的进步，首先要明确一个目标。比如，妈妈的目标是要求孩子玩耍后，自己收拾好玩具。尽管孩子从来不做这些事情，但是妈妈仍然要坚持不懈地重复这样的要求。如果有一次，孩子自己把一个玩具放在玩具盒里，那么妈妈一定要抓住表扬的时机，进行最有效的赞美。比如："你把玩具放进了玩具盒里，真不错，咱们把别的玩具一起收起来好吗？"又如，妈妈跟别人交谈的时候，孩子总是爱打岔乱嚷，希望你引起你的注意，但是如果突然有一次，孩子开始静静听你和别人说话，妈妈就应该停下来赞美他："真乖。"然后再继续交谈，间隔的时间长一些之后，可以再表扬他一次，这样孩子就学会了等待。当目标达到时，一种新习惯就可以完全建立起来了，但这个时候仍要视情况继续给予孩子表扬及赞美。

赞美时不忘提出新要求

妈妈在赞美的同时提出新要求，往往能够达到事半功倍的效果。当孩子拿着他新创作的一幅作品给你看的时候，在表扬他努力的同时，聪明的妈妈也别忘了提醒孩子："如果你能把用过的画画工具自己收拾好，那就更完美了。"

总而言之，赞美是教育孩子的一种重要的方法。在表扬孩子时，妈妈一定要态度热情、表情亲切，这样孩子才会感到很高兴、很兴奋，这种体验可以加深孩子对成功本身意义的认识，并且愿意在以后继续努力朝着这方面做。所以，当妈妈想要表扬自己的孩子时，不妨试一试以上的绝招，或许会给你和孩子带来一份意想不到的快乐。

妈妈职业通行证 》》》》

孩子是未成年人，他们的心智尚发育成熟。对世界，对社会人生的看法尚未形成。在这个阶段，给予孩子正确的引导，是非常重要的。而赞扬是帮助孩子建立正确的价值观的一种有效途径。作为妈妈，我们一定要不断地发现孩子身上的闪光点，时刻发现，随时赞美，只有这样，孩子才能通过接受你的赞扬获得一种价值认识，从而得到鼓励，进一步发展自己优秀的品质。

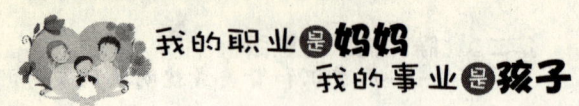

相信我，你是最棒的

自信心是进取心的支柱，是有独立工作能力的心理基础。自信心对孩子健康成长和各种能力的发展都有十分重要的意义。幼儿期的自信心对一个人的一生具有举足轻重的作用。因此作为妈妈，我们一定要多给孩子一些鼓励和支持，告诉他们"你是最棒的"，只有这样孩子才能更有信心，在今后的成长之路的走得更稳，行得更远。

美国作家马克·吐温有句名言："一句好的赞语，能使他人不吃不喝活上两个月。"此话虽有些夸张，但却形象地说明了表扬和赞赏对于一个人来说会有多么大的激励作用。教育心理学认为：每一个孩子无论其各方面的表现是什么样子，他们的内心都是非常希望得到别人的认同和赞美的。因此，作为一个母亲，我们一定要注意运用赏识引导的教育模式，适时地对孩子说一声"你是最棒的"。这样不但可以让孩子的性格更加开朗，还可以帮助他们增强自信，使他们在未来的各种挑战中沉重应对，充满永不服输的精神和勇气。

有些时候，自信就跟人体需要钙一样，没有钙人就会软，甚至还会得软骨病，发育就会受到影响，只有钙充足人才能成长得更结实。自信心也是如此，人有了自信心就会更加勇敢，就会敢于说话、表现和实践。现在是一个表现的社会，你不表现，别人怎么知道你，怎么能发现你呢？作为一个孩子，妈妈一定要在他年龄尚小的时候就开始鼓励他积极表现自己的欲望和信心，给予孩子最鼎力的赞美和支持，只有这样孩子才会无惧于各种各样的困难和恐惧，信心满满地去经历磨炼，成功地去经营自己的今天、明天和未来。

某单位组织国际民乐比赛，获得金奖的话对以后升学、出国都有益，而且对孩子一生都有益。有一个弹吉他的孩子上台的时候胆怯了，问自己"能行吗?"他哆嗦着走到台上，快叫他名字时哆嗦得更厉害了，爸爸妈妈立刻从后排跑上来，隔着十米远举着一张孩子在八达岭长城上挥着手的大照片给孩子看。孩子看到妈妈爸爸举着的大照片，一下子就镇定了，心说："我都登上了长城，我是好汉了，怕什么。"孩子有了自信心以后，立刻镇定地给评委们鞠躬，弹的是传统的乐曲，加入了感情，想起了长城那种气壮山河，想起了爸爸妈妈抱着他在长城上的情景。弹完以后场下热烈鼓掌，孩子赢得了所有评委的赞赏，评委们都给了他满分。这个孩子不仅给中国争了光，还给他们学校争了光。可见，带着自信和感情弹吉他与单纯应对考试弹吉他效果完全不一样，关键时刻家长给孩子自信很重要。

有些时候，自信心就像人的能力催化剂，它可以最大限度地激发人体内的一切潜能，并且将各部分的功能保持在一个最佳的状态。而这种功能如果能在最佳状态下发挥并得以不断进行重复的话，它将渐渐成为人本性中的一部分。作为孩子，他成长的路线如果是沿着这样积极上升的方式不断深入进行的话，就不难想象其自信心的积累给他的人生会带来怎样的影响。正因为这样，我们才会在许多伟人身上看到这种超凡的自信心，也正是在这种自信心的驱动下，他们才真正敢于挑战自我，并不断在失败中看到成功的希望，鼓励自己不断努力，从而在最终获得成功。

所以，在孩子成功的道路上，妈妈一定要给孩子信心，千万不要以任何方式打击孩子。说话也要注意分寸的把握，不负责任的话千万不要说。如有的孩子想学画画，有些妈妈却随口说："你还学画画呢，连圆都画不圆。"有的孩子想学书法了，有的妈妈却随口就说："你连斗大的字都写不好，蜘蛛爬的一样，怎么练书法。"这些无意间的讽刺挖苦很会在瞬间打消孩子对自己的信心，最终自暴自弃，失去了前进的动力。

培养孩子自信，就不要过于惩罚孩子的失败。我们可以惩罚懒惰、依赖、逃避，但绝对不要惩罚孩子失败。一个成年人做事情都难免遭遇失败，何况孩子呢？所以，妈妈应该鼓励孩子面对困难要敢于尝试，不要给孩子设置不该有的心理障碍，使孩子被有可能失败的想象吓倒，以至于不敢去做，甚至在心里形成自我否定。

培养孩子自信，就不要轻易选择放弃。就算在别人眼中你的孩子一无是处，妈妈也不要轻易放弃对孩子的培养和教育。作为母亲，我们把孩子带到这个世界上来，谁也不希望他一辈子碌碌无为。既然抱有这样的信念，我们就要抓住一切"让孩子抬起头来做人"的机会，慢慢引导孩子树立自信，不要让孩子在父母的失望中放弃自己。

那么究竟我们应该怎样帮助孩子树立信心，怎样给予他们那份作为母亲的支持呢？看看下面的建议，希望对妈妈们有所帮助。

多点鼓励

在孩子做事之前，妈妈要说："我相信你一定能做到。"在孩子成功以后，妈妈可以微笑着说："你果然做到了，真了不起。"其实，从孩子学步时起，妈妈就应该注意给予孩子力所能及的肯定和鼓励，但也一定要避免不符合实际的夸奖。

换个说法

孩子拣起了一块石头，高兴地拿给妈妈看，说："妈妈，你看我拣的石头多漂亮。"这时候妈妈如果说："看你弄得满身是泥。"孩子会不高兴地扔掉石头，垂头丧气地走开。但是妈妈要是说："这石头是漂亮，你去把它好好洗洗，那就可以看得更清楚了。"孩子探索的积极性就可以得到更好的发展。

改变思路

妈妈应该引导孩子把注意力放在追求成功上，而不是先考虑失败了应该怎么办。不断发现孩子的优点，帮助他扬己之长，勇敢地去尝试，逐渐习惯于考虑各种达到成功的途径与可能性，这才是妈妈应该恒久保持的思路。

倾听梦想

即使你认为孩子说的梦想仅仅只是一个梦而已，也耐下心来去倾听，并尽可能帮助他将这个看似不可能的梦变为现实。

看到进步

妈妈不要把孩子和别人比，而是应该多和孩子过去相比，只有这样才能让孩子看到自己的进步。

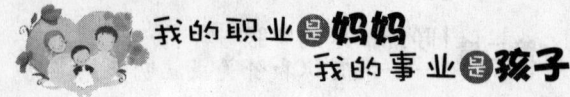

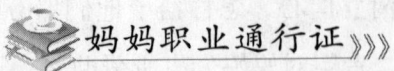

　　不管孩子在别人眼中是什么样的，在妈妈的眼中他永远是最棒的。尽管有些时候，他们会被各种各样的失败绊到，会被各种各样的缺点纠缠，但不管怎样妈妈的鼓励都会成为他们成就自信的资本。大声说出来吧！告诉孩子"相信妈妈，你是最棒的"。也许那只是一句简简单单的话，却完全可以帮助他们插上信心的翅膀，使他们能有一份神奇的力量在属于自己的天空中自由高飞。

　　如果说妈妈是孩子的第一任老师，那么家庭就是孩子的第一所进修学校。它就像一个企业，需要自己别具一格的企业文化，只有这样里面的人才能得到耳熟目染的熏陶。所以，要想让孩子这个永恒的事业得到长足的发展，就必须给孩子营造一个温馨而恬静的家庭氛围，身体力行地去影响孩子、感染孩子，既体贴入微又伸张有度。只有这样，孩子才能在家人的关怀下茁壮成长、明辨是非，拥有更多的幸福和快乐。

第三章　经营事业的温度
——耐心感召，创造温馨家庭事业

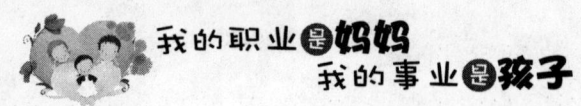

润物无声，做个善解人意的好妈妈

即便是真的很"爱"但是却不好意思把它说出口，即便是真的很心疼，但是却不知道怎样让孩子真真正正地理解。当了母亲，每个人都希望成为孩子最敬仰的人，再多的努力和付出，只要孩子懂得就是值得的。其实爱无需惊动天地，但却可以润物无声，聪明的妈妈总是能让孩子更深地体会到自己的温暖，在孩子的眼中他们永远是最善解人意的人。

我有一个善解人意的妈妈，她很理解家人的心情，总是关心照顾家人，我非常喜欢她。

有一次我肚子疼，躺在沙发上，盖着毛巾被。妈妈一回家，就知道我肚子疼，连鞋都没脱，就赶紧跑到饮水机旁，给我倒了一杯热水。让我喝的时候，她先尝了一下，有点烫，就又兑了点凉水直到温度刚合适才端给我。我咕嘟咕嘟几口就喝光了，然后躺下去说："妈妈，我肚子好疼啊！"妈妈二话没说，给我吃了药，然后轻轻地抚摸我的头。我感觉到很温暖。妈妈的爱是这样的温柔和体贴，谁会有这么幸福？可能只有我吧。

不管怎样，我都要珍惜和爱护妈妈。等我长大后，我要回报妈妈十倍、百倍的爱，因为妈妈和我心连心，妈妈的爱已经融入到我的全部生活中，我一刻也不能离开。

这是一个孩子在自己的作文中向我们描绘出的那个善解人意的母亲，相信很多妈妈也会这样，总是倾其所有为孩子着想，但是有些时候我们却有了一种困惑，那就是为什么孩子总是不理解自己作为母亲的苦心呢？回想我们教育孩子的经过，是不是总有这样一些事情在发生呢？就拿孩子肚子痛这件事情来说，同样一件事情，有些妈妈却是这样做的。

一天放学回家，小明二话不说地从冰箱里拿了一瓶可乐自己喝起来。天气很热，所以他喝得很开心，但是没过多久，不知道为什么自己的肚子就开始疼起来，疼得他靠在沙发上怎么也起不来了。这时候妈妈回来了，看到他这个样子，马上皱起了眉头："是不是又吃凉的了？告诉你不要随便吃凉的东西你就是不听，活该肚子疼，这次就应该让你疼得满地打滚，看你下次长不长记性。"妈妈一边说一边倒了杯热水，"赶快喝了。"可是这时候小明听了妈妈的话已经非常难过了，接过杯子半天也没把水喝下去。这时候小明的妈妈又开始到药箱里找药，一边找一边说："药就在家里的药箱里，自己肚子疼也不知道自己去找一下，非要等我回来伺候在嘴边上，我要是不回来呢？你还在家疼死啊。"听了妈妈的话，小名难过得大哭起来："疼死就疼死，我疼死算了。"

没有不爱孩子的妈妈，其实小明的妈妈也是一样，但是她爱小明的方式对于小明来说很难去接受，所以尽管这位妈妈该做的事情

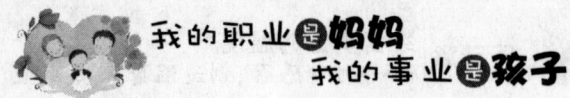

都做了，但是却没有赢得孩子的感激，相反，孩子内心却受到了极大的伤害。其实有的时候，妈妈真的没有必要因为孩子一时的一些错误而如此尖锐批评孩子，这样也起不到任何教育的作用，如果小明的妈妈能够换一种教育方式，先不声不响地帮助孩子解决痛苦，让他感受到妈妈的那份爱，然后再用温和的语言对他说："肚子还疼不疼啊？以后千万不要再吃那么多凉的东西了，要不然肚子疼多受罪啊，要是妈妈不在谁照顾你啊？"这样一来孩子不但能够将你的话全部记在心里，还会感觉到妈妈的关心和温暖，体会到妈妈的那种无私的爱和关怀。

每个妈妈都是爱孩子的，但是未必每个妈妈都知道究竟应该怎样爱孩子，如果要问孩子最希望妈妈是一个什么样的妈妈，或许很多孩子都会异口同声地说："要最善解人意的妈妈。"那么妈妈怎样做才是善解人意的呢？下面介绍一些生活中妈妈必须掌握的细节，希望能帮助大家更好地贴近孩子的心。

明白孩子真正的需求

很多妈妈认为自己每天都在给孩子关爱，不管是从吃上，还是从穿上，原本以为有了这些孩子就会满足，却忘记了去观察询问孩子内心的真实想法。有些时候，作为大人我们真的应该放低自己的姿态，用心地去留意孩子的心理，在孩子需要安慰的时候，摸摸他们的头，在孩子需要关心的时候，给他们一个温馨的拥抱，尽管那不过是一个简单的肢体动作，但是却能够传达出妈妈对孩子最为真挚的感情。

潜移默化地表达自己的爱

中国的家长有个明显的特点就是深沉，不愿意对孩子直白地说出"我爱你"三个字，但是每一天都在兢兢业业地为了孩子的将来而奋斗。然而有时候过于深沉了，只会让孩子觉得一切都是理所应当的事情，所以体会不到作为妈妈的辛苦和努力。因此，作为母亲，我们没有必要将自己内心的苦水独自一人吞下，适当的时候，跟孩子说说心里话也是一种很好的教育模式，这样不但会得到孩子的理解，还会让孩子更听话、更懂事，并对母亲的爱产生了一种敬畏的感情。

抑制内心的怒气

也许是因为工作不顺心，也许是因为孩子做了错事，总而言之妈妈的心里有了一股怒气，更可怕的是有些时候这种怒气藏在心中没有任何的表现，但只要孩子触碰了这根琴弦，就会很快成为导火线，搞得最后一发不可收拾。细细想来，孩子的错真有那么严重吗？一味的自责、打骂、唠叨只会让孩子不知道所以然，内心慢慢被恐惧和阴暗填满，甚至还会影响到他们的性格，一旦孩子的性格形成模式，到时候就算妈妈想重新更换教育模式，重新接近孩子，也不是一件简单容易的事情了。

总而言之，妈妈对孩子的爱，没有必要波涛汹涌，但绝对可以润物无声，我们没有必要始终把"爱"字挂在嘴边，但至少也要让孩子知道这个字的分量和温度，只有让孩子真真正正地感受到自己善解人意的那份温暖和理解，母子关系才会更加融洽、更加和谐，作为母亲的你才能够真真正正得到孩子的仰视和敬畏。

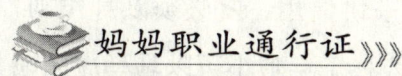 妈妈职业通行证 》》》

如果说孩子是妈妈一生的事业，那么妈妈的爱就是这份事业最

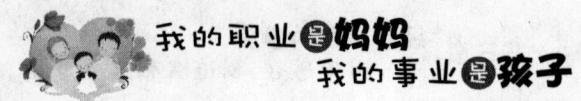

为天然的保护屏障。作为孩子人生的第一任经营者，妈妈必须表现出自己善解人意的谦和，它不但可以获得孩子的理解，还可以得到孩子的尊重。当你的光辉形象在孩子的心中已经成为一种无可替代的标志，你还会担心他不会按照你设计的轨迹茁壮成长吗？

说到做到，成为孩子仰视的好榜样

在如今这个社会，我们总抱怨别人言行不一，明明承诺的事情，到了最后却得不到兑现。尽管我们每天都在教育孩子答应别人的事情就一定要做到，但是却似乎经常在自己的身上产生遗忘。其实妈妈是孩子最好的榜样，只有我们自己以身作则，孩子才会沿着我们的脚印一步一步地走下去。

孟子说："人而无信，不知其可也。"一个人如果全无信用可言，那么他定会为众人所不齿。因此，做人不要轻率许诺，轻诺必寡言。言必行，行必果，不仅是对他人的尊重，更是对自己的尊重。

作为一个母亲，要想让自己的孩子讲信用，就必须以身作则，答应孩子的事情一定要做到。如果认为孩子年龄小可以马马虎虎地对付，那可就大错特错了，因为父母的一言一行都会深深地刻在孩子的脑海里，而且孩子会随时翻出来照着做。

《韩非子》上有一段关于曾子讲信用的故事。

有一天曾子的妻子要上街去，她的孩子哭着叫着，也要跟着妈妈上街。妈妈哄儿子说："你在家里好好玩，我上街回来杀猪给你吃吧。"儿子一听这话，立刻不哭闹了。到了中午，妻子从街上回来，看见曾子正在磨刀石上霍霍地磨起刀来，准备杀猪给孩子吃。妻子急忙阻止他说："你这是干什么，你真的要杀猪给孩子吃吗？我原是说着哄哄孩子的。"曾子说："你不是说赶集回来就杀猪给儿子吃吗？对小孩子怎么可以说谎话呢？孩子们的一举一动，都是跟爸爸妈妈学的，你撒谎欺骗了孩子，就等于教他学撒谎，这样教育孩子是要不得的。"曾子终于杀了猪，向儿子兑现了诺言。

这个故事也许在很多妈妈看来可以说是老调重弹，但是却说明了一个永恒不变的真理。想想当今的社会，多少人都因为无法兑现自己的承诺而失去了别人的信任，又有多少人因为言行不一而遭到别人的反感，失去了本应属于自己的机会。作为母亲的你虽然对能不能把孩子培养成一个才华横溢的人没有太多的把握，但至少我们可以将他教导成一个言而有信、诚实正直的人。而品行端正的人，最重要的一个品质是言而有信、说到做到。要想让自己的孩子从小就明白这一点的重要，作为孩子天生模仿对象的妈妈，一定要成为孩子仰视的好榜样。只有妈妈真正做到了，孩子才会更有学习的目标和方向，这一点对孩子先天品质的养成起到至关重要的作用。

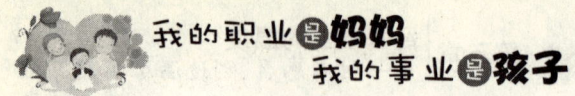

今天是朵朵的 10 岁生日，一放学，朵朵就高兴地往家跑。因为妈妈答应要送她生日礼物。一路上朵朵总在想："妈妈会送我什么呢？"

一到家，抵挡不住自己的好奇心，朵朵在家里东看看，西翻翻，可就是找不到有什么特别的东西。无奈之下，只好乖乖地坐到妈妈跟前，顽皮地对妈妈说："妈妈，你要送我什么礼物呢？"妈妈看了她一眼说："噢？我……"朵朵看妈妈有些吞吐，有些不高兴了。妈妈忙说："我早就给你准备好了，妈妈答应你的事情怎么能做不到呢？"听了妈妈这话，朵朵才再次露出了笑容。于是，妈妈让朵朵闭上眼睛，伸出双手，把礼物放到了朵朵的手中。朵朵睁开眼睛，礼物是用包装纸包好的，上面还有一朵花。用剪刀把包装纸剪开，露出里面的东西，是两本书。一本是朵朵一直想要的《淘气包马小跳》，还有一本是她最喜欢的那本《同桌冤家》。朵朵拿着书对妈妈深深地鞠了一躬说："谢谢妈妈！"看着女儿开心的样子，妈妈说道："孩子，如果今天妈妈失言了，你一定会很伤心，是吗？""嗯，是的！那样妈妈就成了一个不守信的人了。"朵朵说。妈妈接着说："那么，你以后可要记住，答应别人的事情一定要做到啊！否则，别人也会很伤心的。""妈妈你放心吧，我会的！"朵朵高兴地答应了。

通过简简单单的一件小事情，故事中这位充满智慧的妈妈告诉了女儿一个非常重要的道理："答应了别人的事情就一定要做到，否则对方一定会很伤心。"这不得不让我们感觉到敬佩。有些时候，我们总是以为孩子还很小，随口说过的话不会太当真，但却没有想到他们会每天期待、每天盼望，如果没实现，孩子对妈妈的态度就会发生改变，他们就会认为妈妈是一个不守承诺的人。相反，如果妈妈实现了自己的诺言的话，孩子也会渐渐明白，每说出一句许诺的话，都要负起一定的责任，孩子行为的目的性和责任感也会得到有效的培养和增强。

所以，作为母亲我们不要轻易许诺，一旦许下诺言，便要坚决落实，这是诚实守信的表现，无形中会为孩子树立一个良好的榜样。如果认为孩子是自己的，可以随随便便，说了而没有做到，一方面会损伤家长的威信，另一方面对孩子也会造成一种不诚实的不良影响。俗话说的"有其父必有其子"虽然是绝对的、片面的，但它从另一个侧面告诉我们：父母一定要说话算话，为孩子树一个好榜样。

总之，父母自己要以身作则，言而有信，做不到的事情不要轻易许诺，否则会在不知不觉之中为孩子树立说谎的榜样。家长不要轻意向孩子许诺，但是一旦许了诺，就一定要兑现。

妈妈职业通行证

古人为了信守一个承诺甚至可以放弃自己的生命，因为他们认为一个人的信誉比什么都来得珍贵。如今尽管孩子还小，还没有真真正正明白社会是怎么回事，但作为妈妈还是要帮助他们明白说到做到对于自己来说是多么重要。所以不管怎样，在孩子面前我们一定要为自己树立起一个优秀的形象，答应孩子的事情就一定要做到，只有这样，你才会成为孩子永远仰视的好榜样。

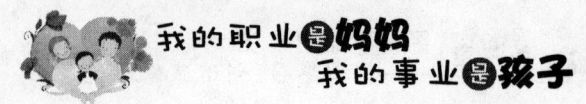

以身作则，身教比言传更为重要

有些家长经常抱怨为什么自己反反复复地去教导孩子，他总是不肯听，有的时候还顶嘴。这样的场景几乎每天都会出现在我们的生活中，但是在发愁之前，作为妈妈，你有没有想到，教育孩子的事情，你自己做到了吗？其实有些时候身教比言传更为重要，只有妈妈自己以身作则，孩子才会把你的行为模仿得越来越好。

家庭德育实在是完善孩子人格的根本。如果一个人无德，他的身体越健壮，智力越发达，就更助长他作恶，对社会更加无益。所以妈妈一定要注意的是，培养孩子的良好品德，一是自己要以身作则，二是要像春雨一样，润物无声，使孩子在不知不觉中得到熏陶。法国社会学家塔尔德有句名言是这样说的："社会就是模仿。"孩子虽然小，但却具有强烈的模仿心理，而家长以身作则的典范作用往往就是一种无声的教育。

其实，母亲的言行是孩子无声的老师，对孩子有着强大的潜移默化的作用。有些时候父母的身教比言传还要重要，所以作为一个母亲，我们必须时时、处处、事事严格要求自己，为孩子树立人生的好的楷模，只有这样孩子才会在我们的潜移默化的引导下逐渐树立自己的道德观和价值观，这对于他们的未来都是至关重要的。

赵冰洁跟妈妈一起上街，碰到了邻居陈爷爷，赵冰洁不仅没有跟陈爷爷打招呼，甚至看也不看。陈爷爷招呼他，他只是勉强回答，十分没有礼貌。回家之后，妈妈把赵冰洁叫到身边，严厉地对他说："冰洁，妈妈发现你对陈爷爷讲话时，没有运用礼貌用语。我跟你说过多少次了，你就是记不住！"

赵冰洁顶嘴说："妈妈你不能怪我，虽然你总是教我要尊老爱幼，可为什么你从来没有尊重过我奶奶！"妈妈听了赵冰洁的话，刹那间脸红了。

要对孩子进行成功的教育，妈妈首先就应该起到无可替代的表率作用。我们都知道家是孩子最基本的生活和教育单位，妈妈的一言一行、一举一动，都可能成为孩子今后模仿的对象。尽管孩子还小，但是他最初的行为习惯可以说都是从父母那里学来的。因此，面对孩子天真的双眼，妈妈一定要特别重视榜样对孩子的巨大影响，时时处处为孩子树立好的形象，只有这样他们才会渐渐明白怎样做是对的，怎样做是不对的，渐渐在自己的头脑中形成正确的是非观念。

有人说："父母是孩子终生模仿的样板。"这话说得一点不假，父母的言传身教，对孩子的心理发展和品性形成起着至关重要的作用。经过教育专家研究发现，一个孩子不仅会在总体上模仿自己父母的生活方式，而且还常常继承与父母相同的个别有害于或有益于健康的行为和习惯，如吸烟或运动锻炼等，这难道不应该引起我们

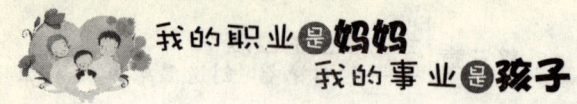
这些做妈妈的重视吗？想想生活中的一点一滴，想想我们平时的一举一动，再想想孩子那稚嫩的双眼，如今作为妈妈的你又该怎么做呢？看看下面的例子希望能对大家有所启迪。

孙教授有三个儿子，一个是美国麻省理工学院的博士，一个是英国剑桥大学的博士，一个是中国航空研究院的博士，而大女儿金萤则是美国约翰·霍浦金斯大学的博士后。

"老实说，我们并没有刻意要把孩子培养成名成家，我们只是用爱心、信心、恒心、苦心织了一张网，谁料到它竟给我网回了四个博士。"说到这儿，孙教授找出了一张手绘仕女图递给记者，已经泛黄的纸页上记着这幅幼稚作品的诞生时间——1971 年 10 月 5 日。

"怎么样？我女儿画的。"言语间流露出慈祥、爱意和骄傲。

"我们给她取名叫'萤'，希望她像萤火虫一样，能自己照亮自己就够了。"结果呢，金萤上学时书读得好，下乡时猪养得好，做医生时手术做得好，出国后又逐步成为霍浦金斯大学基因工程研究的骨干。

身教重于言教。孙教授非常喜欢列宁夫人克鲁普斯卡娅的一句话："家庭教育对父母来说，首先是自我教育。"在四个孩子眼里，父母嗜书如命、忘情工作，给他们留下了深刻印象，孩子和书是父母生活中的主角。孩子们成了博士，而他们的父母也成为业界翘楚，双双获得国务院特殊津贴。无言的行动有力地传达出做人和做学问的真谛。金萤说："小时候，我们家很清贫，在物质上，父母给予我们的不丰厚，但他们给予了我们一个求学与做人的根本，那就是——健康的心灵。"

很多妈妈都喜欢对着自己的孩子说教，希望他们能够从自己的说教中明白一些道理。但是我们不知道，父母对孩子的教育有时候身教比言传要有效果得多。因为有时候只是一味地口头教育可能会让孩子左耳朵进右耳朵出，甚至让他们产生厌烦的感觉，那样是达不到真正的效果的。相反，如果我们自己以身作则地去做好自己的事情，兢兢业业地努力工作，谦卑孝敬地对待长辈，积极进取要求进步，那么孩子就会悄悄地尾随在你的身后，模仿着你的样子去处理他自己的事情。到那个时候，无需太多的言辞，无需特意的教导，一切也就都成为了自然而然的事情了。

总而言之，妈妈的言谈举止，犹如一本没有文字的教科书。因此在孩子面前，作为母亲无论是从思想品德上还是生活小节上，都没有小事。要教育孩子就一定具有较高的社会公德，想把孩子教育成什么样的人，妈妈自己就必须先要努力成为什么样的人，如果我们要求孩子要积极进取、勇敢拼搏，那么妈妈也要率先成为孩子眼中的典范。只有这样，才能对孩子产生更加积极、深远的影响。

妈妈职业通行证 》》》

在家庭教育中，妈妈经常会对孩子说"应该这样做""不应该那样做"来规范孩子的言行，可是这种空洞的说教所起的作用往往微乎其微。而妈妈的每一句话、每一个举动，孩子都会看在眼里，并以父母为榜样来模仿。所以，作为母亲，我们在日常生活中要谨言慎行，以身示教，尽可能不要让不良的言行出现在自己的身上；

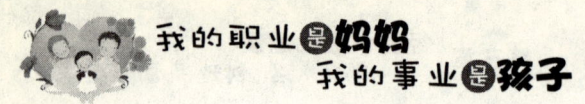
要求孩子做到的，妈妈自己先要做到。唯有如此，才能收到良好的教育效果。

管住嘴巴，别让唠叨增长了孩子的怨气

女人最爱犯的一个毛病就是唠叨，这种习惯不但男人受不了，孩子也同样无法忍受。有些时候妈妈总是希望通过反复的唠叨来让孩子记住自己的缺点和不足，可没有想到的是得来的往往是适得起反的效果。究竟错在哪里？为什么孩子的怨气越来越大呢？在考虑这些事情之前，还是让我们管好自己的嘴巴，让那些无休止的唠叨从现在开始告一段落吧。

"起床、起床，快起来！去洗脸，去刷牙，记得梳头！会热吗？会冷吗？你就这样穿着出门吗？别忘了钢琴课在今天下午，所以你要练！出去外面玩，别玩太疯，别闹太凶。今晚不准玩电脑！我说了算！我是你妈！"近日，一首以妈妈的各种唠叨为歌词的《妈妈之歌》风靡网络，引发了广泛的关注，搞得很多妈妈不得不对自己这个爱唠叨的坏习惯有了彻头彻尾的反思。下面让我们听听孩子的心声，看看他们是如何看待妈妈无休止的唠叨的。

只要在家里，从早到晚，总有一种声音陪伴着我，那就是妈妈的唠叨。

"到点了，快起床，再不起就迟到了，快！快！快！"清晨叫醒我的是妈妈的唠叨。中午一进家门，未见其人，先闻其声："快，洗手、吃饭，书包挂在椅背上。"刚吃完饭坐在沙发上，妈妈又喊："午睡一会儿，别躺下看书，会把眼睛看坏的。"晚上回到家，妈妈更是唠唠叨叨问长问短，每当晚上我想多看一会儿电视的时候，妈妈就唠叨开了："别看了，明天还要上学呢！"每当我做作业的时候，耳边又传来了唠叨声："写字姿势要正确，预防近视！"还有什么上课要注意听讲啦，不懂就问啦，要诚实啦，自己的事情自己做啦……这唠叨就像一个没完没了的小广播。

说真的，我真的很受不了妈妈的唠叨，从我记事起她就一天到晚唠叨个没完没了的，有些时候我真的不知道怎样做才可以让她安静下来。尽管我有做得不对的地方，但是说一次就行了，为什么还要老说呢？更令我没有办法忍受的是，每当我犯了一个小错误，妈妈还会把陈年的旧账统统翻出来重新说一遍，搞得我很没面子。有时候我真的想找一个办法，离开妈妈的视线，离开她的唠叨，一个人好好静一静……

这是一个孩子对妈妈发自肺腑的感慨，尽管我们不难看出妈妈是多么的关心他、多么的爱他，但是显然妈妈说的每一句话，他都是带着一种莫大的逆反心理在说的。是的，孩子还小，很多事情是需要妈妈去帮助、去提醒的，但这也并不意味着不断重复的唠叨就是他们最需要的东西。试想一个成人，听到别人在身边反复重复着

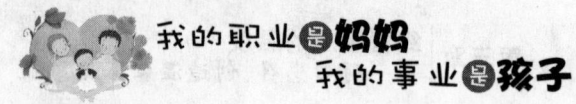

简简单单的那几件事都会觉得厌烦，更何况是那些心怀小小叛逆的孩子呢？据教育学家研究表明，父母越是来回唠唠叨叨，孩子越会反反复复地犯他们所说的同一样错误，主要原因就在于他们心怀逆反和怨气，明明知道这样做是不对的，但还是要犯同样的错误以此来完成自己内心世界的宣泄。细细想来，这样反反复复的唠叨又是何苦呢？与其总是起到适得其反的作用，为什么不换一种方式和孩子交流呢？有些时候，管好自己的嘴巴，放平自己的心态，更可以帮助妈妈们贴近孩子的内心世界。

那么我们怎样拒绝唠叨，和孩子营造出一种和谐的、温馨的亲子关系呢？我们又该做些什么才能让我们的孩子更愿意与我们交流、更愿意听从我们的引导呢？其实，作为妈妈我们还有很多的好方法可以用，而且这些方法所得到的效果要比反反复复的唠叨有效得多，下边就提出几个要点，希望对好妈妈们有所帮助。

相信孩子

我们应该相信，每个孩子都会喜欢美好的东西，渴望得到属于自己的成功，我们应该相信孩子有着一颗积极向上的心，并完全有能力自己要求自己和管理自己，我们还要相信他们内心不愿意让我们对他失望，更不愿意和我们作对。孩子之所以表现不好，一定有着他自己的原因，而妈妈要做的是和孩子一起面对问题，而不是不明就里地一味指责和要求。我们应该相信孩子，倾听孩子的想法，适时适度地引导孩子。当孩子感觉到妈妈的信任，他的内心一定会深受鼓舞，当然也会不断地改进自己的缺点，企图得到妈妈更多的赞许和表扬。

尊重孩子

常言说得好，条条大路通罗马，很多我们设定的人生路线，其实并不是非如此不可。对于我们必须做的事情，我们应该给孩子一定的决定权，让他们决定什么时候做，以及到底应该怎么做，没有必要让孩子处处随自己的心意，如果他们用自己的方式选择了生活，作为母亲我们应该感觉到一丝的欣慰而不是永久的失落。

就事论事

孩子每天都是在不断变化的，可以说是一天一个样。作为母亲，我们最好的做法，就是直接面对当下的问题，就事论事，用尽可能简明的话语来进行表达。孩子忘记了什么事，我们就及时地提醒他；孩子做错了什么事，我们就告诉他错在哪里；如果孩子自己明白了，妈妈就没有必要还在那里反反复复地唠叨；孩子有什么需要改变的，我们就明确指出问题所在并提出我们的期望，同时尊重孩子改变的过程，慢慢地你就会发现，原来他们处理问题的能力并不像我们想象中的那么差劲。

抓大放小

作为妈妈，有的时候会发现我们说得越多，孩子听从我们的机会就越小，我们的威信也就越低。所以不妨改变一下教育模式，最科学的方式是：可说可不说的就不说；同时有好几件事要说的，就拣一件最重要的说，其他的事情等这件事情结束以后再慢慢道来；其次，妈妈还要学会将复杂的事情分步骤一点一点地渗透，先从孩子最容易做到的步骤说起，完成第一步再说下一步。

总之，做妈妈的一定要把握好教育孩子的方式和方法，该管好自己嘴巴的时候，一定不要唠叨。其实，有些时候给孩子一些空间和自由，该睁一只眼闭一只眼的时候，还是不要妄加指责，这样一来孩子的怨气少了，也更愿意跟你交流了，这种结局难道不是每个

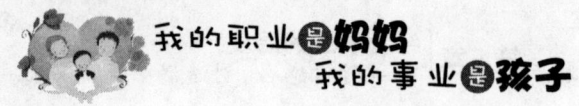

妈妈都希望看到的吗？

　　孩子虽然小，但是大多时候他们完全可以自己处理好生活中的很多事情，而作为妈妈的你，有些时候仅仅只做一个引导者就可以了。其实，有些话说一遍就可以了，我们没有必要将同一件事反反复复地来回唠叨，也许有一天当你彻彻底底地管住了自己的嘴巴，就会发现，原来孩子完全可以独立地做好很多事情，而这些事情是他们曾经在种种怨气之下很难做到的。

知错就改，大人架子要放下

　　　　　　　这个世界上没有人会永远正确，即便是伟人也做不到不犯错误。作为一个大人，我们没有必要一定在孩子面前逞强，有了不对的地方改了就好了，那些大人的架子还是少摆为妙，毕竟在错误面前每个人都是平等的，只有先纠正了自己，才能更好地教育孩子。

　　孩子会犯错，同样，作为妈妈的你也会犯错。也许作为大人你会觉得在孩子面前承认错误是一件很丢人的事情，也许你会觉得承认了错误以后，孩子会忘乎所以，不再那么乖乖地听自己的管教。总而言之，我们总是放不下大人的架子，觉得孩子孩子面前就算是真的有做得不对的地方也绝对不可以承认，这也许是很多大人容易犯的通病，他们总是觉得在孩子面前将自己的错误掩盖过去就可以了，没有必要非得低下头来承认。但是你知道吗？有些时候你的这种行为会影响到孩子明辨是非的判断，会让他觉得妈妈这样做了没有承认错误，我这样做也没有必要改正，长此以往下去，孩子的教育问题会越来越成为你头疼的问题。也许你刚一出口，他的小嘴巴就会有一万句等着你，那些往昔没有承认的错误，就这样成为了他们手里的小辫，让你左右为难，不知道该怎么办好。

一天，妈妈看到书橱被翻得乱糟糟的，地上满是书，女儿蓉蓉正坐在地上翻书，于是就很生气，想当然地认为是蓉蓉翻乱的，对着她就狠狠地批评了一通。没想到蓉蓉也生气了，她不承认是她翻的，说自己一进来时就这样，这让妈妈气更是不打一处来，错了还不肯承认，于是命令她半小时内把地上的书整理好。蓉蓉也委屈得不得了，气呼呼地开始收拾书。于是，妈妈离开了一会，想给蓉蓉独处的时间，冷静一下，好好反省自己。一小时后，爸爸从外面回来，妈妈才知道，原来书的的确确不是蓉蓉弄乱的，而是因为爸爸要找一份重要文件弄乱了书橱，妈妈这时候才意识到自己误会了女儿，也为自己的言行不妥有些后悔，于是赶紧跑去看蓉蓉，这时候蓉蓉已经整理好了书，但说什么也不肯跟自己说话。这时候妈妈说："宝贝，妈妈错怪你了，书是你爸爸弄乱的。"可碍于面子又马上为自己找借口，"我进来时爸爸不在，就你在房间，所以我会认为是你。"显然，蓉蓉对妈妈这样的话不满意，这让妈妈的心理很是矛盾，妈妈想："我真的需要正面道歉吗？我是妈妈，向幼小的

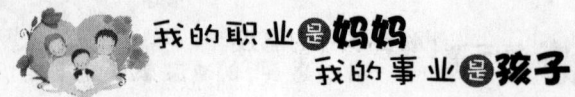

女儿道歉，她会不会从此轻视我呢？我讲的话她还会听吗？"妈妈又想到自己小时候也希望父母平等地对待自己，希望父母不仅要言传，更要身教，自己也一直教育女儿错了没关系，要勇于认错、改错，可自己错了，就不这样做，不是矛盾吗？

一番思考后，妈妈鼓足勇气对蓉蓉说："宝贝，对不起，妈妈不了解清楚就批评你是不对的，现在向你道歉。"蓉蓉的脸开始由阴转晴，妈妈又继续说，"我和爸爸还要谢谢你整理好了书。爸爸搞乱了书，还害得我俩误会，你来想个办法惩罚他一小下，好不好？"女儿终于笑了，这个小风波算结束了，妈妈总算松了口气。

事后，妈妈再问蓉蓉："如果妈妈不道歉，你会怎么办？"女儿说："妈妈错了可以不道歉，我错了以后也不道歉。"听了女儿的话，妈妈马上趁机说："妈妈是大人了，还免不了会犯错，谁都可能犯错呀，谁都不是圣人，可妈妈知道自己错了，就赶紧认错、改正、道歉，蓉蓉还小，当然犯错的可能性更大，你要错了，是不是该向妈妈学习呢？"蓉蓉一本正经地说："嗯，你是个好妈妈，知错就改，奖你一朵小红花。"就这样，蓉蓉画了一朵花，作为奖励，高高兴兴地戴到了妈妈的胸前。

妈妈有时候也并不是全对，也会误会自己的孩子。可是毕竟妈妈是长辈，是大人，有时候误会了孩子，或是犯了错误都不好意思当着孩子的面承认，觉得这样绝对是一种有失尊严的行为，就是真的想那么去做内心也要经历一番痛苦的思想斗争才行。其实这真的完全没有必要，我们常常教育孩子，犯了错误不可怕，可怕的是知错不改，犯了错还不承认。既然我们要让孩子明白这个道理，那么首先自己就要努力地去做到。所以该承认的时候承认，该改正的时候改正，放下自己作为一名家长的架子，将自己和孩子放在同一个平面上，自己的心也就不会那么紧张，同时也会收获属于自己的那份踏实和安宁。

著名童话大王郑渊洁曾说这样一句话："家长在感到与孩子沟通困难时，有没有想过自己是不是把孩子放在与自己平等的位置上交流？如果在大人眼里，孩子是与其平等的独立人，那么当大人做了错事，就要大胆地向孩子认错。是的，知错就改是好孩子，同样知错就改还是好妈妈，只有真真切切地做到了这一点，我们才能得到孩子更多的信服和认同。

总而言之，妈妈是孩子模仿的主要对象，孩子的小眼睛无时无刻不在注视着我们的行为，所以，为了他们能够更好地成长，为了他们能够真真正正成为一个虚心接受别人意见，敢于面对自己错误和缺点的人，作为大人的我们就从现在开始用更加勇敢的心去承认自己的错误，纠正自己的错误吧！这样做不但不会有伤你作为一个大人的体面，说不定还会带来更多孩子对你的崇拜和敬仰。

妈妈职业通行证 »»»

美国心理学家罗达·邓尼说过："父母错了或违背自己许下的诺言时，如果能向孩子说一声对不起，可以帮助孩子建立自尊，同时能培养孩子尊重人的习惯。"家长在教育孩子的过程中出现了错误，如果虚心地向孩子认错，并落实到行动上，不但不会影响家长在孩子心目中的印象，还能使孩子加深对父母的了解和爱慕，也会使孩子感受到家长知错就改的良好品行。

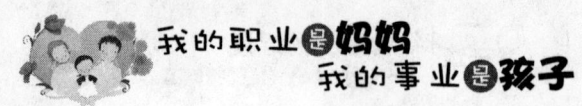
告诉孩子，学习完全是为了自己

想想我们小的时候，父母一定也非常严格地督促过自己学习，而那时候的你又是什么心情呢？如今自己已经为人父母，却也免不了总想去管管孩子学习的事情。其实，管是正确的，但是要看怎么管才最到位。有些时候，我们一定要告诉孩子，学习是自己的事情。只有自己管理好了自己，才能让心中的梦想不仅仅是个梦而已……

很多妈妈都抱怨孩子不爱学习，总是想做学习以外的事情，不愿意听从引导。的确这也许是孩子的通病，大多数孩子都学习对不是很感兴趣。有些孩子甚至坦言，认为学习就是为了交差，只要自己在学校学习了，考了满分，妈妈就会对自己好，反之就是一顿严厉的训斥。其实，细细想来考不考满分又跟妈妈有什么关系呢？那些简简单单的题目，作为一个大人肯定能够应对得游刃有余。话虽这样说，很多妈妈却管不住自己，总是希望自己的孩子做一个成绩优异的优等生，然而令她没有想到的是，孩子对学习的认识，因为她们一味的严格要求产生了偏差，认为学习不是自己的事情，而是为了谋得妈妈的赏识，为了不忍受妈妈的责备，长此以往下去孩子对学习就产生了被动情绪，把它当成了一种负担，而并没有认真考虑学习这件事情对于他们自己有多么重要。

老人们常说，活到老学到老，学习本来应该成为孩子终生养成的一种习惯，可如今却成为了他们不得不为妈妈去做的事情，这真的是一种悲哀。作为孩子人生的经营者，妈妈怎能让这种被动的感觉在孩子的身上不断地衍生呢？我们应该让孩子知道，学习不是为了妈妈，而是为了他们自己；学习不是一件苦差事，而是一次充满乐趣的探秘之旅。如果我们能够让他们知道为自己学习是多么的重要，走出消极应付和被动敷衍的阴霾，给他们一定的动力和信心，那么很有可能在之后的日子里，妈妈再也不需要费尽心力地唠叨和督促，而是站在一边望着不断努力的孩子微笑了。

下面让我们看看一位妈妈在日记中描述的引导孩子为自己学习的故事。

在孩子上初二的时候，老师说孩子学习不在状态，我心里很焦急，几乎都要崩溃了。记得有一次，晚上孩子做作业很磨蹭，我又开始唠叨他。他很失望地说："你干脆杀了我吧……"我一下子愣住了，我陌生地看着自己亲手带大的孩子，问自己是怎么了，我到底什么地方激怒了他，让他对我这样的态度。我马上说："对不起，让我好好地想想，是不是妈妈说话有点过分了。"因为那之前不久，有个妈妈把孩子唠叨急了，孩子抄起了菜刀把他妈妈给砍了。而我的孩子却反过来对我这么说！我到底是怎么了，我是那么地爱孩子，却被孩子看成不是爱，我没有表达出我对他的爱！我真的要好好地想想，幸好那时我遇到了一位教育孩子的专家，和他说出我教育孩子的苦恼，使我走出只知道学习，不知道教孩子学做人的误

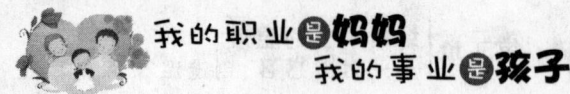

区。从此，我开始关心孩子的生命状态，关心孩子的情绪，遇到问题帮孩子想办法去解决，让孩子终于感觉到我和他是一条战线上的朋友。中考前的两次摸底孩子连上中专的分数都不太够，但是后来，孩子和我说，"妈妈我有点学习的欲望了"，我说："那好啊！我听你的，我可以给你创造条件。"以前老师来我家给他上课，他都不学，后来，晚上放学，他主动去找老师问问题。最后考试，终于比摸底增加了整整100分，上了普通高中。接到录取通知的时候，我的泪水禁不住流了下来，孩子还劝我："妈妈别哭，您别把我想象的那么差，我挺争气的吧！"其实我并不在乎他考上什么学校，让我欣慰的是，他知道学习是自己的事情了，也知道自己现在这个年龄该做些什么了。

让孩子知道学习是自己的事情，让他明白自己现在的年龄应该做些什么，这是妈妈应该教给孩子的。可能在我们很多人看来，孩子学习好比什么都重要，学习好意味着可以读好学校，受到别人的夸奖和赞美，有了好成绩就意味着能上好大学，最终有好的人脉、好的工作。而事实上真的是这样吗？看看我们现在的社会，大学生已经泛滥成灾，真的学习好就能最终在社会中拥有自己的一席之地吗？其实这真的是未必的事情。对于孩子学习的问题，作为妈妈当然希望他有一个好的开端，但是绝对不能盲目地将自己过多的希望强加给孩子，因为这样会给孩子造成很大的心理负担，会让他们的心理产生扭曲，甚至出现自卑、抑郁、烦躁等诸多的心理问题。相反，如果妈妈能以引导的方式暗示孩子学习是自己的事情，所以一定要对自己负责，再对孩子心中的理想加以鼓励，那么孩子必然会改变以前被动消极学习的思想，认认真真地为自己而努力，当然成绩也会越来越好。

　　每个妈妈对孩子的学习问题都有着自己的见解，但是这里要说的是如果能够让孩子心甘情愿地努力学习，效果必然是最好的。有句俗话说得好："强扭的瓜不甜。"这在家长对待孩子学习问题的教育上同样适用。作为经营孩子事业的妈妈，我们首先应该明确的是孩子学不学习不是妈妈的事情，而是孩子自己的事情，这里面不存在命令与被命令，不存在执行与被执行，而是一种应该开开心心、心甘情愿的举动。回想我们自己，哪一种被人逼上梁山的行为能做完美？哪件消极被动的事情能有一个好的结果？孩子也是如此，让他们把学习当成是乐趣，当成是自己想做的事情，才是作为一个妈妈最富有智慧的引导艺术。

妈妈职业通行证 》》》

　　学习应该是一种从小养成的习惯，这种习惯应该伴随孩子一生。作为妈妈，我们没有必要扮演指挥家的角色，而是应该给孩子一种积极的暗示。从小就让他们明白学习是自己的事情，只有这样，孩子才能保持更加旺盛的积极性，在自己的人生道路上，更加独立、更加努力、更加坚持地前行。

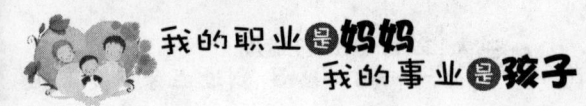

可以细致入微，但不要管理过度

天下没有哪个妈妈是不爱孩子的，但是我们却经常因为这份爱而犯了不该犯的错误，我们事事都为孩子操心，几乎每样事情都要经自己的手才放心，结果最终酿成了孩子的依赖心理。其实，对于孩子，我们可以细致入微，但是没有必要管理过度。给他们一定的历练机会，让他们迅速地独立起来，才能使他们真真正正地走向成熟，在不久的将来拥有独当一面的能力和信心。

晓晓今年 8 岁，是个很娇气的小女孩。在家里她是妈妈的"小公主"，什么事妈妈都会替她做好。早上起床妈妈给她穿衣服，然后给她梳头洗脸。妈妈会把早餐端到桌前，把牛奶倒进杯子，然后帮她收拾书包，再开车送她到学校，下了车妈妈还要帮晓晓拿着书包，送晓晓进教室才离开。除此之外晓晓每天的活动也要由妈妈来决定，比如今天什么时间做作业，什么时间练钢琴，什么时间看电视，等等。包括晓晓要和小朋友去玩，妈妈也要给她意见：哪个孩子是好孩子，可以和他玩；哪个孩子淘气捣蛋，不要理他，等等。

有时候，晓晓真的很反感，她大喊着对妈妈说："妈妈，我都上二年级了，你每天连鞋带都不让我自己系。我现在自己什么都不会，你们能不能给我点自由啊！"妈妈说："我不是疼你嘛！你还太小，照顾不好自己。再说你最大的任务就是学习，别的都不用管了。"

慢慢地，晓晓真的成了一个"娇公主"，离开家长她自己什么都不会做。

在我们的日常生活中，故事中所出现的现象真的很普遍，很多妈妈总是过分地关心孩子的学习问题，而忽略了对孩子独立性的培养，总是一手包办孩子每天的所有事情，认为这样才是对孩子最为真实的爱，其实事实又是怎么样的呢？孩子开始越来越依赖妈妈的帮助，并认为这一切是顺理成章的事情，最终自理能力越来越差，长到一定年龄以后还是什么都不会做。前几年还爆出了孩子上了大学，家长请保姆帮助料理生活起居的新鲜事。更有的家长交给保姆都不放心，坐着火车到大学里租房子照顾孩子，这真的让人觉得有些不可理解了。

孩子的自我意识是孩子社会适应性发展的基础，没有良好的自我意识就没有良好的社会适应性。自我意识主要是指孩子渴望独立的愿望，包括自我感觉、自我评价、自尊心、自信心、自制力、独立性等。在孩子成长的早期，这些素质发展不好，就会影响他日后适应社会的能力。孩子最早的自我意识来自家长是如何对待他的，当他肯定自己是独立的，是被家长尊重的时候，他就能认识到做人的价值。否则的话，如果家长过度管理孩子的一切，包办了他们的生活，他们就不能形成良好的生活能力。要知道，管理过度，对其伤害的"影响力"是长远的，甚至贯穿孩子的一生。

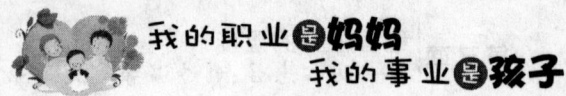

　　的确，作为妈妈，我们都是爱孩子的，但是我们没有必要每一件事情都要管、每一个细节都要过问，不管孩子现在是多大，他们总有一天要长大，要走向社会，要独当一面，而作为家长，我们也总有一天会老去，会丧失力气，没有那么多的能力再为他们遮风挡雨。有些时候，给他们个机会好好锻炼一下，让他们明白自立对自己来说是多么重要，对他们今后人生的发展是非常有利的。

　　小辉妈妈是一位私立辅导室的教师，尽管她一直都在家中工作，但是因为要教育其他孩子，因此没有时间照顾儿子小辉。有一天，小辉被木刀划伤了手腕，见血越流越多，便急急忙忙赶回了家。可是，小辉妈妈却告诉小辉自己在上课，因此无法陪伴他去医院，她只将诊费递到了小辉手上。虽然小辉妈妈对此感到非常抱歉，但她希望小辉能够独自去小区附近的医院看病。当小辉看完病步履蹒跚地走回家后，邻居阿姨们均不约而同地围了上来，询问小辉为什么手上缠着绷带，伤得这么严重怎么就一个人去医院，并纷纷感叹："小辉真可怜……"

　　但是，小辉妈妈却并未多说什么，继续着她的工作，只是在小辉走进家门时扫了一眼他的脸及手腕。小辉躺在床上等待妈妈下课时，不知不觉睡着了。醒来的时候妈妈端了一杯红糖水给小辉，然后微笑着问："手腕疼不疼啊?"小辉一时间不知道该点头还是摇头。这时候妈妈又亲切地说："小辉总有一天要长大，妈妈跟不了你一辈子，所以很多事情，小辉要学会自己处理，只有这样以后才能真真正正成为一个男子汉，到时候说不定妈妈还需要你的保护呢。"听了妈妈的话小辉点点头，妈妈又说："这次小辉表现很好，自己去医院，自己看完病回家，今天妈妈给小辉做好吃的，奖励你的坚强。"听了妈妈的话，小辉刚才的失落在脸上渐渐消散了，他高兴地说："妈妈，你放心，我以后一定会做一个坚强的男子汉，不管什么时候都可以保护你。"

孩子那么小，手腕上有了伤，怎么能让孩子一个人去医院呢？万一伤势严重怎么办？万一不知道怎么挂号怎么办？正是因为这样那样的担心，才导致了我们的孩子怎么也长不大，总是用他百般依赖的双眼，指望着作为母亲的你帮他铲平前面的阻碍，而这又对孩子有什么好的引导效果呢？

孩子是需要妈妈的，作为母亲我们的确需要给予孩子细致入微的关怀，但是这不代表着孩子的每一件事情都要事必躬亲，过度的管理职能会让他们丧失自我独立的欲望。等到妈妈再开始埋怨自己孩子这么大了还是什么都不会的时候，又该怎么办呢？所以，从现在开始改变一下心中的教育观念吧！我们应该鼓励孩子，承担起自己能做的事情，并有意识地培养他们自己处理事情的能力，告诉他们遇到问题以后该怎么做，而不是直接自己帮他们做完。毕竟孩子需要自己一点一点地学会长大。作为妈妈，我们给予他们最多的爱应该是引导，而不是永无止境的包办。所以，掌握好管理的火候，才是妈妈最应该学习的引导艺术。

妈妈职业通行证 》》》

孩子需要妈妈管，但并不是每一件事情都需要妈妈的安排。让孩子得到妈妈细致入微的关怀，但同时又可以拥有自己相对独立的

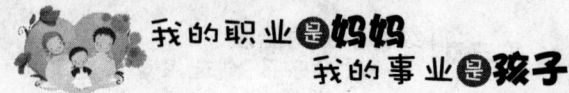

小小空间，才是作为一个母亲最富有智慧的教育模式。放手吧！让孩子学会自己的事情自己做，让他们自己学会去面对生活。当他们渐渐长大，独立地去处理自己的事情，你就会发现自己当初的选择是正确的。

　　每个孩子都有自己的小秘密，每个孩子都有自己的小困惑，每个孩子都渴望靠着自己的能力找到自己内心的种种疑问。作为家长，要以过来人的心态看待孩子的种种表现，做一名一流的心灵捕手，巧妙地去引导，去破解孩子内心深处的心灵密码。帮助他解决问题，但同时又不过分侵占他的领地；排除他的忧伤，但又不剥夺他们自主解决问题的权利；对他适度理解，却从不减少自己管理引导的力度，这才是作为一个事业经营者最聪明的处世哲学。

第四章　解密内心的玄机
——成为最一流的心灵捕手

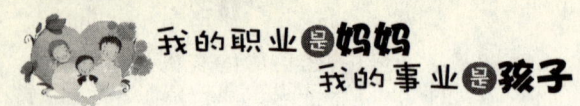

严格规范，不该做的绝对不能做

这个世界没有绝对的自由，大人如此，孩子也是如此，有些事情可以做，但是有些事情永远都不能做。尽管孩子还小，但是妈妈一定要帮助他们建立起自己的底线限制，只有这样他们才能更加顺利地去成长、去生活，才不会因为做了不该做的事情而给自己的人生带来永远的伤痛和遗憾。

尽管我们是自由的公民，但仍然受到各种各样法律和道德的制约。是的，这个世界上没有绝对的自由，正是因为我们知道哪些事情可以做，哪些事情不能做，天下才会太平，我们的生活才会一直保持宁静。可孩子小时候很多事情是不明白的，他们无邪天真的眼睛似乎对任何事情都抱有着浓厚的兴趣，由于年龄还小，他们根本就不明白生活的规则对于一个人来说有多么重要，根本就不明白究竟自己什么事情可以做，什么事情不能做。这时候，作为母亲，为了他们的未来考虑，就必须对他们做出严格的规范，为他们划定做事的原则和界线，不但让他们知道这件事情不能做，还要告诉他们为什么这件事情不能做。只有这样，孩子才能在自己小小的意识里意识到规范、道德对于自己的重要性，才能在心里埋下自己的行为

98

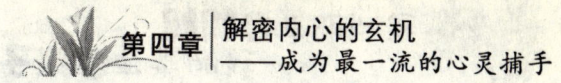

底线，这对他们成人以后不犯原则性的错误是非常有帮助的。

11 岁的詹姆斯和家人住在一个小岛上。这里，房前的船坞是个钓鱼的好地方。妈妈很喜欢钓鱼，所以小詹姆斯从不愿放过任何一次跟妈妈一起钓鱼的机会。

那一天正是钓翻车鱼的好时机，而从第二天凌晨起就可以钓鲈鱼了。傍晚，詹姆斯和妈妈在鱼钩上挂上蠕虫——翻车鱼最喜欢的美食。

月亮渐渐地爬出来，银色的水面不断地泛起静静的波纹。突然，詹姆斯的鱼竿猛地被拉弯了，他马上意识到那是个大家伙。他吸了一口气使自己镇静下来，开始慢慢地遛那个大家伙。妈妈一声不响，只是时不时地扭过脸来看一眼儿子，眼光里是欣赏和赞许。

两个小时过去了，大家伙终于被詹姆斯遛得筋疲力尽了，詹姆斯开始慢慢地收钩。那个大家伙一点点地露出水面。詹姆斯的眼珠都瞪圆了：天哪，足有 10 公斤！这是他见过的最大的鱼。詹姆斯尽力压抑住紧张和激动的心情，仔细地观看自己的战利品。他发现，这不是翻车鱼，而是一条大鲈鱼！

母子俩对视了一下，又低头看着这条大鱼。在暗绿色的草地上，大鱼用力地翻动着闪闪发亮的身体，鱼鳃不停地上下扇动。妈妈划着一根火柴照了一下手表，是晚上 10 点钟，离允许钓鲈鱼的时间还差两小时！

妈妈看了看大鱼，又看了看儿子，说："孩子，你得把它放回水里去。"

"妈妈！"詹姆斯大叫起来。

"你还会钓到别的鱼的。"

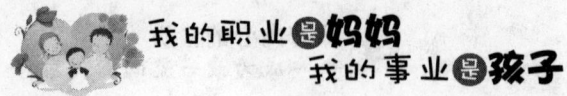
"可哪儿能钓到这么大的鱼呀!"儿子大声抗议。

詹姆斯向四周望去,月光下,没有一个垂钓者,也没有一条船,当然也就没有一个人会知道这件事。他又一次回头看着妈妈。

妈妈再没有说话。詹姆斯知道没有商量的余地了,他使劲地闭上眼睛,脑中一片空白。他深深地吸了一口气,睁开了眼睛,弯下了腰,小心翼翼地把鱼钓从那大鱼的嘴上摘下来,双手捧起这条沉甸甸、还在不停扭动着的大鱼,吃力地把它放入水中。

那条大鱼的身体在水中嗖地一摆就消失了。詹姆斯的心中十分悲哀。

这是34年前的事了。今天的詹姆斯已经是纽约一个成功的建筑设计师,他妈妈的小屋还在那湖心小岛上,詹姆斯时常带着他的儿女们去那里钓鱼。

詹姆斯确实再也没有钓到过那么大的鱼,但是那条大鱼却经常会出现在他的眼前——当遇到道德的问题时,这条大鱼就会出现在他的眼前。

正像他的妈妈教诲他的那样,道德问题虽然只是一个简单的正确或错误的问题,但是实施起来却有一定的难度,特别是当你面对着很大的诱惑的时候。如果没有人看见你行为的时候,你能坚持正确吗?在时间紧急的情况下,你会不会闯红灯或是逆行?在没有任何人知道的情况下,你是否会把不属于自己的东西据为己有?

这件事在詹姆斯的记忆中永远是那样清晰,他为自己的妈妈骄傲,也为自己骄傲,他还可以骄傲地把这件事告诉他的朋友们和他的子孙后代。

孩子能不能健康成长很多时候都来自妈妈的教育，当然孩子能不能拥有好的道德也跟接受的良好教育脱离不了关系。想想作为妈妈的你如果遭遇了故事中的事情，你的态度是怎样的呢，你会像故事中的妈妈那样态度坚决吗？其实，有些时候，作为一个成年人，我们也经常会犯一些贪图一时利益的错误。这件事情如果碰上了一些糊涂家长，很有可能就会纵容孩子抱着鱼回家了。也许很多时候我们没有想过，自己一时没有严格地规范孩子，会给他们的人生意识带来怎样的影响，又会给他们今后的成长之路增设多少障碍。很多时候，正是因为孩子没有分清什么可以做，什么永远都不能做，而最终偏离正确的轨道，更有甚者，还走上了犯罪的道路。

也许我们不敢保证孩子在未来一定会成为一个怎样的人才，但至少我们应该保证他们是一个坚持原则、诚实正直的人。所以，作为母亲，我们一定要把好这第一道关卡，在这方面严格地规范孩子，这是孩子成人之路上最重要的一步、只有走好了这一步，他们的人生才会有最踏实的保障，才会拒绝种种不良的诱惑和干扰，生活得更安宁、更幸福。

妈妈职业通行证 >>>

孩子是一张美丽的白纸，如果想让他们的人生充满美丽的色彩，远离罪恶的深渊，妈妈就一定要在他们的心里埋下明辨是非、拒绝诱惑的能力。一个孩子只有从小就知道什么可以做、什么不能做，才能真真正正地经营好自己的人生。所以，该严格的时候就严格起来吧！也许现在他们会感觉到失落，但总有一天会明白你作为母亲的良苦用心。

再穷不能穷教育，再富也别富孩子

很多家长都会犯类似的毛病，没时间陪孩子心里就会觉得愧疚，只要一愧疚就想到用钱来弥补孩子心里的委屈。可是这样做真的对孩子有好处吗？的确，孩子从生下来就需要一笔不小的花费，但究竟钱花在哪里才是最有利于孩子成长的呢？教育家曾经说过这样一句话："再穷不能穷教育，再富也别富孩子。"如果妈妈真的想让孩子富足起来，那就先从丰富他们的知识和思想入手吧。

想当年，一根漂亮的铅笔、一个带着香味的橡皮都会成为我们对人炫耀的东西。一旦自己没有，内心多多少少都有那么一点小小的失落，甚至晚上还会在梦里面朝思暮想。的确，那个年代还是孩子的妈妈并不富裕，也没有想象今后自己还有能力买下房子，养育下一代。可如今，曾经的女孩儿都已经当了妈，生活条件也一天比一天好了，却发现曾经自己喜欢的东西，在如今孩子的眼里简直不值一提。但是，为了孩子不像自己小时候那样总是只有羡慕别人的份儿，很多妈妈都选择了无条件地接受孩子的要求，别人有的，自己的孩子绝对不能没有，别人没有的，自己的孩子也一定要争取有。就这样，一场孩子与孩子的较量，变成了家庭与家庭之间银子的比拼，可转念想想，比来比去，对于孩子又有什么好处呢？

的确，随着自己经济上的独立，和持续不断的努力，日子一天比一天富裕了。对于孩子身上的花费，作为妈妈从来没有心疼过，宁可自己节衣缩食，也要尽可能地满足孩子的需要，生怕孩子受一点委屈。可是我们有没有想过，这些钱花出去真的就对孩子有好处吗？有一位教育学家就曾经说过这么一句意味深长的话："再穷不能穷教育，再富不能富孩子。"的确，如果把同样的钱花在满足孩子的求知欲上，一定是划算的。但是如果一味地用钱塞满孩子的口袋，根本不去过问他们把钱花在了什么地方，必然会使孩子在不知不觉中深陷在金钱诱惑的漩涡中。

外面的诱惑太多，而孩子还尚且不明白哪些会给自己带来不必要的伤害，自控能力和防范能力都很差。如果这时候妈妈没有意识到钱对于孩子的危害，而是不问对错地用金钱来表达对孩子的心疼和愧疚，那么他们必然会慢慢地抓住这一弱点，不断地去索取，不断地去欺骗吵闹，更有甚者还会因此而走进犯罪的误区。孩子一旦开始唯利是图，就再也意识不到父母的爱和金钱对比哪个最重要，也再也没有闲心去过问学习、研究知识，当然对于他们最初辨识善恶是非的观念，为人思想道德的认知也必将造成不同程度的负面影响。

小峰的妈妈是白领，工资比较高。在这个家里，妈妈最辛苦，为了照顾儿子，早起要为儿子准备可口的饭菜。总怕儿子在学校吃不好，临出家门再塞点钱给他；晚上，只要孩子高兴，或自己下厨房，或点餐送到家，再或者干脆带儿子下饭馆。为了儿子，她拒绝

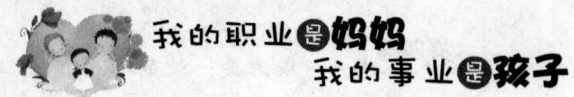

了职务升迁、朋友聚会、集体游玩；拒绝请保姆，怕保姆伺候不好儿子；拒绝丈夫参加她和儿子的活动，嫌爸爸管得多。

小峰一天天长大了，要的东西越来越多。小的时候要麦当劳的玩具，妈妈一买就是一套，搞得家里到处都是成批、成套的玩具。可现在，要上网，要不做作业，要不上学了，妈妈觉得不对了。"你要什么我都给，我要去你学习你怎么不听？"妈妈真的生气了，儿子不上学，就不给儿子钱。

孩子开始软磨："好妈妈，亲妈妈，我听话，我上学……"妈妈心软了，于是钱又从妈妈的口袋进了小峰的口袋。得了钱，小峰转身就去网吧。因为他三天两头不完成作业，老师总是请家长。妈妈很是生气，就又开始不给儿子钱了。

转眼间，小峰上初一了。一天，小峰没有钱上网了，早起就堵着妈妈的门要钱。妈妈不给，他就拿了把水果刀，对妈妈毫不客气地说："你是给我钱，还是让我扎你一下？"妈妈被吓住了。这时候爸爸被他们吵醒，对妈妈说："你不是上班吗？你走吧，马上走！"妈妈仓皇逃走。眼看着妈妈走了，钱要不到了，小峰很是气愤，他含了一口水，向爸爸喷去。爸爸忍住气，转身进了自己的房间。儿子嘴里骂骂咧咧地跟进去，拉起架势要打架。爸爸看着孩子这样无理，也气愤到了极点，于是爷俩打了起来。爸爸三下两下把儿子按在地上，没舍得打。小峰想起来，可爸爸就是不撒手。两人一个动作僵持了几分钟，小峰改愤怒为委屈，咧着嘴，眼泪差点没有掉下来："我算过，每天给我50块钱，您不是给不起，给我又能怎么了？"

幸亏小峰刚上初一，羽翼尚未丰满，打不过爸爸，否则父亲也将成为他的"家庭抢劫"的对象了。

像这种为了表达自己的爱，用金钱作为工具，但是在金钱的诱惑下，这个工具却成为了毁掉自己以及爱的凶器。这样的事情我们经常会遇到，虽然有时候金钱可以化解一些不必要的麻烦，也会带来少许的好处，但是如果你事事依赖它，迟早有一天你会变成它的奴隶，被它牵着鼻子走。

小峰的例子就完全说明了这一点。在金钱面前，这个孩子已经不知道什么叫做亲情，也根本没有那个闲心去过问自己的学习，每天脑子里想的只有钱，没有了钱他可以六亲不认，他可以当着家人去抢。这样的行为已经相当危险了，还好他抢钱的对象是家人，假如跑到外面去做类似的事情，又会怎样呢？这样的事情还真的不是没有发生过，很多未成年人犯罪都是因为孩子抵制不了金钱的诱惑而产生的。

细细想来，妈妈对于孩子的那份爱怎能是用金钱来衡量的？如果需要，做母亲就算付出自己的生命都会毫无惧色。如果我们真的想让孩子真正在光明的大道上茁壮成长，就一定要先帮助他们树立自己的金钱观，而要想做到这一点，妈妈首先自己就要以身作则。我们一定要让孩子知道将钱用在什么事情上是最值得的。面对孩子的求知欲望，妈妈绝对不能亏待，因为知识可以陪伴人的一生，帮助自己创造更多的价值。而面对那些不合理的金钱要求，妈妈一定要直言不讳地加以拒绝，不要害怕孩子因为你的一个"不"字而眼泪汪汪，而是应该告诉他为什么自己不能答应他的要求。就算当时他的心中有了小小的失落，但总有一天他会明白你的良苦用心。

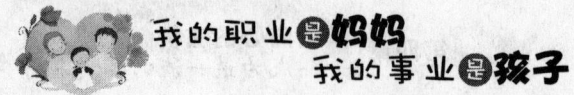

对于孩子，有时候口袋里的钱少一些不是什么坏事，但是脑袋里装的东西一定要尽可能的充实。教育的魅力不仅仅在于它用知识充实一个人的大脑，它也会如同一股清澈之水贯穿他们的思想认知，使他们的内心不断地成熟强大起来。他们会在不断地学习中，明白什么是对的、什么是错的、什么是应该做的、什么是绝对不能做的。这就是一个人内心原则性和行为自控力的培养完善过程。当孩子只有在知识的海洋中慢慢地充实起来，形成最为正确的人生价值观，才会真正辨明自己真正要走的道路，在种种的诱惑中做出自己最正确的选择，从而给自己的未来添加更多美好的憧憬和行动动力。所以，作为孩子的第一任老师，妈妈一定要把持好孩子花钱的方向，为他们树立正确的消费观念，绝对不能让孩子在金钱的溺爱中迷失方向，丧失自我，疏远亲情。

这是一场孩子和妈妈一起面对的战役，而最大的敌人就是自己。不管什么时候，何时何地，有一句话都值得每一位妈妈谨记："与其富足孩子的口袋，不如富足孩子的脑袋。"我们绝对不能亏欠了孩子的教育，但是对于那些不该富裕起来的奢求，该对孩子说"不"的时候是绝对不可以心软的。

妈妈职业通行证 》》》

妈妈是孩子树立正确人生观、价值观的第一道门槛，我们可以用钱为孩子累积起一座知识的宝库，让他们的心灵经书籍和教育的培养慢慢丰富强大起来，让他们明白拒绝外界的诱惑对一个人来说是多么的重要。面对孩子的无理要求，妈妈也绝对不能姑息，因为作为大人我们知道放纵之后必将带来更大的不良后果。也许一次心

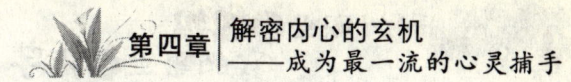

软能换来孩子的兴奋，但是时间长了必将使他们误入歧途，在金钱带来的花花世界中迷失了自我。

物质奖罚别过度，自我激励是关键

在这个充满诱惑的商业时代，很多孩子都有着很多的物质需求。一些妈妈看到了孩子的渴望，于是仿佛是找到了让孩子听话的救命稻草。只要孩子按照自己的意思去做，她们就会给孩子许下各种各种的承诺，并用物质填满孩子的生活。其实，物质太多也不是好事，有些时候妈妈也要适当地控制，毕竟很多时候鼓励和物质并不是划等号的。

作为妈妈，我们总是希望用最积极的方式鼓励孩子健康地成长，让他们一天比一天好。当孩子有了好的表现，很多妈妈会第一时间给予孩子物质的奖励，认为这样孩子会更有动力，对自己做的正确的事情也记得更清楚，而事实上真的是这样吗？很多时候，盲目的物质奖励，总是给孩子带来很多误解，并给他们的思想带来错误的引导。一旦孩子认为自己所有的努力都必须以家长给予的物质来作为交换，那妈妈物质的奖励也就达不到任何教育孩子的目的，相反还会让他们养成贪婪的不良习惯，最终给他们的人生轨迹带来

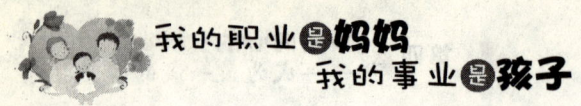

影响。

晚饭后，初中三年级的孙晓兰对母亲说："妈，今天我来洗碗！您休息去吧！"母亲看女儿主动提出分担家务，真是喜出望外，说："好，好，女儿长大了。"说着把围裙递给了晓兰。

不一会儿，晓兰从厨房出来，说："妈，我洗好了，您要不要检查一下啊！"母亲走到厨房看了一圈，说："嗯，不错，不错，干得非常好！值得鼓励！"

母亲说完，就从兜里掏出 20 元钱说："嗯，今天你这么懂事，主动帮妈妈分担家务，给，这20元钱拿去买些零食吃吧。"

晓兰拿过钱说："谢谢妈妈，真没想到，洗碗还有钱赚，我以后有空儿就会洗碗的。"说完，晓兰就换上鞋子去了楼下的超市。

后来，晓兰主动洗碗的次数的确增加了，也如愿得到了金钱奖励。几次之后，妈妈就觉得这种做法不妥，但当妈妈第一次拒绝给女儿金钱奖励的时候，女儿生气地说："那我以后再不洗碗了。"

从此，晓兰很少洗碗了，而且，当妈妈再次吩咐她做什么的时候，她都会问："有没有奖励啊？"

晓兰第一次主动提出洗碗的时候，是真心想帮助妈妈分担家务。但是，当妈妈把20元钱作为奖励给了晓兰时，晓兰就开始误解了妈妈的意思，认为洗碗以后是可以换来20元钱的。当晓兰下次主动洗碗的时候，她就不是单纯想着为家庭付出，而是想着自己的行为可以换来金钱。一个单纯的、懂得体谅父母、想着为家庭做事情的孩子，在获得一次金钱奖励之后，明白了什么是"交换"，更知道了如何做能换到自己想要的东西。几次"交换"之后，没有了物质和金钱的刺激，孩子那颗原本单纯的、想为家庭付出的心怎么也体现不出来了。

心理学家们曾经做过这样的试验：挑选一些喜欢绘画的孩子，将他们分为两组。A组的孩子得到了一个许诺，即"画得好，就给奖品"，而B组的孩子们则只是被告知"想看看你们的画"。3个星期以后，这位心理学家发现，A组的孩子们大多不主动去画，他们绘画的兴趣明显地降低了。而B组的孩子们则和以前一样愉快地绘画。可见，对于孩子们来说，精神上的奖励比物质上的奖励重要得多。

由此看来，有些时候物质奖励过度，或者家长的许诺过多，很可能影响到一个孩子今后的发展路线。如果说孩子小的时候是一张白纸，那么作为他们人生的经营者，妈妈最好不要在他们这张白纸上过早地书写物质带来的种种弊端和诱惑。是的，有些时候物质上的奖励可以很好地激发出孩子的前进动力，但对他们长远的发展来讲还是弊大于利的。作为大人，我们都明白，当一个人不为名利而努力的时候，他是在为自己而完美自己，而当这种完美可以用物质来等价交换的时候，这个人就很容易在种种诱惑中迷失方向，甚至背离自己最初的人生轨迹。他变得不再单纯，开始见钱眼开，甚至还有可能走上犯罪的道路。在我们的生活中，这样的人真的太多太多，抛开成人的世界，重新打量孩子稚嫩的双眼，作为一个母亲，怎能让这些不应该出现的弊端发生在自己孩子身上呢？

想想我们曾经的那些错误的激励理念，想想我们曾经跟孩子许诺下的那些物质奖励，作为母亲，我们是不是有了一种心中一震的

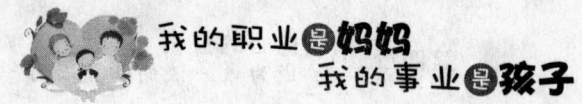

感觉呢？其实，有些时候，妈妈没有必要一味地用物质填满鼓励的洞口，因为这个世界上还有比物质更宝贵的东西，那就是人类的精神世界。随着孩子年龄的增长，他们会不断增强自己的社会性，不断提高自己在精神、情感等方面的需求。他们会通过对大人的模仿，追求在精神世界里的满足。精神奖励是相对于物质奖励更高层次的奖励，它能够促使孩子的精神需要不断地迸发出来，从而成为一种自发的行为。这种后天的刺激，特别是精神上的鼓励，能够促进人的大脑不断思考、不断提高。因此，随着年龄的增长，物质激励的比例应该逐步减少，精神激励的部分逐步增加。

孩子的世界应该是纯净的，没有过多不良诱惑的，这种纯净的世界不应该因为过多物质奖励诱惑的出现而失去原有的味道。其实，很多时候，妈妈的一个微笑、一个爱抚就完全可以给他们带来强大的前进动力，这相比物质而言并不代表着廉价，而是比物质更为昂贵的激励，而这种激励往往才是孩子最需要的东西。

妈妈职业通行证 》》》

有些妈妈在教育孩子的时候，总是过于简单，认为在物质上满足孩子的要求了，孩子就会充满前进的动力。但是她们没想到的是，如果对孩子的刺激总停留在物质奖励这一低级、原始的阶段，那孩子对精神和情感的投入也会减少。最终的恶果是让孩子变得贪婪，逐渐发展成唯利是图的"小魔鬼"。那个时候，物质的奖励不但不会帮助他们更好的成长，还很有可能毁了他们的一生。

巧破早恋情结，让孩子心悦诚服

　　孩子一天一天大了，对异性有了好感也是在所难免的事情。妈妈也是过来人，孩子青春期的懵懂应该得到大人的体谅。但是面对早恋带来的种种不利影响，作为一个母亲也绝对不能袖手旁观。其实，在这个问题上我们没有必要义正词严，这样反而会增进孩子的逆反心理。相反，妈妈应该做孩子最贴心的朋友，慢慢地引导，毕竟让孩子心悦诚服的接受自己的意见，才能达到最好的教育效果。

　　到了青春期的孩子，被身边的同龄异性吸引是很正常的事情，在那个似懂非懂的年纪，孩子很容易在感情上出现问题。他们以为自己很明白什么是爱情，但事实上并非如此。正是因为他们的单纯，才总会难以用理智控制自己，最终不但学习上分了心，自己也会因为看不到结果和未来受到伤害。下面是一个正处在青春期的男孩儿的自述。

　　我和她从小学起就是同学。两家住得很近，又在一个学校上学，我们上学、放学就经常一起走。同学们也经常开玩笑，说我们

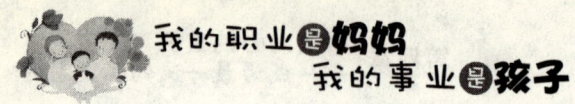

是一对恋人。没想到，后来我们真的走到了一起。

上初二时，有一次，她感冒请假在家，我上完晚自习放学回去已是晚上9点，远远看见她在路口徘徊。她说她在等我。天下着雪，她打着伞、穿着羽绒服，说从下午6点开始就在那里等了。看着她冻得红红的脸，我忽然有一种异样的感觉。拉着她的手走在回家的路上，觉得很温暖。而她因此感冒加重。从那以后，我们俩的关系更近了。

初二下学期，有一天，我们在公园游玩时，遇到几个"小混混"，其中一个挑衅地碰了一下我身旁的她。我感觉像受到了奇耻大辱，和他们进行了一场"恶战"。结果，我身上挨了无数棍棒，多处"软组织损伤"，住了一个多星期的医院。这件事让我们的关系更加明晰、确定。

后来，老师发现了我们的秘密，分别找我们谈话。我们不舍得放弃。老师就告诉了家长。为了拆散我们，她妈妈就把她转到了别的学校。然而，距离更加深了我们对彼此的思念。在失去联系两三个星期之后，一天，我突然收到了她的一封信，我们从此又联系上了。

然而，得到的同时，也在失去。频繁的交往，使我的学习一落千丈，学习成绩从班里的前十名滑落到最后几名。一次，妈妈在抽屉里发现了我写给她的信，知道我们还在联系。为了彻底拆散我们，我的妈妈决定搬家，去另外一个相对陌生的城市，并每天花时间与我交流谈心，和我探讨现在什么事情是最重要的。这时，我们已是初三。经过妈妈的开导和一个寒假的思索，我终于醒悟，决心把这份感情封存起来，好好考高中，等以后有精力和实力了，再去寻找成熟的感情。后来，又联系上她时，彼此都已变得很理性，回忆起当初的交往，少了一份甜蜜，多了一份青涩。

感情是人们一生都难以逃脱的问题，当孩子慢慢地长大，他们也会接触到感情，当然有时候他们也会因为感情陷入困惑。虽然孩子在小的时候并不明白什么是爱情，只是凭借着自己的一种主观的好感就认为对方就是自己要找的那个人。而事实上，两个孩子真的还有很多事情没有弄明白，于是就在这种糊里糊涂、懵懵懂懂中，不但耽误了自己的功课，内心也很容易因为感情的不真实而受到伤害，这是每一位母亲最不愿意看到的事情。但是，如果我们过于直白地要求孩子不许早恋，或是说出一些更为过激的话，不但解决不了任何问题，反而会使孩子与自己产生隔阂，造成更多的误解。更可怕的是，如果有一天孩子不愿意再把自己心里的事情告诉妈妈，将心中那种朦胧的感情藏在心里，妈妈就更是无法及时地对孩子进行引导，帮助他们走出那些不该有的困惑和伤害了。

那么，当孩子出现了早恋的苗头，作为妈妈究竟应该做些什么呢？看看下面的建议，希望对妈妈们有所帮助。

不要大惊小怪

孩子到了青春期的年龄，对异性有好感是很正常的事情，如果没有那才是有问题。有些妈妈一看到孩子有了对班里的异性同学有了好感，就严厉地呵斥禁止孩子和异性交往，结果孩子长到 30 多岁都还不会谈恋爱，见到异性都不知道怎么交流，这样绝对是个弊端。所以，有些时候在事情明朗之前，妈妈最好不要大惊小怪，而是做一个静静的旁观者，这样不但是对孩子的一种信任，也可以锻

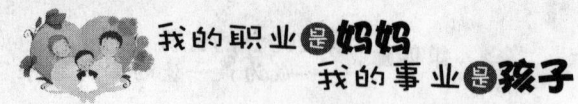

炼他们更好地处理自己的事情。

进行确认

有些时候孩子并不是真的恋爱了，相反只不过仅仅是对对方产生一种好感。多数情况下很多孩子只是对对方有朦胧的好感而已；如果两个孩子的心真的有了爱的火花，这时首先应该开心一下，做个开明的家长。抓换另一种思路，比如我的孩子很有魅力，这么早就能够吸引人了。这样将心态平和下来以后，妈妈下面的工作就是要教会孩子如何和异性相处。大多情况下孩子之间的感情都是比较幼稚的，如果真的"恋"上了，反而往往会迅速发现对方的缺点，这时他们自己都会主动要求"分手"，根本不用妈妈亲自出马去拆散他们了。

委婉地表明你的期望

妈妈应该经常委婉地暗示孩子，学习才是他们现在最重要的事情，只有现在把最应该做的事情做好了，才能谈及今后更稳定的发展。与此同时，妈妈还要表明自己对孩子的信任，相信他（她）会处理好恋爱和学习的关系。这种信任会让孩子对你感激而不是怨恨，并往往会促使他们开始像一个"大人"一样思考问题。

给孩子一段时间

如果时间到了，孩子仍然沉溺于恋爱之中并影响了成绩，那么妈妈就要采取一定措施了。我们可以和孩子认真沟通一次，让他们明白什么是真正的、成熟的爱情。那是要对对方负责的，是以结婚为目的的，而且是需要一定的能力、一定的基础的等。孩子一旦明白了爱情的道理，就会知道现在一定要努力学习，为未来打好基础，只有这样才能得到真真正正的爱情。

自然而严肃地和孩子达成协议

妈妈应该郑重其事地告诉孩子，无论感情多深，绝不能发生性行为。这也是一次对孩子进行性教育的良好机会，让孩子明白一时的冲动是要付出昂贵的代价的；让孩子了解其中的利害轻重，在他们心中设定不能逾越的界限，不管什么时候，都不会犯下原则性的错误。

想让孩子听你的，就要学会自我放松

孩子有了早恋的问题，妈妈本身先要善于自我放松、自我调节，要处理好自己工作和休闲的关系，自己首先拥有一个好心情，只有这样才能尽量避免影响孩子，才能在教育孩子的时候保持清醒和冷静。此外，有些时候，以身作则往往会比空洞的说教拥有更好的效果。

妈妈职业通行证 》》》

每个人在青春的烙印下都曾经有过朦胧情怀、淡淡的忧伤，妈妈那个时候是这样，孩子也同样会这样。作为大人，我们应该给予他们适当的理解和引导，帮助他们树立自己的做人原则，也让他们明白什么才是真正的爱情。只有这样，孩子才能更加理性地对待自己的情感，更加清楚你作为妈妈的良苦用心，当然也就自然而然地明白自己眼下最应该做的是什么了。

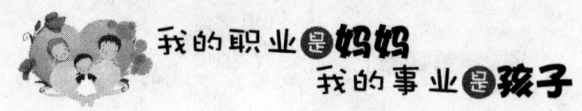

守住做事激情，没有什么不可能

不管做什么事情，要想把它做好，激情都是必不可少的元素。这个世界上没有不可能的事情，只要有激情，再多的困难都不再是困难。作为母亲，我们一定要帮助孩子守住做事的激情，让他们对未来保持美好的期待，只有这样孩子才会更积极地做好人生的每一件事情，在不久的将来创造一个又一个属于自己的奇迹。

激情对于成功者来说是相当重要的，那种感觉就是非常喜欢、非常激动，因为有了这个东西，才足以让我们对身边的事情恒久坚持而不轻言放弃。不管是大人还是孩子，心中多多少少都有属于自己的梦想，它也许近在咫尺，也许还需要很长的路要走，但不管怎样，要是实现它除了勇往直前的坚持以外，最重要的就是保持好做事的激情。当一个人对自己想要做的事情恒久地保持乐观激情的时候，他就会忘记困难带给自己的压力，忘记各种各样的怀疑和困扰，忘记世界上还有什么事情是自己不可能做到的。总而言之，激情真的能给人带来更多的惊喜和快乐，大人如此，同样孩子也是如此。

如果我们用心观察就会发现，孩子总是会用他天真的双眼去打量这个世界，打量他们想做的事情，比如他们觉得钢琴的声音很好听，于是就渴望成为一名音乐家，他们觉得书中的故事很好看，就慢

116

慢地有了成为作家的幻想。在他们幼小的心灵里虽然成功的概念还不是很清晰，但是他们是很清楚明白自己喜欢做什么，渴望把什么事情做好的。所以这个时候，作为孩子的妈妈，就应该想方设法地帮助孩子将这份做事的激情保持下去，积极地鼓励他、支持他，用自己的行动去告诉他："只要你肯努力下去，这个世界上就没有什么事情是自己做不到的。"

在现实生活中，作为一个成年人，我们经常会看到这样的场景，同样一件事情，怀着不同的心情去做，效果一定是截然不同的。有些人觉得这件事情一点意思也没有，于是开始敷衍了事，有些人觉得枯燥乏味想快些结束，而有些人却从这件事情上找到了灵感和乐趣，怀着满腔的激情，开开心心地将整个事情圆满地完成了。其实，作为一个母亲，也作为一个成年人，我们应该明白激情在人的一生中拥有多么大的意义，它不但可以让我们成功，让我们拥有更多的希望，更重要的是，它可以给我们的人生带来更多的快乐。因此，如果妈妈真的想让自己的孩子能够在自己的人生轨迹中快快乐乐地成长，就一定不要忽视了激情的力量，它就像一束光能够帮助孩子从失落的阴霾中重新拥抱光明，从各种各样消极的思想中挣脱出来，怀着更多的热忱去经营自己的人生，经营人生中每一件大事小事，带着阳光般的微笑去面对困难和坎坷，当然也将面对更多的成功与辉煌。

期末考试的成绩下来了，李楠只考了第 20 名，而他的同桌考了第 1 名。

回到家，他问妈妈："我是不是比别人笨？我觉得我和同桌一

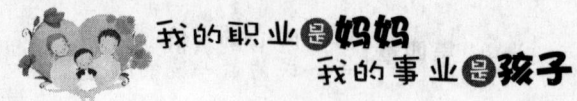

样听老师的话，一样认真地做作业，可是，为什么我考第20名，而她考第1名？"

妈妈抚摸着李楠的头，温柔地说："你已经比以前进步了，以后会越来越好的。"

第二学期的期末考试，李楠考了第15名，而他的同桌还是第1名。李楠还是想不通，又向妈妈问了同样的问题："我是不是比别人笨？我觉得我和同桌一样听老师的话，一样认真地做作业，可是，为什么我考第15名，而她考第1名？"妈妈还是说："你比上学期又进步了，以后会越来越好的！"

李楠小学毕业了，虽然他还是没有赶上他的同桌，但他的成绩一直在提高，已经进入前10名了。

在接下来的日子里，李楠仍旧努力学习，进步虽然很慢，但一直在进步。他的妈妈也一直鼓励他："你比上学期又进步了，以后会越来越好的！"

初中的时候，李楠的成绩已经名列前茅了。到了高中，他成了全校著名的尖子生，最后以全校第一名的成绩考入了北京大学。

有些时候，孩子努力前进的激情往往就来源于妈妈背后的支持和鼓励。作为一个母亲，我们不但要知道孩子在物质上需要什么，更要明白如何给他们的人生不断地注入激情，使他们能够更好地将自己的理想坚持到最后。其实，有些时候，很多孩子并不是没有能力拥有成功，只不过路走到一半激情就散去了，这真的是一件非常无奈的事情。所以作为一个母亲，我们一定要让他们知道，成功其实并不遥远，只要自己喜欢，只要自己认为可以把事情做好，就要坚持下去，只要能够勇敢地坚持下去，明天的明天一定会有不一样的惊喜在等待着他。

人们常说人生活的就是一口气，这口气除了正气以外，激情也是非常重要的。一个人的人生如果没有激情，那它的生命也会因此而失去色彩。给孩子时刻注入激情，让他们对自己的未来更有希望、更有动力，让他们真真正正地明白自己现在所做的一切都是在为他们自己的明天添砖加瓦，让他们知道自己的妈妈始终在用灿烂的微笑支持他们、给予他们力量，这才是作为一个母亲最应该做的事情。

妈妈职业通行证 》》》

要想让孩子拥有做事的欲望，妈妈首先就要点燃他们那盏激情的灯，让他们明白自己手头要做的事情不是为了别人，而是为了自己。同样一件事情，有激情与没有激情，绝对是不一样的结果。作为母亲，我们一定要学会将激情的光环带在孩子头上。只有这样，他们才能生活得更加充实，更加积极，更加自信。

迷恋网络，不是网络的错

如今这个时代，网络已经成为当代人们离不开的工具，我们可以通过它足不出户地了解外面的一切，也可以通过它认识更多本来素不相识的朋友。然而，就在这个信息大爆炸的年代，孩子过早地接触网络很有可能出现很多

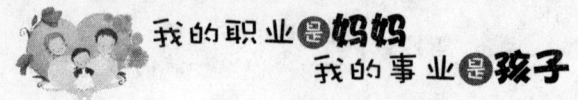

不必要的弊端，但这真的是网络带来的祸患吗？其实有些时候，迷恋网络不是网络的错，只要妈妈能够在孩子使用网络问题上发挥作用，一切难题就会迎刃而解了。

在如今这个信息量逐渐膨胀的社会，不管是工作，生活还是娱乐，网络已经成为很多人离不开的平台工具。其实，这也无可厚非，网络涵盖的地方越大，我们所需要的知识储备就会越丰富。然而，作为一个还没有成年的孩子，过早地接触网络生活，真的就是一件好事吗？这段时间，电视上频繁出现很多孩子因为过分沉迷于网络而影响到自己的人生，网恋、游戏，还有一些不健康的垃圾信息，就这样在不知不觉中侵蚀着一双双青春的眼睛。在这个关键时候，作为孩子的母亲怎能不担心着急呢？

其实，有些时候，妈妈没有必要过于紧张，孩子迷恋网络并不是网络的错，因为网络除了一些负面的影响以外，在很多事情上还是可以对孩子起到一定的帮助作用的，关键就在于如何来运用网络，如何教会孩子控制自己，分辨哪些信息是正确的，哪些信息是恶劣的。当那些网络游戏在自己的脑海中反复重现的时候，当那些不良的信息侵入孩子的眼睛的时候，作为妈妈有的时候盲目地说教未必真的能够起到立竿见影的作用。所以，为了孩子的长远发展，妈妈一定要动用自己全部的智慧，让孩子在不知不觉中对网络的不良影响有所感知和控制，鼓励他们正确的使用网络，得到更多有益的知识。只有这样，孩子才会在这个越来越现代化的社会里健康快乐的成长。

小强是一名初二的男生，最高上网纪录为三天三夜。好多次都是妈妈找了半天把他从网吧里拖回家的。小强上初中后成绩很差，喜欢玩 CS 枪战网游。用他自己的话来讲，在现实生活中，没有谁会表扬他，只有在网络游戏中，他才能获得快乐与胜利的成就感。一开始小强的妈妈每天都唠叨同样的话题，每天都强迫小强要多花一些时间用在学习上。可是小强却感觉很痛苦，喜欢的事做不了，不喜欢的事非得做，他感到深深厌恶，就产生与妈妈对着干的想法。又一次与妈妈的吵架中，他大胆地坦言："没错，我上网就是玩给你看的。"

也就是从那次吵架以后，小强的妈妈开始对自己的行为进行反思。当自己的啰唆与孩子的叛逆狭路相逢的时候，自己的苦心不仅打了水漂，还会被儿子误解。于是她静下心来将自己的心里话统统以书信的名义写下来，悄悄地放到了儿子的房间里。而儿子呢，也悄悄地写下了自己的心里话，偷偷地放进了妈妈的抽屉里。就这样几番交流后，儿子和妈妈内心的痛苦都被对方感知了。亲子关系终于得到了缓和，小强也渐渐感悟到亲情的温暖。

渐渐地，妈妈发现小强的性格越来越开朗活泼了，为了让儿子尽快地远离网络游戏的侵害，妈妈尝试着和儿子一起讨论网络游戏的内容。慢慢地妈妈明白了什么是 CS 枪战，为什么儿子对这款游戏那么痴迷。经过多方的考虑和寻找，这位母亲终于找到了一个可以和儿子尽情游戏的好地方，那是一个可以真正进行枪战现实版演练的游戏场所。在这个游戏中，妈妈和儿子一起充当游戏里面的战士，让儿子真真正正在实战中过足了瘾。令人意想不到的是，自从玩了现实版的 CS 枪战后，小强觉得 CS 网游真的没什么意思了。这时候妈妈开始帮助小强挑选了一些有利于学习的网络游戏，每当小

强发现自己在这些游戏闯关中出现问题的时候，他就会自己选择通过网络和书本找到答案。就这样，小强的学习成绩越来越好了，他这时候才开始意识到战胜困难同样能够赢得尊重。

通过妈妈的耐心引导，一个沉迷于网络的孩子就这样渐渐地将注意力转向了学习，我们真的不得不钦佩她的耐心，尽管以前教育方法不是很妥当，但毕竟经过转变以后，还是扭转了孩子的思想和不爱学习的现状。回头想想自己的孩子，我们又该怎样去引导他们教育他们呢？细细想来，有些时候我们很多母亲看到孩子沉迷网络不思进取的时候，总是一再地心里着急，却又仿佛束手无策，所做的只有一次一次地把孩子从网吧、电脑前拉回到家里，送到学校去，却很少关心他们为什么这样做，怎样才能真真正正地帮助他们正确的使用网络，自觉地去杜绝不健康的网络行为。那么，作为母亲我们究竟应该怎样做才正确呢？看看下面的建议，希望对大家有所帮助。

表现出妈妈的关心

妈妈可以找一个安静的、没有压力的时机和孩子好好谈谈心。告诉孩子你非常爱他并关心他，尽可能营造一种温馨的谈话氛围。这里要值得注意的是千万不要批评、指责孩子，而是要用心地去做孩子的忠实听众。告诉孩子你很关心所看到的一些变化，并且具体指出那些发生的变化，如疲劳、成绩下降、社交活动减少及忘记了原先的兴趣爱好，等等。

安排一个上网的时间记录

妈妈可以告诉孩子，希望能看到一份记录，上面包括他每天上网所要花费的时间及参加的网上活动的具体内容。提醒孩子，为了他的健康成长，你必须要对他上网的情况有所了解，并希望求得他的理解和配合。然后，妈妈可以让孩子在没有监督的情况下保持一两周的记录，这样可以很好地建立彼此之间的信任。

制定合情合理的规定

妈妈可以和孩子一起商量，建立一个有节制地上网的明确界限和上网时间表。比如每天晚上完成功课后可以上网一小时，周末可以额外再增加一两个小时。达成协议以后，就鼓励孩子把你们共同做出的这个规定坚持下去。如果孩子今天上网超过了规定的时间，那么妈妈就可以适当地减少或取消明天上网的时间，以示对他不坚持规定的惩罚。这样做的目的并不是想去如何控制孩子，而是要渐渐把他从对网络的某种心理依赖中解脱出来。

鼓励孩子进行其他活动

当孩子离开了网上的活动，必然要有相应的其他活动来替代。所以，妈妈要抓住这个机会，帮助孩子找到其他的替代活动，可以是他过去喜欢的，比如参加学校的文学社、书法小组，等等。总而言之，日常生活中快乐的事越多，孩子就越不会怀念互联网上的嘈杂声，也不会轻易屈服于重操旧业的欲望了。

妈妈职业通行证 》》》》

不管你担心还是不担心，网络就在那里，它没有错，为我们提供了不少便利。如果说这张无形的大网蕴含着怎样对于孩子的毒害，那也只能说孩子自己总是会因为不成熟而拒绝不了那些游戏和所谓的网毒的迫害。其实，只要妈妈能够及时的引导他们、帮助他

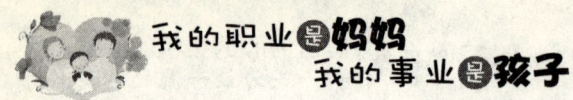

们，网络也可以成为孩子很好的学习伙伴。有句话说的好，事在人为，为了孩子在这个信息化社会能够生活得更健康、更快乐，现在就行动起来，用母亲的关怀去给予他们指引，相信他们一定可以在现实中找到属于自己的那份成就感。

释放内心纠结，让孩子重新燃起内在动力

        大人有的时候会有失落情绪，会有内心的矛盾和纠结，孩子其实同样会有自己的烦恼。每当耳边响起"小小少年"的旋律，我们就会忽然感到，随着孩子一点一点的成长，他们内心的思想必然会发生改变，而这种改变很可能是伴着那么一点淡淡的哀愁吧。所以不管怎样，妈妈都要用心地去聆听孩子内心的困惑，只有这样孩子才不至于失落得太久，才能在更快的时间内重新燃起属于自己的内在动力。

    每个孩子的心中都有着自己的小秘密，那些小秘密也许是快乐的，也许是伤感的，在他们的心中往往存续着很多只有自己才知道的故事。想想我们作为大人，心中时不时地都会因为这些原因、那些原因而产生一种矛盾纠结的情绪，或是面临选择，或是面临困扰，这在人生中是很正常的事情。其实，孩子也是如此。尽管他们年龄还小，但是面对自己的未来，多多少少会有一些自己的小担

心。此外和同学老师之间的关系，和父母亲人之间的关系，甚至是和一些陌生人之间的交流，都有可能在他们的思绪中形成纠结和困扰。如果这些纠结和困扰不能及时地得到解决，很有可能会继续影响到孩子的心理健康，更有甚者还很有可能影响到他们未来的发展走向。所以，作为一个母亲，我们一定不能让这种纠结的事情在孩子的心中存续太久，更不能让孩子因为这些事情产生失落情绪，相反妈妈应该帮助孩子重新燃起内在动力，以饱满的信心和热情迎接未来，让他们坚信自己的实力，同时也相信自己完全可以在母亲的帮助下解开自己的心结，重新找回心灵的美好和阳光。

丹丹妈是一个对事业非常执著的工作狂，但她的女儿丹丹不能去上幼儿园，只要去，女儿就会生病，有时会病得很厉害。丹丹妈其实明白，女儿一上幼儿园就生病，含义很简单，就是不想去上学。但为什么不想去呢？经过探讨，她最后理解，是女儿缺乏安全感，很害怕与妈妈分离。理解到这一步后，她决定，干脆不送女儿去幼儿园了，就在家里待着吧，这一段时间，她要好好陪陪女儿。以前，她从来没有认真陪女儿，她是一个工作狂，主要精力都投入到工作上了。这一段时间不长，也就半年，半年后的现在，丹丹就该读小学了。

这次，丹丹还是有点不愿意去学校，但丹丹妈对女儿说："这次不一样，你一定要读下去，虽然妈妈尊重你的各种感受，也愿意去倾听你、了解你。"丹丹坚持读了下去，但两个星期后，丹丹妈发现了问题，她看到，女儿原来好端端的指甲，全被咬没了，不光凸出来的指甲被咬掉了，甚至还咬到了与肉相连的部分指甲，而且

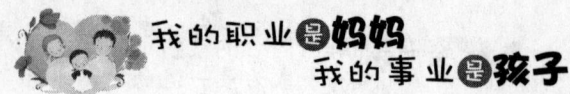

有几个手指还流了血。看到这些，丹丹妈非常焦虑，尤其是看到女儿在家咬手指时，她焦躁到极点。终于，有一个晚上，在女儿做完作业后，她对女儿说："跟妈妈到卧室来，妈妈有些事情想和你谈。"到卧室后，丹丹有点紧张地问："是不是我做作业太慢，妈妈生气了？"丹丹妈说，"不是，不关作业的事，是另外的事，并且，妈妈是攒了很多勇气才决定和你说的。"说完这些话后，丹丹妈还补充说："妈妈要说的事，你可能会很不舒服。"丹丹没有吱声，但她看着妈妈的眼睛，有点严肃，也有些期待。

丹丹妈问女儿："你看隔壁家的小宝宝，她还不到一岁大，她有时候会抓大人的头发，咬大人的胳膊。你也挨过这些，你是怎么做的，大人们又是怎么做的？"丹丹想了想说："她很小喔，不懂什么，我们都不和她计较的，只是将她的手或嘴巴挡开，然后很耐心地对她说，这样做是不对的，我会疼的。""是的，"丹丹妈说，"她这样做时，我们都很有耐心，可是你是一个小宝宝时，没有这样的运气。"说到这儿，丹丹妈的眼泪流了下来。她接着说，"你这么大的时候，也会对妈妈这样做，可是妈妈没有耐心，妈妈会打你，训斥你，有时会把你打得很疼。"听到这些话，丹丹沉默了，一会儿，眼睛红了起来，有泪水流下来，她带着哭腔质问妈妈："你这样对一个小宝宝？""是，妈妈是这样做的，"丹丹妈说，"对不起，这样的事情，妈妈说了，你也许会难过，可妈妈觉得，得让你知道，你被妈妈这样对待过，妈妈错了，对不起。"丹丹再没多说一句话，她只是抽泣，看得出，她非常难过。但后来，她再没咬她的指甲，又过了一个多星期后，丹丹妈看到，女儿10个手指上重新长出了整齐的指甲。

　　尽管丹丹并没有意识到妈妈为什么要把这个并不光彩的秘密告诉自己，但却在那一瞬间妈妈与孩子内心都得到了一种释怀，往日的纠结就这样不复存在了。于是丹丹的生活就这样悄然地发生了改变，再也不自己咬指甲了。其实有些时候孩子之所以会出现一些异常的举动，主要原因是孩子与妈妈之间没有进行很好的交流和沟通，他们的内在动力没有真正地燃烧起来。丹丹怕离开妈妈，这是一种孩子自然的依赖，看不到妈妈就会莫名的紧张，会觉得不自信，心里很不安定。这时候如果妈妈一味地强制她或者好言好语地把她哄到学校去绝对不是长远之计。此时适时地将自己内心一直没有吐露出来的愧疚和纠结倾泻一下，也未尝不是一种很好的方法。当孩子和妈妈内心和思想的重担通通得到了缓解，心里也就不会在有那么多纠结和依赖了。

　　孩子总归有一天是要离开妈妈独自生活的，之所以他们经常对我们表现出依赖，主要原因在于他们的动力来源还是父母而不是自己。尽管以前他们内心是积蓄了一定量的动力，但是由于对于大人的依赖，和对于自己内心的不自信，心中仅有的那一点点动力也随着时间的推移而慢慢消逝了。但是作为母亲，我们怎能眼睁睁地看着孩子因为过分地依赖自己而这样一点一点地走向自卑、孤僻的心理障碍呢？假如孩子无法越过这层心理障碍，总是徘徊在自我纠结的失落中，那么今后的生活是难以想象的。与其如此，不如从最根本的点上，让孩子和自己共同去面对自己不愿意面对的问题，不要再逃避中迷失脚步。也许有些时候，只要能够牵着他的小手越过人生的这道坎，将来他要面临的很多难题都会在顷刻间成为永远不可能发生的事情了。

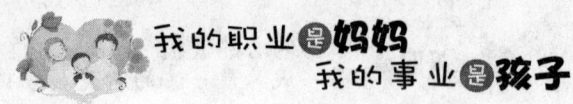

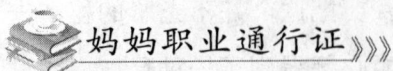

不管是大人还是孩子，每个人内心都有着自己的纠结。这些纠结会成为彼此的困扰，成为两个人都不愿意向彼此倾吐的莫名伤痛。也许作为一个成年母亲，我们自以为完全有能力可以将这一切在心中慢慢地消化、变淡，或者随着时光消散成灰。但作为孩子，却未必能做到这一切，这些心理上的障碍会陨灭他们内心的动力，使他们胆怯、彷徨、左右迷惘，不知道该怎么办。所以这时候，妈妈真的应该勇敢地伸出自己的双手，和他们一起勇敢地将纠结释放出来，也许就在那面对伤痛的一刹那，他们就会在闪烁的泪光下懂得了长大的必要，也懂得了要如何在今后的日子学会独立和坚强。

排除悲观，给孩子一米自信的阳光

悲观失望是我们每个人都会有的一种心理状态，当然孩子也不例外。当他们在自己的生活学习以及玩乐中遭遇了一些事情，当很多事情都不能按照他们自己想的那样进行，当他们怎么想也无法想清楚的时候，他们就会产生一种消极悲观的心理。这时候他们就需要妈妈的帮助，因为妈妈是他们最好的引导者，妈妈要学会帮助自己的孩子在人生路上排除悲观，给孩子一米自信的阳光。

一个孩子的健康不仅仅是指其身体的健康，当然还包括他心灵的健康。作为孩子的引导者，作为孩子的守护者，妈妈一定要注意孩子的心灵成长，时刻关注着孩子的心灵健康。每个孩子在他生长的过程中都会或多或少地遭受一些打击，感受到一些挫折，这些打击可能来自生活上，可能来自学习上。由于孩子的心是晶莹剔透的，孩子的心也是脆弱的，他们对这个世界太陌生，他们还不知道如何去正确地面对那些发生在他们世界里的一些事情，所以对于一些可能在我们看来并不是那么的严重的打击与挫折，到了孩子的世界却是那样的严重，有时候甚至会成为孩子幼小的心灵上的一道深深的疤痕。所以，对于孩子受到的一些打击与挫折，对于孩子微小的情绪变化，对于孩子有时候显露出来的彷徨与无助，作为妈妈的我们一定要仔细去观察，也要去慎重地去对待，一定不能去坐视不理，要用温暖的心，用深沉的爱给予他们帮助，给予他们指导。因为很多时候可能我们的坐视不理不仅会让我们的孩子感受不到温暖，更有可能会给孩子以后的人生造成很大的伤害。

小芸是一个从外地转过来的学生，在一次填写父母电话和地址时，父亲这一栏她是空白的。当老师问起她时，她只是用沉默来回答，脸上有一种与她的年龄不相符合的无奈。之后老师得知，她很小的时候父母就离婚了，一直与妈妈生活在一起，并且老师也了解到她的妈妈好像并不是很关心小芸，有时候甚至是长期不在家，家里就只有小芸跟保姆两个人，保姆一直照顾她的生活起居。所以小芸的性格也一直很孤僻，也几乎不跟同学一起玩耍，学习成绩也是一般，在上活动课时，她总是一个人坐在操场上抬头看天、看云。

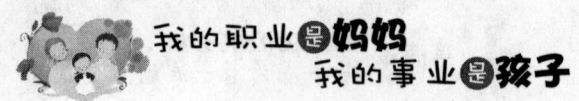

她的世界里似乎从来没有温暖，也没有爱。在她的眼睛里面也看不到任何的属于这个年龄的孩子该有的调皮与快乐、无忧与无虑。其实她的孤僻以及哀伤是因为在她伤心失意的时候、在她难过的时候，没有人鼓励她，也没有人关心她，教她学会乐观，教她学会自信。

由于父母自小离异，对小芸的心灵造成了很大的伤害，又因为自己的妈妈长期不在家，并且也不关心自己的女儿，从而让小芸养成了孤僻悲观的性格，让她错过了自己的欢乐与幸福，让她的童年只能在悲伤中度过，并且在每天活动的时候只能用看云、看天来打发自己的时间。

小芸的妈妈对于妈妈的这份事业很是失败，首先由于她与丈夫的离异造成了小芸心里的伤痕，当然我们知道一个家庭的破碎很多时候并不是我们能够左右的，所以对于她与丈夫离异这件事情我们并不能给予任何的评论。但是在小芸的心里有了创伤以后，小芸的妈妈并没有及时发现，并且还长期不在家，让小芸在悲观与孤独中生活着，这就是一个妈妈的失职。

孩子正是处在心理、生理发育的成长期，这时候他们的个性发展、心理素质尚未健全，并且承受能力也较差，突如其来的事件对孩子来说都是一次考验，这时候就需要妈妈的帮助。如果妈妈没有去帮助孩子，那么就很可能让孩子把那份失落悲伤的情绪积压起来，久而久之他们的生活态度也会变得消极，然后转化为冷漠，让他们整日愁眉不展。

孩子的世界其实很简单，就是有爸妈的疼爱，有他们的呵护与关心，能在撒娇的时候任意地撒娇，能够在伤心的时候躲在妈妈的怀里大哭，在自己取得了一些进步的时候能够得到妈妈的鼓励，在自己做错事的时候能够听到妈妈原谅的声音，而不是在任何的时候都找不到妈妈的足迹，所有的事情都要自己憋在心里。孩子的心很小，很容易憋出病来，孩子的思想也很简单，他们只是在用自己的想法看待着这个世界，他们有时候并不知道怎样去面对一些事情，也有时候根本不知道该怎样去排解自己心里的一些哀伤、一些失望，所以他们很容易让自己陷入一种悲观的状态，也很容易就此忧郁，让自己的性格变得孤僻。

作为妈妈，我们一定要注意自己孩子的心理变化，也不管发生什么事情都不能对自己的孩子置之不理，不去关心他们，不去爱护他们。孩子都是妈妈手心里的宝，既然我们让这个宝来到了这个世界上，走进了我们的生活，那么我们就要学着去呵护他，去让他健康地成长，而不是把他丢在那里，让他孤单一人，让他用悲观的心态来面对这个世界。

小慧是一个患着慢性鼻窦炎的孩子，总是在学习的时候头晕，并且在发作的时候情绪很是低落。她的妈妈看在眼里，疼在心里，带她看了很多的医生，但是病情并没有多少的缓解。有一次，小慧的病又发作了，她对自己的妈妈说："真不想活在这个世界上了！"听了这话，妈妈泪流满面。妈妈觉得这样下去也不是办法，所以她就想要让小慧的生活有些改变。她细心观察小慧，发现她平时很喜欢画画，并且有时候一个人可以画半天。她的画也总是画得很好，总得到老师的表扬。所以小慧的妈妈在小慧画画以后总是用赞叹的

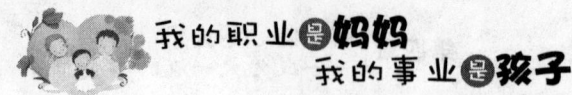

声音鼓励着小慧，说小慧聪明以及很有天赋，并且给小慧买了很多关于画画方面的东西，培养着小慧的兴趣，让她在自己的特长方面找到自信，发现生活的精彩。果然，从此以后，小慧就一直在学习绘画以及收获成果中生活着，在生病的时候也没有了那种悲观的情绪，人也变得越来越自信，也越来越乐观了。

小慧由于自己身体上的受挫，所以产生了悲观的心理，但是小慧的妈妈却细心观察自己的孩子，用转移注意力的方式去让自己的孩子摆脱悲观，然后用兴趣引导以及鼓励的方式去培养自己孩子的自信心，让小慧的世界里面充满了阳光以及乐观。

作为孩子心灵的守护者以及引导者的妈妈们，我们一定要仔细观察孩子的内心世界，也要时刻注意孩子的内心变化，不能让那些悲观以及失望的情绪牵绊住我们的孩子，也不能让那些挫折以及打击让我们孩子的心灵受伤，我们要帮助孩子们排除悲观，赶走那些失望，给孩子自信以及乐观的阳光。

妈妈职业通行证 》》》

孩子的心晶莹剔透，却又脆弱微小，有时候打击以及挫折都有可能在他们的心里留下伤痕，都有可能让他们存压下悲伤。作为妈妈的我们，一定要仔细观察孩子内心的变化，我们要用自己的关爱以及鼓励去医治孩子心灵的伤口，让他们摆脱那些悲观与失望，让他们在自信以及乐观的世界里成长。

当一个人还是孩子的时候，他 80％的未来都掌握再自己的父母手中，为了让这份不许失败的事业能够在自己的经营之下越来越好，妈妈绝对不能迷失方向。相反我们要做一名成功的掌舵手，指引孩子拥有更好的发展，锻炼孩子各种各样的能力，磨炼他们坚强的意志和勇往直前的气魄。只有这样，我们事业的航程才会越行越远，最终到达理想的阳光彼岸。

第五章 展望未来的航程
——找准方向，做好事业掌舵手

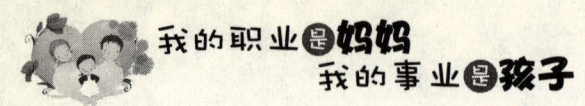
紧跟孩子步伐，获悉成长特点

孩子一直在不断地成长，他们的心理以及生理都会一直不断地变化，所以在这份不容许失败的事业中，作为经营者的妈妈们一定要打起精神，时刻关注孩子的变化，紧跟孩子的成长步伐，并且去获悉他们成长的特点，然后在这些成长的特点的启发下为自己的孩子找准方向，然后去引导他们，为他们的人生做好掌舵，努力给他们一个美好的未来。

每一份事业的经营都需要我们时刻地进步，都要我们不断地去让自己适应环境。在孩子的这份事业中，妈妈也应该时刻地紧跟孩子的步伐，获悉他们成长的特点，然后在了解他们的特点后给他们指明更好的方向，从而更加专业地去经营这份事业。

佳佳今年刚上一年级，以前上幼儿园的时候，妈妈发现佳佳对绘画很感兴趣，所以妈妈就买了很多跟绘画方面有关的东西去培养佳佳的绘画技巧。当然佳佳也做得很好，他的绘画也总是受到老师的表扬。但是在今年，自从佳佳上了一年级以后，妈妈就发现了一个奇怪的事情，佳佳似乎对绘画不再那么感兴趣了，她观察到佳佳总是在很专注地听音乐，只要是电视台播有关的音乐方面的节目就看得非常入神。所以妈妈就想，佳佳是不是已经厌倦了绘画，开始对音乐感兴趣了，说不定以后可以成为一个音乐家呢！所以妈妈就又将只要是关于音乐方面的东西都买到佳佳的面前。可是过了几天她又看到佳佳对音乐也似乎不感兴趣了，反而跟自己的小伙伴一起玩起了拼图，佳佳妈妈迷惑了，因为她不知道应该怎样去迎合自己孩子的爱好，从而更加专业地去培养他，为他未来的发展做准备。

可能很多的妈妈都有佳佳妈妈一样的迷惑，也有过跟佳佳妈妈一样的经历，孩子的爱好似乎一直都在变化，连性格也是一样，妈妈们有时候真的是难以去准确地捉摸。其实小孩子的成长很快，不论是他们的心理还是生理都会在我们不知不觉中变得成熟起来，当然他们对这个世界的好奇心以及探索欲也会变得越来越强烈。就像故事中的佳佳，刚开始的时候喜欢绘画，对绘画很感兴趣，并且也表现出一定的天赋，但是慢慢地却对音乐有了兴趣，似乎对绘画不再那么喜欢了，后来也"抛弃了"音乐，让自己投身到拼图的"事业"中去。

其实小孩子对什么东西感兴趣，有时候并不是说他们真的想要去做一件事，可能只是一时的兴趣，他们只是在探索这个他们并不熟悉的社会，以及这个社会中发生的一切。所以，作为妈妈的我们如果想要知道孩子真正感兴趣的是什么，那么我们就要好好去了解自己的孩子处于什么样的一种成长状态，并且在分析他们的状态的基础上去找到他们真正的兴趣以及擅长点，从而有针对性的去培养自己的孩子，为他们的未来指明正确的道路，帮助他们更早更顺利

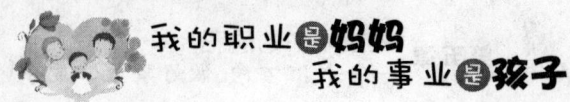

的迈向成功。

　　小孩子还小的时候总是用自己的眼睛去看这个世界的，他们只是在试着去适应外部的世界，当然他们的世界也很狭窄，一般只有自己的父母或者是身边的亲人，顶多再加上几个自己的邻居。所以作为妈妈的我们这时候不要急着去发现孩子感兴趣的地方，要做的是让孩子去了解自己周边的环境，让他们去慢慢熟悉一些事情，然后通过游戏以及一些音乐去开发他们的感官以及动手能力等方面的潜力。不要将精力放在一件事情上，而是应该去开阔孩子的视野，给他们尝试不同的玩具以及去让他们尝试新鲜的东西。因为这时候的孩子是最好奇的时候，他们渴望着新鲜的东西，也能够在新鲜的东西里面找到自己最喜欢的那样。

　　当然随着小孩子的慢慢成长，他们就不会再仅仅是用眼睛去看这个世界了，他们会用自己的脑袋，自己的心以及各种有效方式去看这个世界，去看自己身边的一些事情。这时候作为妈妈的我们千万不能停下自己的脚步，因为这时候很容易跟自己的孩子拉开距离，甚至有时候会产生隔膜。当孩子有了自己的思考，妈妈就要尝试着去与孩子沟通，去了解他们的想法，去注意他们的喜好，并且平常也要去促进自己学习。这个时候的孩子处在一个不断地选择自己的玩伴、不断地选择自己的玩具的过程，当然这个时候也很可能是孩子最初的梦想有了苗头的时候。所以妈妈就要特别注意，去看自己的孩子一天在什么事情上面花的时间最多，也总是对做什么事情最有激情，并且这种激情一直延续着，并不会被别的事情所替代。如果找到了，可能你也就找到了自己孩子最感兴趣的地方，当然我们就要在这个事情上面下点工夫，为孩子的未来开路，为他们的成长以及成功做准备。

　　明明在小学六年级的时候，妈妈发现他发生了很大的变化。以前明明总是贪玩，也总是很不让父母省心，但是在上了六年级以后，明明就加入了学校的一个书法组，开始练书法，当然这个变化也就是从那时开始的。

　　明明每天要花两个小时以上去练书法，妈妈觉得明明会耽误学习，所以说了明明几次。慢慢地，明明也就跟妈妈有了隔阂。面对这样的情况，妈妈觉得不能一直这样下去，所以她就在一天下午找到明明，跟他进行交流。明明妈妈是一个很懂得如何去说话的人，所以她就想方设法地问明明为什么喜欢书法，觉得对自己的学习有没有什么耽误。明明也只以为是妈妈跟他闲聊，所以没在意，只是说了自己的想法。可是令明明惊奇的是，自从他跟妈妈交谈以后，妈妈不仅从此以后没有反对过他练书法，还想方设法地去给他找资料，找机会让他去学习，帮助他发展。明明很感动，也很努力，当然跟妈妈之间也总是讨论书法方面的知识。在妈妈的帮助以及引导下，明明的书法终于有了一定的造诣，并且他的书法作品得到了业内人的认可，当然他以后的人生之路也特别的顺畅。

　　故事中的明明妈妈，她知道怎样去跟自己的孩子沟通，并且也知道怎么样去发现自己孩子的兴趣所在，紧跟着自己孩子的步伐，然后针对兴趣帮助自己的孩子去为未来奋斗。

　　有人说，妈妈的素质有多高，孩子就能飞多高。作为妈妈的我们一定要不断地去与自己的孩子沟通，去获悉他们成长的特点，然

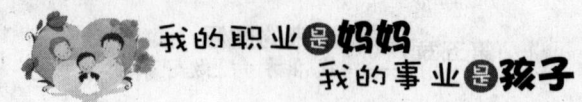

后不断地去提升自己、修炼自己，让自己跟紧孩子的步伐，从而去
为自己孩子的未来指引正确的道路。

妈妈职业通行证 》》》

任何事物都有自己成长的特点，孩子们也是一样，在不同的年
龄阶段会有不同的特点。孩子的成长靠妈妈，孩子的未来也与妈妈
有很大的关系，所以我们一定要去掌握自己孩子的成长特点，不断
地去为自己的孩子指引，这样我们才有可能在孩子的成长中给他们
一些建议，让他们的未来之路走得更好。

了解孩子特质，引领未来的发展之路

每个孩子都有自己不同的特质，每个孩子也有其最与
众不同的地方。作为妈妈的我们应该去尝试着了解孩子的
特质，然后通过仔细分析以及跟孩子进行沟通，引领孩子
的未来发展之路，让孩子在妈妈的引领下摆脱迷惑，能够
更清楚地看到自己以后的路，为自己的未来做好充分的
准备。

"天才之所以成为天才，是因为他们选择了最适合自己发展
的道路"。在我们的人生中每个人都有适合自己的发展道路，每

个人也都有自己与众不同的一面，孩子当然也一样。所以作为妈妈的我们要善于发现孩子的特质，让孩子尽量地可以沿着比较正确的道路去行走、去发展，然后从容地迎接自己的未来，让自己的未来更辉煌。

可能在有些妈妈的眼里，自己的孩子并不是很聪明，更不用说是天才，所以对于自己孩子的教育也总是忧心忡忡。其实如果真的是这样，自己的孩子真的并不是很聪明，也没有什么让我们惊异的才情，这样我们也不要灰心，因为每个孩子都有自己不同的特质，有自己不同的特点，只要我们善于发现孩子的特点，然后努力去引导他们，肯定会有不错的收获。但是可能有的家长很迷惑："我的孩子成绩那么差，他还有特长吗？"

宋碧玲是一个时尚并且乐观的女人，同时也是一名作家，在文学机构工作，事业很是不错。但是每次谈起她的女儿，她总是抬不起头，为什么呢？因为孩子成绩不好，也看不出有什么特长。而且由于长期是差等生，女儿一直回避学习问题，也与家长形成了隔阂。面对这样的情况，宋碧玲不知道如何是好，也成了一种无形的压力，几乎压得她喘不过气来。因为不论是在饭局或者公共场合里，有时人家问她孩子的情况，不外乎学习啦，考上什么学校啦，为人父母者避免不了这个问题。要命的是，她的孩子高考连大专线都上不了，后来托了关系，上了一个师范大学大专班。她老觉得只要孩子有普通学生的好，她也就心满意足了。

但是有一天她很高兴地告诉自己的好朋友，说她发现女儿有一种她前所未见的天赋，她在女儿的日记本里发现了女儿写的诗歌和

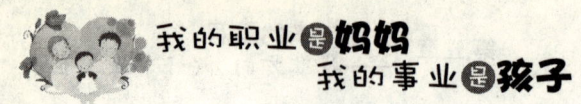

随笔，文笔非常漂亮，思维天马行空，一看就很有才气，真不是同龄孩子所能比的。女儿的天赋她找了很多年，原来藏在这里。虽然女儿的文字看不出有什么天才，但至少表明是可以靠文字谋生的。

于是她和女儿商量，重新制定了学习的目标，计划考研究生，以后往文艺评论方面发展。可以说，这一点达成共识之后，她和女儿都找到了自信，现在正向这个目标前进，并且效果良好。女儿在大学里的学习也如鱼得水，看了许多世界名著和电影，做起评论来头头是道，完全跟中学里不一样了。

不管我们的孩子学习成绩有多么的差，不管我们的孩子与别人的孩子相比有多少的缺点，作为妈妈的我们都不要灰心，更不要对自己的孩子丧失信心，而是要多花点心思在自己的孩子身上，多跟他们沟通，去发现他们的特质。就像故事中的宋碧玲一样，即使自己的女儿成绩很差，即使觉得自己对女儿的教育没有搞好，但是当她发现自己女儿的特质的时候，还是很兴奋地去跟女儿商量，让女儿尽情地发挥自己的特质，引领女儿未来的发展之路。

一个成绩极差的孩子极有可能是某个方面的天才，只是很多时候作为妈妈的我们没有去发现，没有给他们设立一个平台，让他们去发展。故事中的妈妈假如不理解女儿写的那些日记的价值，那么有可能故事中的这个女孩子就是个平庸的女孩子，一辈子被差等生这个帽子压得喘不过气来，更不用说会把自己的特长展现在人们的面前。

如果妈妈们不想让自己的孩子被埋没，不想让自己孩子的一生都在平庸中度过，那么就要懂得去发掘孩子的特长，可是妈妈们应该如何去发掘孩子的特长呢?

学会关注和寻找

可能自己的孩子在一些方面表现得很笨拙,表现的有点差,但是有可能他在某一方面却很擅长,可能思维能力很强,可能是音乐、绘画、文学艺术方面的好手。如果妈妈们没有这些方面的眼力,那么可以请有一定艺术眼力的朋友来帮自己发掘,然后加以引导,给自己的孩子一个好的发展平台,这样孩子的路就不会走得很差,未来也不会那么的不尽如人意。

不要着急

孩子的特长需要我们的耐心,一个孩子特长的出现,有可能是在一岁,也有可能是在二十岁,当然更有可能是在一岁到二十岁之间,不管它是在什么时候出现,只要我们随时做好准备去发现,去找寻自己孩子的特长,那么总有一天,妈妈们会发现自己的孩子闪光的一面,也能从这个闪光的方面看到自己孩子的未来。

每个孩子都有自己的特质,而妈妈就是那些特质的发掘人。如果我们想经营好自己的事业,想做好自己的工作,那么我们就需要有一双善于发现的眼睛,去时时地注意自己孩子的成长,不断地去找寻他们的特质,从而为他们的未来指引方向。

妈妈职业通行证 >>>>

孩子就像是一块还未雕琢的璞玉,需要妈妈用时间以及耐心去仔细雕琢。可能有些玉上面的瑕疵多一点,有些玉上的瑕疵少一点,但这都不是决定其最终是一块好玉还是一块普通玉的原因。而最终决定其结果的那个原因是看我们怎样去雕琢,怎样去发挥那块

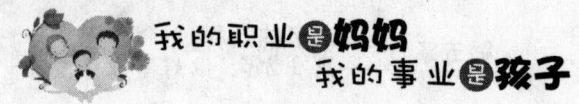

玉的特质。如果我们发挥了它的特质，不管之前如何，那么它就一定会是一块好玉。

向东向西？教育面前男女有别

有些妈妈在教育孩子的时候，或许因为自身的条件所限，不知道应该如何去对待孩子。其实在教育面前男女是有别的，男孩子相较于女孩子来说，要显得更加独立一些，尤其表现在他们的青春期。所以，聪明的妈妈教育孩子的时候，要抓住孩子的自身特点，针对性地对其进行引导。

相信每个人都知道男女有别，但是男孩子和女孩子们的差别到底在哪儿，他们谁更擅长算术，谁更容易沟通，谁的情感更复杂一些，谁更容易受伤害？作为妈妈，又该如何"配合"他们之间存在的这些差异，让他们更好地成长呢？

早在胎儿时期男孩和女孩的大脑发育就出现了差别，并且随着出生后的生活和学习，进一步向各自的方向大幅度发展。随着孩子的不断成长，这种天生的性别差异将会对孩子的学习形成一定的影响，并且不断强化。而反过来，学习的本身也在慢慢改变着大脑的机能发育。因为当孩子们玩耍和学习的时候，相对应的脑细胞就会更加活跃且不断更新，而那些不经常使用的部分将会逐渐退化并萎缩。

妈妈们教育自己的孩子千万不能胡子眉毛一把抓，对男孩和女孩使用相同的教育方式，这样不仅不利于孩子的健康成长，有时候还会发生男孩子女性化，女孩子男性化的情况，到时候后悔都来不及了。怎样有针对性地去教育男孩和女孩，妈妈们首先应该知道他们之间究竟存在哪些差异。

在语言表达能力上，女孩的句子一般都比男孩的来得更早、更长、更复杂。

曾经有一项研究表明，女性的大脑会将自己想要表述的语言加工得更缜密、更动听。这就可以解释，为什么女孩一般都要比男孩先学会说话，而且表达能力更好。在学龄前阶段，与男孩相比，女孩们能够更早地说出内容比较长、比较复杂的句子。进入小学后，女生在阅读和写作上的成绩通常也要比男生好。所以，对于女孩子，妈妈们则要更注意培养她们的语言能力，让她们充分发挥自己的优势；而对于男孩子，尽量想办法弥补他们在语言表达能力上的缺陷。

相较于女孩，男孩的空间思维能力发育得更好。

我们发现，很多男孩的数学一般都比女孩好，这是为什么呢？因为男孩大脑中负责空间感知能力的部分要比女孩发育得好，也就是说男孩在立体思维上要比女孩更优秀。空间思维能力是比较显著的男女差异之一，它从儿童时代一直到成人阶段都表现得比较明显。妈妈们只有知道了这个差异，才能投其所好，让孩子们喜欢上自己的学习。

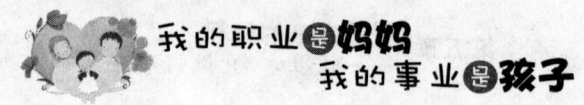

男孩在大运动方面领先，女孩在精细动作上占优势。

更好的空间思维能力使得男孩的运动能力比女孩更加发达，男孩一般会比女孩早 3 到 4 个月开始奔跑和跳跃。但是在一些精细动作的发育上，女孩却比男孩子迅速，这也是大脑相应部位的差异造成的。所以人们形容女孩的时候大多或称赞她心灵手巧。每个孩子都有他们自己的优势，引导其发展优势，督促其改进缺点，这样的教育可能会让孩子更容易接受。

女孩的情感要更复杂，而男孩的情感则更直接。

女孩的大脑中，负责表达和处理复杂情感（如忧伤和幻想）的区域则更发达。相对而言，男孩大脑中对于一些比较简单、直接情感（如恐惧和愤怒）的区域更加大。这也就是为什么一些让女孩感觉到沮丧的东西，男孩面对其的时候往往显得无动于衷，而男孩更容易在争斗中被激怒。正因为这些大脑结构上的差别，女孩更容易理解和感受到别人的情感，她们在三五岁的时候，在考虑问题的时候就能够表现出更加周到的特质。相反，男孩表现得更加直接，甚至有时候会表现出对抗，他们时常会放弃口头表达而选择直接用肢体动作来解决问题。但是从另一种意义上讲，男孩打得多忘得也快，而女孩就比较容易记仇了。

当妈妈们了解了男孩、女孩之间的差异的时候，在教育他们的时候就要显得简单好多。男孩在成长的过程中更需要规矩，需要有人监督，需要父母去教化。因为跟妈妈在一起的时间比较多，男孩在妈妈的面前常常会显得不怎么"听话"，但是在爸爸面前就会"乖巧"很多。因此，面对男孩子，爸爸的作用就显得相当重要了。爸爸除了给男孩支持、体贴和关爱之外，还要担负起对他的管教甚至是处罚的责任。没有爸爸管教的男孩更容易在青春期碰得头破血流、伤痕累累，甚至导致他产生挫败的心理。

女孩在成长的过程中，妈妈没必要太过束缚她们。因为女孩子天生情感丰富，所以对于外界的一切都是比较敏感的，妈妈在对待女孩上，则要更懂得呵护她们的情感，保护他们脆弱以及敏感的心灵。对于爸爸来说，妈妈们更能接近女孩的心灵，走进她们的内心。

向左向右？教育面前，男孩、女孩还是有一定的区别的。合格的妈妈不会忽略孩子之间的差别，她们有管教男孩的特殊方法，也有呵护女孩的贴心举动。充分发掘孩子的优势，尽力去弥补孩子的劣势，给孩子一个快乐的生活，做孩子的良师益友。只有这样，妈妈才算是一个合格的职员，她的事业才算得上是成功的。

妈妈职业通行证

"我有一个好妈妈，我爱我的妈妈"，估计这句话是每个妈妈都希望听到的。教育孩子是一件大事业，但也是一件难事。妈妈们对孩子的好，孩子未必能够理解，所以，在教育孩子这件事上，妈妈们可谓是十分辛苦。抓住孩子的特性，对男孩、女孩采取不同的教育方式；了解他们的差异，相信妈妈们在教育孩子的道路上会走得更加轻松一些。

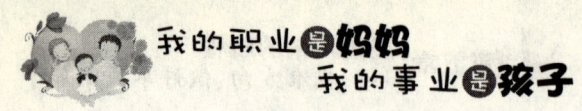

步步为营，培养孩子的选择能力

孩子们随着年龄的不断增长，他们的自主意识也在不断地增强，他们渴望离开父母的管教，渴望着自己做主。这时候，妈妈一定要意识到孩子自身的这种变化，步步为营，尽量去培养孩子的选择能力，让他们在实践中体会到妈妈的关爱，同时也体会到成长的不容易。

每个孩子几乎都有一个共同的理想，那就是脱离父母的管束，能够自己做主，掌控自己的一切。这个愿望既显示出了孩子的叛逆性，同时也标志着他们开始长大。在中国，父母一般都会对孩子怀有特别深的关爱，生怕孩子受到一丁点儿的伤害。所以他们对孩子更多的是保护，不愿意轻易放开手脚。这样导致孩子在一定的程度上对父母拥有了很大的依赖性；也有些父母会帮助孩子设计人生规划，替他包办一切，这样做的结果就是让孩子丢失了自己真正的兴趣，并失去了独立选择的能力。

一个孩子在小时候如果能够背诵各种各样的知识，听妈妈的话，人们一定会在称赞孩子聪明的同时，说他的妈妈会教孩子；如果长大了还是只会背诵知识，听话被动，等着妈妈帮他做决定或者事情，那么他进入社会之后，就算不被人欺负，但是同样也不会受到他人的重视。

陈涛从小就是一个听话的孩子，他永远是妈妈眼中的乖宝宝、老师眼中最懂事的学生。每次妈妈带他到亲戚家去，问他想吃什么，他都会很乖巧地说："问妈妈吧。"只要是遇到需要做决定的时候，陈涛都会去征求妈妈的意见。见儿子这般贴心懂事，陈涛的妈妈很是骄傲。

但是随着陈涛渐渐长大，他依赖妈妈的性格倒是没有多大改变。上初中的时候，当其他处于叛逆期的孩子正忙着和妈妈吵嘴、干架的时候，陈涛却没有多大改变，他依然是那个听妈妈话的乖宝宝。陈涛的妈妈感觉很开心，他觉得自己的孩子这么乖、这么听话，将来一定会有大出息的。

谁知在陈涛走上社会以后，一大堆的问题却来了。社会远比学校复杂很多，他的同事和老板也远比想象中可怕很多。激烈的竞争却让陈涛难以适应，遇到麻烦的时候，他的第一反应就是找妈妈，让妈妈给他做决定。甚至在一次考核中，老板问他对一个问题是什么看法，结果他却支支吾吾地说要回家问问妈妈。结果不仅惹来了众人的嘲笑，而且老板也对他大为失望。后来他因为实在适应不了在外工作的日子，于是直接回家，靠着父母养活。

在我们的生活中这样的事例可以说是比比皆是，许多孩子在妈妈的特意栽培下，确实成为了一个"听话、乖巧、懂事"的好孩子，让妈妈省心不少，但是同样也失去了独立自主的能力，他们更喜欢妈妈为他们做决定，喜欢一切都依赖妈妈。一个过度依赖父母

而缺乏主见的孩子，可以将他说成是父母的"禁脔"。这并不是夸大其词，而是真实的情况。

可见，在教育孩子的过程中，如何培养孩子的自主选择能力，是一件至关重要的事情，是每个妈妈应该注意的事项。那么妈妈应该如何培养孩子独立自主选择的能力呢？可以遵循五个"要"。

要教孩子养成"自己想办法"的习惯。

在孩子小的时候，妈妈们可以在孩子同意的前提下帮助孩子做出有益于他们发展的选择。但是随着孩子年龄的逐渐增长，妈妈就要注意培养孩子独立自主的能力，教他们养成自己想办法的习惯，遇到事情的时候，让他们自己去面对，并想办法去解决。

要把选择权交给孩子，让孩子成为自己的主人。

其实在一定程度上，孩子们还是渴望遇到事情能够自己做主。这是他们成长的一个标志。当妈妈们发现孩子的这种渴望的时候，千万不要轻易将其扼杀，而是应该为他们提供便利，主动将选择权教给孩子，让孩子成为自己的主人。

要培养孩子的责任心，多指导，少批评。

每个妈妈希望自己的孩子有出息，但是在成长的过程中，孩子们难免会犯错误，惹下这样那样的麻烦。在这个时候，妈妈千万不要动不动就指责批评孩子，这样会让他们产生抗拒，觉得自己犯错误是理所当然的。聪明的妈妈在面对孩子所犯的错误的时候，更多的则是指导，让孩子明白自己所犯的过错，并借机培养他们的责任心。

要培养孩子的好奇心，让他自己去试，即使失败也没关系。

有人说成功者成功的前提条件就是好奇，好奇可以激起一个人对某事物的兴趣，也可以让一个人下定决心去做一件事。孩子的好奇心很可能就是他兴趣爱好的源头，所以妈妈应该培养孩子的好奇心，让他们自己去试着做事情。很多时候，结果并不是最重要的，而更容易让人感动的则是整件事情进行的过程。很多时候，失败更容易激起孩子的斗志，让他们不断去尝试。

要信任孩子，有时候信任比责备更能够激起责任心。

当他人对孩子产生质疑的时候，妈妈的信任就显得尤为重要了。别看孩子平时喜欢和妈妈对着干，但是当他们遭受到别人的怀疑的时候，还是希望得到妈妈的信任的，这是一种天性。妈妈的信任在很大程度上可以给予孩子鼓励，让他们更加自信。当然，一个自信的孩子，不管是在现在还是将来，他都一定会有不错的发展的。

掌握五个"要"，培养孩子学会独立选择。关注孩子的成长，尊重孩子的意愿，这应该是每个妈妈必须做到的。要记住，孩子不仅仅是需要呵护的心肝宝贝，同时也是渴望自由飞翔的小鹰。只有懂得放开，给他们更广阔的空间，才是对他们真正的爱。

妈妈职业通行证 》》》

给孩子自由选择权是妈妈理解孩子的最重要表现。不要禁锢孩子去选择，尊重并信任自己的孩子。当妈妈们开始试着去理解自己的孩子，给予他们自主选择权的时候，相信她就可以体会到和孩子一起成长的喜悦了。

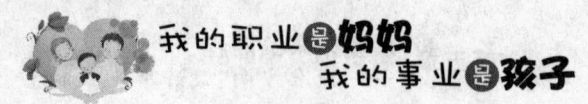

制造疑问，给孩子思考的灵性

孩子们是纯真的天使，在他们的世界里到处都充满着新奇，他们对这个陌生但是又有点熟悉的世界总是充满着疑问，也总是想要去探索。作为妈妈我们要学会去配合孩子的行动与思想，尽量给他们制造疑问，来打开他们的思维，让他们独立去思考，给他们的成长注入会思考的灵性。

随着孩子的成长，我们会发现有一段时间，孩子似乎变成了"问题宝宝"，他们总喜欢问一些稀奇古怪并且我们难以回答的问题。例如他们可能会问："妈妈，小鸟在天上飞，为什么我们不能飞呢？为什么我们要长耳朵呢？为什么蚂蚁那么小……"可能面对这些问题我们往往就不知道怎么办，即使想要给他们正确的答案，但是自己也不知道如何去回答，也常常感觉到苦恼。其实妈妈们不必为这些事情苦恼，因为宝宝的有些问题根本不需要给他们正确的答案，反而很多时候如果我们能够顺着他们的问题给他们制造疑问，去让他们自己思考，那么他们可能会收获更多。

有个美国人有一个喜欢问问题的"问题宝宝"。一天，这个

"问题宝宝"从幼儿园回来，就郑重其事地拿出一把水果刀和一只苹果说："爸爸，您知道苹果里面藏着什么？"这个美国人当时不以为然，"除了果核还有什么？"这时儿子便把苹果切成两半。通常的方法是从苹果茎部切到底部的凹处，而他却横着把苹果一分为二，然后举着切开的苹果说："看哪！里面有一颗星星。"果然，苹果的切面中显示出一个清晰的五角星图案。这个美国人沉默了，他一生中吃过多少苹果，然而就在举手之间却和这个再简单不过的发现失之交臂。

苹果里面有一颗星星，可能我们跟故事中的爸爸一样，吃了那么多的苹果都没有发现。因为我们只是以正常的思维去判断：苹果里面除了果核没有别的东西。但是孩子的思维就不一样了，如果我们给他们制造疑问，让他们去发现苹果里面究竟有什么，可能他们会有不同的答案，因为孩子的心是最纯真也是最没有受到我们所谓的正常的思维模式的影响的，所以他们总能够在那些简单的疑问中找到不一样的答案。

作为妈妈，当自己的孩子有疑问的时候，我们不要急着给孩子一个答案，而应该顺着他们的疑问给他们制造问题，去打开他们的思维，让他们自己去勤于思考，自己去发现社会中的一些现象，去寻找一些问题的答案，这样比我们直接给他们答案会好很多，因为让孩子学会学习的方法比学习本身更重要。

小娜的妈妈是一位成功的妈妈，因为在她的教育下小娜是个很优秀的孩子。她不仅是班级的班长，在班里人气总是很高，每年都

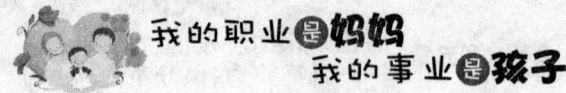

得三好学生，而且各种各样的学科竞赛她也是每年拿第一，在外面她又热心助人，总是得到邻里的好评。而且这样的优秀从小学开始就一直持续着，现在小娜已经上了清华大学，依旧保持着以前的优秀。

有人问起小娜妈妈的教育经验，小娜妈妈是这样说的："孩子问我一个字，虽然我认识，但我不告诉她，而是鼓励她去查字典。以后，再有不认识的字，她也不再问我，而是自己去查字典。"这样孩子不但是很早就掌握了自学的方法，更重要的是，她从小就树立了一种自主的意识，一种顽强钻研的精神。

还有她每天带孩子上学挤公共汽车时，每当出现一些争论时，她就让孩子注意观察，下车时还要把自己的分析讲给妈妈听，究竟他们是为什么引起的争论，究竟谁对谁不对，应该怎么解决。孩子说完之后，当妈妈的再做点辅导。天长日久，这个孩子辨别是非的能力就比别的孩子强，又由于她经常善于给小朋友劝架，就成了大家拥护的小班长了。

还有在孩子慢慢长大后，由于学习成绩比较优秀，所以她就想着如何让小娜认识到天外有天、人外有人，如何让小娜能够一直进步。所以在一次获得奥匹克竞赛冠军之后，小娜的老师开玩笑地说："今天你母亲准会给你炒几个好菜……"小娜美滋滋地回到家里，向母亲报了喜，没想到母亲并没有显得特别高兴，小娜以为母亲没听清，又追到厨房反复说。但是母亲最终也没炒什么好菜。吃饭的时候，小娜不解地问："妈，您听了为什么不高兴？老师还说您准给炒几个好菜呢。"母亲语重心长地说："我觉得没有必要特别高兴，因为：一，这次比赛很多高手可能没有参加；二，这和诺贝尔奖差远了。"小娜开始了沉思,但还是没有自己找到答案。

小娜上高二的时候,母亲就带他去参加各大学招生的集会。回来的时候,小娜自言自语地说:"啊呀,北大、清华的录取分这么高,我要盲目自满可就危险了!"小娜通过思考,终于自己找到了答案。但是,母亲听了后,只是淡淡地说了一句:"山外有山,天外有天。"

小娜的妈妈一直用一种诱导的方式去让小娜明白一些道理,给小娜制造疑问,让她自己去思考一些问题,然后得出答案。这样的教育方式让小娜有了独立的思考空间,也慢慢地打开了自己的思维,让小娜自己体会各种道理,也让她不断地去自己探索真理。

我们都知道很多时候我们想让孩子知道一件事情,总是想方设法地去告诉他们答案,强行地去让他们接受那个现成的答案,我们觉得这样做很省事,但是我们不知道随着孩子慢慢长大,他们总是接受那些现成的答案,就变得不会想问题,并且会顽固的认为一切问题的解决都要靠别人提供的答案,这样他们永远也不会去探寻真理。他们思考的灵性就这样慢慢的被我们扼杀,也会慢慢地失去智力上的自主性。所以妈妈们一定要学会给自己的孩子制造疑问,诱导他们去思考,让他们去自己寻找问题的答案,这样孩子才会在疑问与探索中不断地成长,也会真正成长为一个爱思考问题,能够找寻答案的聪明宝宝。

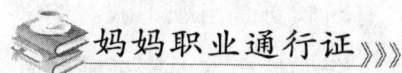

妈妈职业通行证 >>>

给孩子一个思考的空间,给孩子一个自主探索的空间,妈妈们

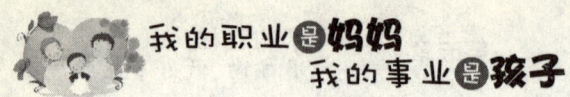

就要学会给孩子制造疑问，在孩子有疑问的时候顺着他们的思维再去提问题，诱导他们自己去思考，让他们自己去寻找答案。那么孩子就会在独立的思考中收获答案，并且渐渐地培养出独立思考并且探索真理的精神。

适时隐身，给孩子锻炼情商的机会

　　孩子的成长需要妈妈的陪伴与指导，但是有时候也需要妈妈适当地隐身，给他们一个自我成长的空间，让他们的情商得到更好的锻炼。所以妈妈在教育孩子的过程中要懂得适当隐身，让孩子学会自己分清是非观念，学会自己做出一些选择与判断，学会用自己的方式去解决一些事情，从而明白一些道理。

　　孩子的健康成长需要一个良好的环境，而很多时候妈妈们就是这个健康环境的创造者。每个妈妈都希望自己的孩子聪明懂事、健康成长，当然她们也希望自己的孩子能够接受到最好的教育。可是对于孩子的教育问题，有的妈妈却有一种力不从心的感觉，有时候更是被孩子的教育问题弄得疲惫不堪，有时候更是自顾不暇。如果我们仔细去观察这些妈妈们的教育方式，我们就会发现原来她们有时候太喜欢亲力亲为，也太喜欢一直处于"在线"的状态，从而让自己一直忙忙碌碌，并且还不经意地阻止了自己孩子的正常成长，让孩子变成自己的一种"依附"。

文文今年7岁，已经是个上了三年级的小姑娘，应该是很多事情都可以自己独立去完成，但是认识她的人都知道，事实上文文并不是一个生活以及感情还有别的事情能够自理的孩子。例如每天上学下学，别的同学都能够独立地收拾好自己的桌凳，整理好自己的书包，可是文文却需要自己妈妈的帮助，每次面对自己的桌凳以及书包，她不知道应该怎样去整理，当然她也总是为这些事情烦恼。因为不会整理书包，并不是说她笨，也不是说她懒惰，更不是她没有去尝试过，只是她总是没有那个尝试的机会。

记得有一次放学，她看着妈妈还没有来接她，所以她就学着别的孩子的样子高高兴兴地要去把书装进自己的书包。当她刚打开自己的书包的时候，就听见妈妈在叫她，并且随之而来的是自己的书以及书包都落进了妈妈的手里，并且听见妈妈说："文文，这些事情不需要你做的，你只需要好好读书，妈妈就很高兴了……"就这样，文文想要亲自整理书包的愿望一直都没有实现的机会。也是由于这样，很多时候文文都受到同学的嘲笑，说文文是一个只会念书，什么都不懂的书呆子，连自己的书包都不会整理。

有一次文文又被自己的同学嘲笑了，她很难过，也很愤怒，更不知道如何去解决这样的事情。于是她就很委屈地跑回家，向自己的妈妈"求救"。当文文的妈妈听到自己的宝贝女儿受了委屈之后，立马就把所有的事情放到手边，带着文文去找学校的老师，希望给文文一个说法。在跟老师反映情况的时候，老师让文文讲清楚当时

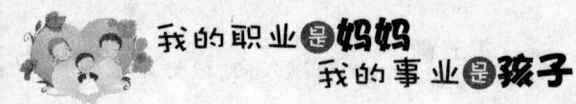

同学们欺负她的情况，可谁知文文还没开口的时候，文文妈妈就立马强到前面去回答老师的问题，让文文没有任何开口的机会。当然这件事情的解决，文文也像以前一样，几乎没有任何的参与，只能看着自己的妈妈为自己解决所有的事情。当然后来同学们也就不再在文文面前去嘲笑她了，只是跟文文一起玩的同学越来越少，文文感觉到越来越孤独。

不仅如此，不管是在交朋友还是在挑玩具或是挑动画片的时候，文文都没有任何的发言权，她的妈妈会为她包办一切，她就像是一个什么都不用管的任人摆布的布偶一样，按着自己妈妈安排好的道路行走着。

故事中的妈妈并不是想要操控自己女儿的人生，也并不是想要自己的女儿成为自己人生的附庸，只是她不懂得怎样去适当地隐身，怎么样给自己孩子锻炼的机会，也不知道如何去让自己的孩子真正健康地成长，所以在教育孩子的这条路上她走得有点偏远，走得有点过于独裁，给自己的孩子的成长带来了自己不知道的伤害。

作为妈妈，在教育孩子的道路上我们很多时候都要保持一种"在线"的状态，但是必要的时候我们也应该学会"隐身"，给自己的孩子一个独立思考以及独立成长的空间，让他们用自己的适当的方式去接触这个社会，让他们去锻炼自己，去增长自己的见识、而不是给予他们过度的保护，限制他们的成长。

浩浩今年7岁，是一个被大家公认的勇敢且富有想象力的孩子，面对很多的事情他都能独自处理，并且还处理得有条不紊，这让很多人都很是惊奇，所以决定去问问浩浩的妈妈，看她平时是如何教导浩浩的，让他这样勇敢并且优秀。

不问不知道，一问才真正明了，原来浩浩的妈妈真是育儿有方。据浩浩的妈妈介绍，她觉得作为家长应该给孩子独立成长并且独立思考的空间，要懂得适当的"隐身"，让孩子自己去尝试着解决一些问题。

例如在浩浩想要买一个玩具并且买一本书的时候，她就让浩浩自己选择一个，让他自己衡量最后去买哪一个；当然她也会给浩浩出一些选择题来训练浩浩的情商，这个选择题就是她用过的："现在我们8个人被困在海岛上，但救生艇只能装7个人。你决定把谁留下？平时总爱唠叨的妈妈，总打你的爸爸，抢你玩具的哥哥……"面对这个选择题，浩浩当初是这样回答的："妈妈不行，她在我生病时一夜没睡；爸爸也不行，他曾经饿着肚子把仅剩的钱给我买了汉堡……"当时浩浩思考了几分钟，哇地一声哭了，于是就自己跳进了"海"里……这样的训练在浩浩的成长中处处都是，当然浩浩也能用自己的方式去面对这些训练，从而不断地去提高自己的情商，让自己成长。

毫无疑问，浩浩的妈妈是一个懂得如何用自己的"隐身"去教育孩子的妈妈，也是一个懂得如何去培养自己孩子的情商的一个妈妈。她的教育中因为有了隐身与在线的交叠，从而让浩浩更好地成长，让自己经营孩子的这份事业获得更大的成功。

孩子的教育需要我们的"用心"，但是有时候更需要我们的"放心"，在适当的时候放心地让他们去自我成长，而不是事必躬亲

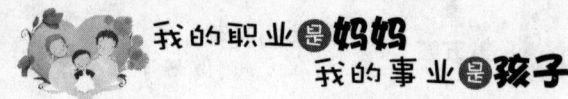

代替他们去成长；在适当的时候放心地让他们去自我选择，而不是我们替他们去做选择；在适当的时候放心地学会隐身，而不是一直保持在线的状态，让他们总是觉得自己有依靠。

妈妈职业通行证 >>>

孩子的成长需要妈妈的放心，更需要妈妈的隐身。所以想要自己的孩子拥有高的情商，能够独立地处理他生命中发生的一些事情，妈妈们就要适当的"放权"给他们，让他们学会自己去处理那些事情，学会承担，让他们通过自己的一些实践懂得一些道理，明白人生的一些事情。

财权上交，培养孩子理智的财商

俗话说富不过三代，不管我们给自己的孩子留下多少的财产，如果他们只是一味地不思进取，不懂得理财，只会挥霍，那么就算是金山银山，也总有一天会被他们败光。所以妈妈要从小注意培养孩子的理智的财商，帮助他们树立正确的挣钱、消费以及储蓄的观念，让他们在以后的人生道路上不要因为"理财"而摔跤。

俗话说：授人以鱼不如授人以渔，在孩子的教育问题上其实也应该是这样。孩子是妈妈一生想要去呵护的宝贝，可是一生太长，妈妈很多时候都不能如自己所愿的一直守候在自己的孩子身旁。可能在自己还能守护着孩子的时候，妈妈们都会尽自己的能力去呵护自己的宝贝，去让他们的生活无忧无虑，并且给他们存储一大笔的钱，用来保障他们以后的生活。可是他们不知道，即使存储一大笔钱给自己的孩子，如果孩子没有学会理财，不懂得去经营，那么即使再多的钱也有挥霍完的一天，并且孩子的生活也不会真正的无忧无虑。所以想要自己孩子以后的生活真的无忧无虑，想要自己的孩子在任何时候都能够顺利地成长，那么妈妈就要从小注意培养孩子的理财能力，提前为他们规划好将来的"财富道路"，让他们树立正确的挣钱、消费、储蓄的观念，让他们真正学会存钱、消费、赚钱，并且在以后的人生中不被金钱所累。

姗姗就读的幼儿园，小朋友们买了新衣服、买了新玩具难免会拿出来让大家分享，每当有小朋友在幼儿园展示他们的新玩具时，小小年纪的姗姗就会回去给自己的妈妈"如实禀报"，不少时候还会附带一句"我也想要"。

"其实我和她爸爸都不是吝啬的人，但我觉得应该让她懂得合理花销。"当女儿第 N 次回来提出想要一个小朋友新买的玩具时，姗姗妈妈决定告诉她钱是什么。

姗姗快 3 岁了，正是开始汲取各种信息、接受各种知识的时候，姗姗妈妈开始从生活细节上给她一些潜移默化的影响。为了让她明白钱不是提款机里面自动吐出来的，春节刚过完，姗姗妈妈就带她一起去把长辈给她的 4000 元压岁钱存进银行。

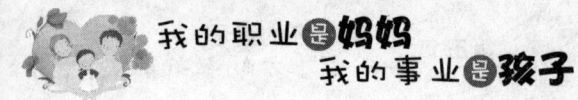

那天从银行出来后，姗姗突然对她妈妈说，"妈妈，钱要取出来原来是要先存进去的哦。"姗姗妈妈当时感动得一塌糊涂。之后，凡是要涉及到动用姗姗的账户，她都会带上自己的女儿一起，目的是让她自己感受存折上数字的变化，明白钱不是无穷无尽的。

"原来取钱是要先存的哦！"这是3岁的姗姗在妈妈的教育下懂得的关于钱的一个道理，当然也是由于姗姗妈妈对于女儿特殊的教育方式才让3岁的女儿有了这样一个见解，让她明白钱并不是无穷无尽的，要想取钱就必须先要存钱的道理。

其实小孩子有什么样的想法与见解，很多时候都是受妈妈的教育与影响。现在的孩子可能一出生就有很多的金钱，甚至是在还未长大的时候都已经成为了"小富翁"，并且有了自己的一个可以任意支配的"小金库"。当然关于这个"小金库"的支配每个妈妈都会给自己孩子订立一些不同的规矩或者是提供一些不同的意见。有的妈妈喜欢让自己的孩子自己管理自己的"小金库"，也有的妈妈喜欢替孩子代劳帮他们管理"小金库"，有的妈妈喜欢对孩子管理"小金库"的方法横加干涉，也有的妈妈喜欢对自己的孩子放纵自如。但是不管如何，妈妈们都是为了让自己的孩子学会理财，学会管理自己的金钱，并且让孩子在以后的人生道路上不要因为金钱"摔跤"。

在现今社会可以说几乎所有的妈妈都在探索着教孩子如何去理财的道路，几乎所有的妈妈也在努力地给自己的孩子灌输怎样理财的思想，但是在教育孩子如何理财这条路上可能有的妈妈走得艰辛，有的妈妈走得顺畅，有的妈妈收获寥寥无几，可是也有的妈妈收获颇丰。面对这样的情况，那么我们应该如何去教育孩子正确理财，如何去培养孩子理智的财商，从而让妈妈们真正收获成功呢？下面的几点意见希望对妈妈们有帮助。

让孩子有财可"理"。

想要培养孩子理智的财商，妈妈们就一定要让自己的孩子有财可理，让他们在实践中获取经验。所以妈妈一定要注意给自己的孩子适当的零花钱，让他们去学着管理自己的零花钱，放部分的"财权"给他们，然后再进行适当的引导，培养孩子的金融与节俭的意识，让他们明白什么是钱，怎样去花钱，怎样去存钱。

指正孩子不良的消费习惯。

消费习惯的养成对孩子的理财教育很重要。所以妈妈们要时时地指导孩子进行消费，例如告诉他们一些购物常识，让他们了解如何去看标价以及有效期等，让他们学会货比三家的道理，教育他们如何把钱花得更为的合理。当然妈妈们也千万不要忘记时刻去观察自己孩子的消费习惯，如果发现他们有铺张浪费、攀比的习惯的时候一定要进行指正，并且正确引导。告诉孩子存钱及节约的必要性，使他们不随机性花钱，在日常消费中养成良好的理财习惯。

让孩子适当地参与家庭的"经济管理"。

当孩子已经明白钱为何物，并且能够判断一些金钱上面的事情的时候，妈妈就应该让孩子适当地参加家庭的"经济管理"，这样不仅能够让孩子学到更多的关于理财的知识，还能够增强孩子对家庭的责任感。让孩子明白父母每月挣的钱，有多少要用于日常开支，多少要用于临时性事务，还剩下多少要留下备用。这样如果孩子们懂得了这些，会自觉地为家庭理财出主意、想办法，从小培养

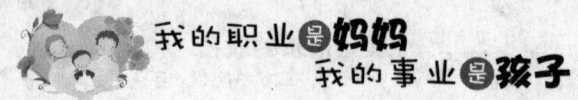

自己的理财能力。

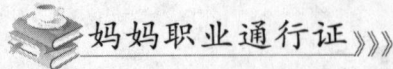

教育要趁早，对孩子的教育更要全面，妈妈们在关注孩子的智商以及情商的同时不应该忽视对孩子的财商的教育，因为财商的培养对于孩子的一生很重要。孩子学会理财，并且拥有理智的财商，孩子长大后才能更好地去经营自己的财富，为自己开拓一番事业打下较好的基础。

精益求精，给孩子更上一层楼的气魄

教育孩子，妈妈不应该步步相逼，强迫他们去学习更多的知识，明白更多的道理。但是，妈妈也不可以掉以轻心，让孩子由着自己的性子乱来。教育讲求一定的策略，教育孩子，不妨做到精益求精，让他们拥有更上一层楼的气魄。赞美他们的成功，鼓励他们上进，培养他们一丝不苟的做事风格，培养他们精益求精的思想和习惯，那么总有一天孩子就像是一只潜力无穷的苍鹰一样，会飞到他人生的制高点。

做事情力图做到精益求精是一种美德，学习知识也是一样。对于孩子的教育，作为妈妈的我们也应该注意一个"精"字，如果我们能够让他们从小学会精益求精、一丝不苟，并且在做事的时候能够认真地将事情做到尽善尽美，那么他们所做的每一件事情就很有价值。反之，如果他们每做一件事情都是马马虎虎、大大咧咧的，那么在他们的人生中就会很容易出错，并且很多时候他们所做的一些事情也会丢失原有的价值。所以作为妈妈的我们一定要注意培养孩子精益求精的良好习惯，认真对待孩子成长过程中的每一件小事，给他们更上一层楼的机会以及气魄。

彩色照相机的发明者李普曼出生于卢森堡的霍勒里奇。他的父母都是法国人，在当时贵族家庭里做教师。他的父母有文学、历史、艺术、音乐等方面的知识，同时还懂得上层社会的礼仪。生长在这样一个家庭里的李普曼，从小就受到良好的教育，这对李普曼智力的开发和意志品质的形成具有相当大的影响。李普曼的父母为了使年幼的李普曼不沾染上上流社会奢侈生活的恶习，为了使童年的李普曼有一个良好的成长环境，也效仿孟母择地而居。

由于李普曼的父母是卢森堡皇宫的家庭教师，所以，年幼的李普曼便生活在贵族宫廷中。他常同那些出身高贵的孩子们一起玩耍。3岁时，小李普曼开始对周围的一切感兴趣。他经常好奇地看着那些高雅迷人的小姐们在客厅里跳舞调情；看着绅士们豪饮高谈；看着仆人们替牌桌上披金戴银的贵妇人点烟、送茶……父母看见小李普曼整天呆看着这些无所事事、整天花天酒地的达官贵人和纨绔子弟，对李普曼的前途深感忧虑。

"依我看，我们还是离开这儿好。"母亲向父亲建议。

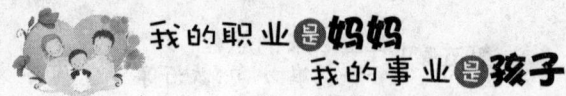

　　"的确，孩子的前途更重要，"父亲说道，"如果再在这儿生活下去，恐怕会毁了我们的小李普曼。"

　　"是的，那我们搬到哪儿去呢？"母亲问道。

　　"回法国，到巴黎的拉丁区去吧！"父亲建议。

　　"拉丁区是个什么地方？"母亲问道。

　　"拉丁区文化气氛浓厚，且有许多有名的学者住在那儿，这对我们的小李普曼是很有益的。"不久，小李普曼的父母便不顾主人的再三挽留，带着李普曼毅然回到了祖国，并在拉丁区安下了家。小李普曼父母的这次搬家，为小李普曼选择了一个良好的成长环境。小李普曼的父母不仅注重替儿子选择良好的生活环境，而且对他的学习要求非常严格，不许儿子在学习上有一丝马虎。

　　有一次，父母给小李普曼布置了30道数学题。但小李普曼不到40分钟便做完了，将数学题交给了父母，跑出去玩去了。父母检查完他的作业，把小李普曼找了回来。母亲指着两道数学题目说："你看这题，错在哪儿？"

　　小李普曼拿过题目一看，可不，有两道题，完全是粗心，全算错了。

　　"小问题，我改一下。"

　　"小问题？做完题目后不检查就去玩，这可不是小问题！以后再不能这样！"父亲十分严肃地说。

　　父母亲在学习上的严格要求，培养了小李普曼一丝不苟、严肃认真的学习态度，养成了在研究方面严谨的治学态度。

　　在法国巴黎，有一所以严谨的学风而著称的学校——巴黎亨利第四中学。这所学校对学生的管理非常严格，特别是课业方面。学生每天必须按课程安排上好每一节课，必须按时完成有关作业，绝对不许拖延。学校对学生进行封闭式管理。同时，这所学校也非常注重学生的品德教育。小李普曼的父母觉得这所学校是出人才的地方，便把小李普曼送到了这所学校。进入学校后的小李普曼在知识的海洋中尽情遨游，李普曼的杰出才智在这里得到了初步展现。

对于孩子的教育一直精益求精，对于孩子的要求也是一丝不苟，这就是李普曼的父母给予李普曼童年时候的"严格管教"，当然也就是由于他们对自己孩子的这种"严格管教"才让李普曼在以后的人生中取得了一次又一次的成功，一次又一次地攀上人生中的高峰。

孩子的成长在于妈妈的指引，孩子的成功也在于妈妈童年时候的教育。所以如果想要自己的孩子成为一个成功的有用的人，那么作为妈妈的我们就一定不能忽视对孩子的培养、对孩子的教育，更不能忽视他们精益求精的习惯。可是怎样培养孩子精益求精的习惯呢？看看下面的几个建议，看能不能帮助妈妈培养孩子精益求精的习惯。

妈妈要严格要求自己

有人说好孩子不是通过说教说出来的，而是父母的言行熏陶出来的。妈妈是孩子的第一任老师，妈妈的所作所为很多时候都会成为孩子学习的榜样，他们会不知不觉地去模仿自己的妈妈。所以想要自己的孩子做事精益求精，那么妈妈就要学会以身作则，严格要求自己，然后再去严格要求自己的孩子。

让孩子从身边的小事做起

事无大小，每做一件事，都应该竭尽全力，尽量做到完美，并

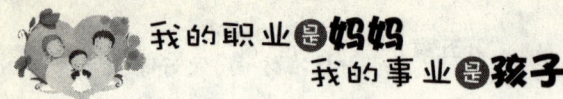

且精益求精，这是每个成功者都知道的一个道理。所以作为妈妈的我们要让孩子从小事做起，每做一件小事都要让他们竭尽全力，尽量做到完美，这样慢慢地去让他们养成精益求精的习惯。

要比别人做得更好

很多时候成功并不是因为孩子本身的聪明，而是在于一颗勇于上进的心。妈妈在培养自己的孩子做事时，只要他们一次比一次做得好，比一般的孩子做得更为良好，反应更为敏捷，做事做得更整齐一些，并且能够不断创新，那么孩子就会不断进步，不断地朝着成功进发了。

妈妈职业通行证 》》》

每个妈妈都希望自己的孩子能够获得成功，都能够在他们的人生路上走得辉煌。可是孩子以后究竟能够飞多高，能够走多远，其实很多时候都在于妈妈开始的引导与教育。所以妈妈们想要让自己对孩子的期望变成现实，那么就要注意从小培养孩子精益求精的思想和作为，让他们养成做事一丝不苟的良好习惯，这样孩子们才有可能在以后的生活中熟练应用，做到更好，不断超越自己，超越他人。

　　这个世界需要沟通，只有沟通了才能消除误解、扫除障碍、更好地发展和进步。同样妈妈和孩子之间也需要交流和沟通，这是一个亲近的过程。一个增进信任的过程，也是一个理解和和解的过程。它需要妈妈不断地更新自己的思想，转变交流的方式和策略，和孩子保持在一个平等的位置上。它是一个必不可少的事业管理平台，只有维护好这个平台，才能推进事业更稳定地上升，才能真正打开那扇自我封闭的心门。

第六章　掌握交流的策略
——沟通，必不可少的管理平台

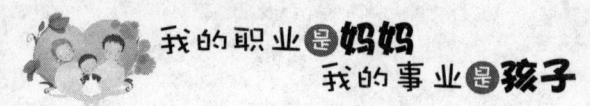

理解至上，既要做良师也要做益友

　　孩子和妈妈之间最理想的关系是什么呢？那就是良师益友的关系。妈妈既是孩子的好老师，也是孩子的好朋友。妈妈关心并理解孩子，而孩子也愿意对妈妈敞开心扉，倾听她的指导。在孩子的成长道路上，妈妈起着至关重要的作用，理解至上是每个妈妈面对孩子时应该奉行的宗旨。

　　面对孩子，有很多妈妈会说："孩子是我养的，我所做的一切都是为了他（她）好，他（她）为什么就不能感受到我的好，理解我呢？"有的妈妈会说："孩子小时候可乖可听话了，但是慢慢长大了，就开始变得无理取闹，一点都不理解父母的苦心。"很多的妈妈都会有类似这样的抱怨，总觉得孩子不理解自己，她一心为了孩子好，结果却不知怎么慢慢和孩子之间产生了无法跨越的鸿沟对于孩子来说，妈妈总是让人觉得心烦；而对于妈妈来说，孩子越来越不懂事，让人难以理解。到底为什么会产生这种情况呢？主要的原因在于，妈妈与孩子之间不懂得相互理解。要知道，妈妈和孩子之间最和谐的关系，应该是良师益友的关系。妈妈不仅是孩子人生路上的护航人，更是孩子的引导者。

在自己和孩子之间架起一座理解之桥，这座桥是沟通人与人心灵的桥，是化解人与人之间的隔阂、误解、矛盾，甚至仇恨的桥。有了这座桥，人们就会生活在崇德崇义、和睦相处的美好世界里。假如没有理解之桥，那么，人世间将会出现许多遗憾和不幸，而妈妈和孩子之间也将造成难以挽回的伤害。

每个人都有自己的脾气，不管是妈妈还是孩子，他们都有情绪不好的时候。往往在这个时候，人们会因为缺乏理智，轻易误解别人，给他人以心理上的伤害。这样，就很轻易发生矛盾冲突，造成严重的后果。

贪玩是孩子们的天性，当他们贪玩而放松学习时，作为妈妈的你不应该只是一味地去责备他因为贪玩耽误学习，甚至不应该采用激动的言语批评，更不应该打骂他们。孩子们需要放松，他们的生活中除了学习应该还有其他的东西，如果不理解自己的孩子，只是一味地逼迫他们去做一些事情，那么势必会造成孩子的逆反心理，以至于故意和妈妈作对。这样的后果并不是妈妈们乐意看到的。爱孩子的话，就给他们足够的自由、足够的理解。在自己和孩子之间架起一座"理解之桥"，相信，孩子们更喜欢和自己的妈妈做朋友。

妈妈的一些刺激的话往往并非出于恶意，而是一种轻率，但是却会长久地影响到孩子。最让张强受不了的是，妈妈总是拿他和别人比较，每一次比较都是相同的结果：那就是张强永远不如别人！大到学习成绩，小到生活习惯，张强感觉到妈妈反复在向他灌输着一个观念：那就是张强一无是处。张强是一个很好强的人，妈妈每次的责备对他来说都是一场心灵的劫难。有一回他语文考试因为发

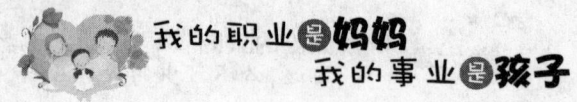

挥失常，竟然考了全班倒数第二，于是老师通知了家长。出席那次家长会的是他的妈妈。在家长会结束后，他妈妈先是教训了他一顿，第二天竟然当着众多亲人的面，把他自认为很丢人的这件事给抖了出来，还当着众人的面，一会儿说张强不如表哥，一会儿又说表妹比他强，还指着他的额头骂他是猪脑子，不是读书的料。众人被张强妈妈的行为逗得哈哈大笑，而那笑声却深深刺痛了张强的心！是自己的妈妈让自己失去了所有的尊严。为了不让更难堪的事发生，张强落荒而逃，一个人躲到小树林里，哭了好久。他当时真的好恨，真的想让妈妈永远消失在自己的面前……

望子成龙是每一个妈妈的愿望，但是对孩子太过苛刻，妈妈的不理解只会让孩子从一个极端走向另一个极端。对孩子的心灵造成了很大的伤害，这并不是一个妈妈应该做的事情。那么作为妈妈，应该如何理解自己的孩子呢？

倾听他们的心声，做他们人生路上的引导师

并不是所有的孩子都喜欢学习，如果我们留心观察，就可以发现孩子有他们自己的喜好，也有他们擅长的东西。所以，一个好妈妈应该注意培养并鼓励孩子发展他们的兴趣爱好，倾听他们的心声，理解他们，让自己成为他们人生道路上的引导师。

维护孩子的尊严

大人们要面子，孩子也要面子。与大人相比，孩子的心灵更加脆弱，也就是说他们更喜欢面子。所以，作为妈妈，即使孩子犯了多么严重的错误，也千万不要当着众多人的面指责他，更不要故意当着众人说他有这样的缺点、他不如哪个人、他如何如何笨……想要和孩子做朋友，就应该以同龄人的身份接近他们，走进他们的心灵，然后正确地引导他们。

学会换位思考

妈妈们有自己思考问题的方式，而孩子想问题的时候也有他们自己的依据。所以当孩子犯错误的时候，妈妈们的第一反应不应该是通过责备或者批评逼迫孩子改正错误；而是应该询问他们之所以犯错的原因，问他们为什么要这样做。先听听孩子们的说法，然后再做出判断。孩子喜欢得到妈妈的支持，更喜欢妈妈的赞扬，所以他们不会轻易做出一些会惹妈妈生气的事情。站在孩子的角度上去看事情，那么妈妈和孩子们之间的隔阂就会少很多。

要想消除和孩子之间的隔阂，做一个幸福快乐的妈妈，那么就先将"理解之桥"架在自己和孩子之间，做孩子的良师益友，倾听他们的心声，引导他们走出成功的人生。

妈妈职业通行证 》》》

妈妈之所以觉得孩子不懂事，老让自己操心，并不是孩子太坏，也不是孩子喜欢犯错，更不是孩子太笨，而是妈妈没有试着去理解孩子，并没有将孩子和自己放在等同的位置上看待。要知道，孩子更喜欢和自己的妈妈做朋友，他们需要理解，需要鼓励，更需要尊重。所以，一个好妈妈与孩子相处的时候就要奉行理解之上的真理，既做孩子的良师，也做孩子的益友。

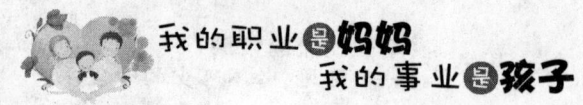

用沟通敲开孩子紧闭的心门

妈妈如果不试着去了解自己的孩子，就会和孩子之间产生隔阂，当然了解的前提就是沟通。沟通可以让妈妈知道孩子的所思所想，而良好的沟通也可以让孩子了解妈妈的顾虑。用沟通敲开孩子紧闭的心门，引导他们找寻到快乐积极的人生，是一个妈妈的本职工作。

在妈妈和孩子之间，沟通是一件很重要的事。妈妈因为其特殊的身份，在面对孩子和他们交流的时候，会不自觉地用一些否定或者命令的口气对孩子说话，而这种口气往往会无意中伤害到孩子的自尊心。孩子喜欢得到妈妈的肯定和夸赞，但是毕竟孩子是孩子，他们做事的时候常常会因为这方面或那方面的不足而难免犯错误，所以，面对孩子的失误，妈妈应该主动和他沟通，倾听孩子自己的想法，这样才能够让自己成为孩子心目中的好妈妈。

孩子们口中的好妈妈一般是善解人意的。善解人意的妈妈，她们很好说话，她们愿意静下心来倾听孩子的需求；她们会为自己的孩子树立一个好榜样；会让自己的孩子因为有这样的妈妈而自豪，当然妈妈也会让孩子知道自己因为有这样的孩子而骄傲。善解人意说白了就是善于沟通，懂得沟通。只有主动和孩子沟通，妈妈才能敲开孩子紧闭的心门,走进他们的世界,帮助他们成长。

"佳佳,你要加油啊!过段时间就要考试了。"正上初三的佳佳几乎每天都要听妈妈说同样的话很多遍。学习的压力本来就大,佳佳也知道妈妈的苦口婆心也是为了自己好,但是她真的感觉好烦。她感觉自己的头上就好像是套着一个紧箍咒,痛得要命。

又是一个星期天,妈妈要外出,临走的时候她严肃地看了佳佳一眼,说:"要抓紧时间复习,准备考试。"可能是因为一时的疏忽,妈妈在出门的时候竟然把锁游戏机的钥匙忘在了桌子上。佳佳看到钥匙,喜出望外,"啊!我终于自由了!"她拿着钥匙打开抽屉的一瞬间,心里像小鹿似的"怦怦"乱跳。她自言自语地说:"就玩一会儿,就玩一会儿。"说着,便拿出游戏机津津有味得玩了起来,这一玩儿就忘了时间。

正玩得高兴,只听"咣"的一声,妈妈回来了,佳佳顿时感觉到自己的心要从嗓子眼里蹦出来了!妈妈紧皱着眉头问佳佳:"写完作业了吗?"

"我……我……我没有!"佳佳慢吞吞地说。

"你太不用功了,都上初三了,你还这么不自觉!你不知道离中考没有多少日子了吗?"妈妈冲着佳佳大声喊道。

佳佳感到很委屈,于是就生气地说:"我太累了,我是人啊,我也需要休息和玩,再说我都会了。每天的作业那么多,我又不是神仙,哪有那么多的精力?"此时妈妈却愣住了,她坐了下来,拉着佳佳的手,心平气和地说:"噢!是这样啊,对不起。我不知道你非常累,以前我只要求你将时间和精力放在学习上,却从来没考

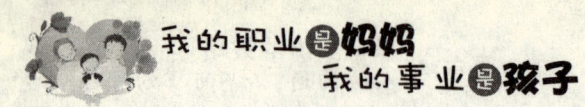

虑到你的娱乐需要，所以你偷玩游戏机我不责怪你，因为我也有责任。现在妈妈陪你一起玩好吗？"

妈妈 180 度的大转弯，让佳佳又惭愧又高兴。惭愧的是自己没有理解妈妈的良苦用心；高兴的是，妈妈肯主动和她沟通，理解她的辛苦。通过这次沟通，佳佳和妈妈相互得到了理解，她们之间相处得更加和谐了。而佳佳不用妈妈督促就主动去学习，这让妈妈很感动。妈妈也会在适当的时候提醒佳佳休息并娱乐一下，终于佳佳没有辜负妈妈的苦心，考上了当地最好的高中。

这就是沟通，有人说"沟通是成功的一半"，沟通是相互的，也是和谐的。它能使人们达到一种新的平衡，相互理解、相互支持。那么妈妈应该如何和自己的孩子有效沟通呢？掌握几种与孩子沟通的方法，是每个善解人意的妈妈应该做到的。

给孩子倾诉的机会

作为妈妈不要只爱听"好消息"。望子成龙是每个妈妈的希望，但是在孩子的成长道路中，妈妈不能只要求孩子给自己带来"好消息"，如果是这样，那么就会慢慢地将和孩子之间的沟通渠道堵塞起来。做个有耐心的妈妈，和孩子一起坐下来，面对面，专注地倾听一下孩子的倾诉。这种方法有时会胜过千言万语，是和孩子沟通的一个奥秘。

和孩子平视

其实很多时候，在妈妈们看来孩子是在无理取闹，但是孩子却认为妈妈不理解自己，是故意和自己作对。孩子有他们自己的看待事物的方式方法，如果妈妈只是一味地站在自己的角度看问题，那

174

么必然会和孩子之间产生矛盾,所以沟通的第二个技巧就是学会换位思考,和孩子平视,站在孩子的角度上想想问题。

遇到事情和孩子商量着来

遇事能和自己的孩子商量一下,听取他们的意见和看法,这是对孩子的一种尊重。"商量"可以增进妈妈和孩子之间的感情,避免冲突和对抗;"商量"可以让孩子从别人的角度来观察事情、思考问题,学会民主和平等,了解尊重和友谊。

让孩子替自己下决定

让孩子替自己下决定,让他们学会选择。每个孩子都有自主意识,特别是在成长的道路上,随着年龄的增长,他们的自主意识也会越来越强烈。妈妈不应该一直将他们当小孩子对待,将一切都包办。适当地把选择的权利交给孩子,可以消除和孩子之间的鸿沟。

换个方式让孩子了解自己的意思

很多时候,妈妈会觉得自己有一肚子话要对孩子讲,但是又不知道该从哪儿说起,也不知道该用什么方法表达出来,尤其是遇到比较敏感的问题的时候。给孩子写信,用文字来表达自己的心情,不失为一种与孩子沟通、交流的好方法。

错了的时候向孩子道歉

一声"对不起",不仅可以表达出自己的歉意,也可以消除孩子的怨恨。妈妈也会有做错事的时候,如果自己错了的时候,能够主动地向孩子说声:"对不起,是我错怪你了!"妈妈的一声"对不起",对孩子来说却足以感动他们。所以妈妈不要有所顾虑,也不要太过注重自己的面子,错了就大胆地向孩子说出歉意。

说起来简单做起来难,但是相信只要是一个爱孩子的好妈妈,

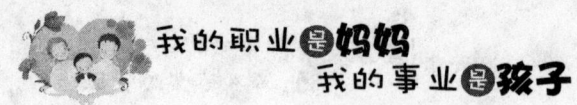

那么她就会努力去做好一切，掌握和孩子沟通的要诀，成为孩子口中善解人意的好妈妈的。

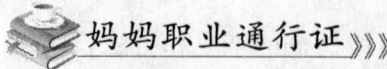

妈妈的职业并不是教育孩子，让孩子产生畏惧感，而是应该成为孩子的朋友，通过沟通打开他们的心房，帮助他们在成长道路上走得更稳、更长远。理解自己的孩子，用沟通在自己和孩子之间建立一座友谊之桥，是每个妈妈应尽的职责。

有松有紧，孩子需要更多的自主权

将孩子管得太严，会让他们产生窒息感，进而生出反叛心理；而将孩子完全放置不管，那么孩子就会有严重的被忽略感，进而产生自暴自弃的心理。其实教育孩子应该有松有紧，他们需要更多的自主权，一位合格的妈妈，她的孩子对她是又爱又敬的。

妈妈不应该过分限制孩子的自由，或是老是替孩子作决定，而是让孩子有一定的自主权。妈妈应该给自己的孩子自由选择的空间，面对孩子的时候最好不要以一种命令的口气指使他们做任何事，然后靠不停地唠叨来督促孩子，这样的效果往往并不好。比如，想让孩子收拾自己的房间，却对孩子说："你在吃晚饭前必须把你的猪窝收拾干净!"这样的命令性指令,会让孩子不自主地产生抗拒,进而对妈妈的话听而不闻。而妈妈看到孩子不听自己的话,就会不断地反复催促,结果也是可想而知的。但是如果妈妈换一种说法:"孩子,离晚饭还有一段时间,你抽空把你的房间收拾一下吧。"这样比较婉转的说法可以给孩子喘息的空间,一般都是不会让孩子反感的,反而多半会达到预期的效果。只要是孩子自觉自愿要做的事情,他们的积极性和兴趣一般都会很高,甚至根本就不需要父母的催促和提醒。

给孩子更多的自主权,不仅可以培养妈妈和孩子之间的感情,而且也能够促使孩子养成独立自主的好习惯。

嘟嘟每天吃饭的时候,她总是喜欢对妈妈说:"我不要!"然后就将自己的饭碗推在一边,撅着小嘴巴看着碗里的饭不吱声。妈妈被她搞得不知所措,发火吧,只会换来嘟嘟的大哭大闹,要是放任不管,这孩子不吃饭,对身体不好啊!

后来,妈妈想是不是自己做的饭并不是孩子想要吃的,或许她有自己想吃的东西呢!于是以后每次做饭,妈妈都要问嘟嘟:"嘟嘟,你今天想吃什么?妈妈给你做好吗?"一听妈妈要给自己做好吃的,嘟嘟就毫不犹豫地说出了自己想要吃的食物:"妈妈,我要吃面条!""妈妈,我要吃紫菜包饭!""我要吃饺子!"刚开始,妈妈总是觉得烦,因为她需要另外为孩子准备饭菜,但是慢慢地,妈妈发现,每次只要是嘟嘟想吃的东西,她都会吃很多,并且一点都不需要她督促。

穿衣服的时候,嘟嘟也总是对妈妈说:"妈妈,我不要穿这

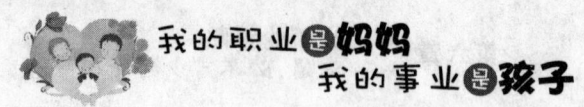

件!"于是，妈妈也把穿衣服的自主权交给了嘟嘟，没想到，嘟嘟更加珍惜衣服了，只要是她当天选择穿的衣服，放学回家之后都比以前的要干净很多。

由这个事例我们可以看出，妈妈只要给孩子给予更多的自主权，孩子就不会是那个不听话、让人费神的淘气包了。那么到底妈妈怎么做，才能给孩子他们想要的自主权呢？妈妈们可以参考以下的几点建议。

妈妈应该相信孩子有自己的判断力。

现实生活中，很多妈妈不知道是不愿意还是不放心把自主权交给孩子，主要的原因在于她们根本就不相信孩子能有自己的判断力。其实，孩子也是独立的个体，他们有自己的观念和判断。也许他们的生活经验还不足，可能会出现错误的判断，但是这种错误是可以理解的，也是必要的。妈妈们只有让孩子们获得自主权，才能够让他们在错误中吸取教训，进而不断地提升自己、完善自己。

妈妈应该多征求孩子的意见。

面对家中的一些事情，妈妈应该尽量给孩子提供参与的机会，因为孩子也是家中的一分子，有权力知道家中所发生的一些事情。妈妈不应该以孩子年纪还小，就拒绝告诉他们一切。妈妈可以和孩子一起筹划设计方案，主动去了解孩子的想法，鼓励孩子提出自己的建议，对孩子的建议认真斟酌，并加以采纳。这样孩子也会因为自己是家中的一分子而骄傲的，也会因为妈妈的重视更加自信。

让孩子在限定范围内选择。

当孩子提出自己要做选择的决定时，妈妈应该考虑到孩子知识、经验的缺乏，可以给孩子一定范围的选择权利，也就是让孩子在限定的范围中进行选择。这样不仅可以避免孩子因为一时的选择失误而产生不必要的受挫感，而且还能在一定的程度上让他受到鼓励，获得自信，这对他以后的生活和学习都会有莫大的帮助。

妈妈对孩子要指导，切不可唠叨。

指导和唠叨是完全不同的两个概念：唠叨往往含有责怪、批评的味道，是一种反复而单调的刺激；而指导是亲切的、言简意赅的，它不仅可以启发孩子独立思考，帮助他们处理问题，而且还能够使孩子情绪稳定、心情舒畅。喜欢唠叨的妈妈往往是缺乏自信、性格软弱的人，她们因为对自己讲的话、做的事不放心，才会一次又一次地重复。如果孩子一直生活在这种唠叨的环境里，每天面对软弱、容易紧张的妈妈，相信他们长大后也很难养成良好的个性。所以，唠叨不但不能达到预期的目的，还会给孩子带来伤害。妈妈应该了解怎么做才能更有效地教育孩子。聪明的妈妈从不会去规定孩子应该做什么、不应该做什么，而是放手让孩子去做。如果没有做好，她会耐心地帮孩子分析原因，鼓励他不要灰心，让孩子学会尽力而为。

聪明的妈妈是一位智者，她不仅可以帮助孩子养成良好的习惯，而且也能帮助孩子克服一些缺点，让孩子知道什么是自信、什么是自强。愚蠢的妈妈只会让孩子生活在唠叨和指责的环境中，让孩子变得懦弱、脾气暴躁。应给孩子足够的自主权，教育孩子是一门学问，有张有弛，才能够让孩子健康成长。

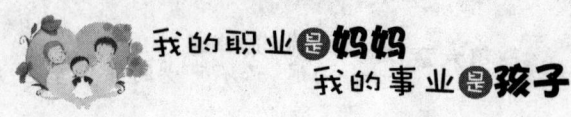

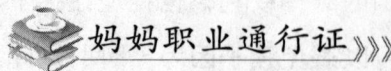

妈妈职业通行证 》》》

妈妈希望自己的孩子能够懂事听话，孩子却希望妈妈能给自己足够的自主权，其实这并不矛盾，主要在于妈妈如何调节。孩子们不愿意做只会执行妈妈命令的机器，他们有自己的想法和判断力，所以他们需要足够的自主权向妈妈证明自己的能力。做一个聪明的妈妈，掌握好管教孩子的尺度，有松有紧，才能够成为孩子的良师益友。

孩子大了，规矩也该少了

守规矩，听话，几乎是每个妈妈为自己的孩子制定的标准，但是随着孩子的长大，妈妈们的希望总是会破灭。到底是孩子太过不懂事，还是妈妈的规矩太多了？主要的原因在于双方没有找到更好、更合适的沟通方式，所以才会让妈妈和孩子之间出现矛盾。妈妈要是想要化解和孩子之间的矛盾，就要记住：孩子大了，规矩也该少了。只有给孩子足够的空间，才能让他们健康地成长。

"无规矩不成方圆"，妈妈们总是喜欢给孩子制定这样那样的规矩，以此约束他们，让他们成为长辈眼中最乖、最懂事的孩子。孩子们小的时候，可能因为是自主性还不怎么强吧，所以为了讨妈妈的欢心，对妈妈制定的规矩遵守得很好；但是随着年龄的增加，他们有了自己的想法，有了自己的思想，于是对于妈妈的规矩也就有了抵触感，进而故意和妈妈"对着干"，以表示自己的不满。而妈妈却开始觉得孩子不懂事，甚至一再强调孩子必须遵守她制定的规矩，这样，矛盾就不可避免地产生了。

在妈妈看来，孩子越大，越来越叛逆，让妈妈们操尽了心；而在孩子眼里，妈妈管得越来越多了，不给人一点喘息的空间，于是越想挣脱妈妈的管制。可以说，每个妈妈都是从孩子过来的，她们年轻的时候也曾叛逆过，也曾反抗过，按理说应该理解孩子的这种逆反心理，但是她们却不肯试着放开孩子，总想把孩子羁绊在自己的羽翼下。可怜天下父母心，用错方式的爱却给自己和孩子之间设立了一条无法跨越的鸿沟。

但是我们也不难发现，有的妈妈却和自己的孩子相处得很好，不管是在幼儿时期，还是在孩子长大后，她们永远是孩子心目中最善解人意的妈妈。这到底是为什么呢？是她们给自己的孩子更多的爱吗？这个并不见得，相信每个妈妈都是爱自己的孩子的。那么主要的原因就在于，这些妈妈她们更懂得放开，给孩子足够的空间，能够站在孩子的角度上思考孩子的需求，所以她们是聪明而优秀的妈妈。

现代的教育强调父母们应该尊重孩子的个性，要求父母以民主开放的教育方式，"给孩子足够的空间，让孩子自主自由发展"。一个全新的教育理念势必要求父母们审视传统的教育方式，尤其是思考"给孩子足够的空间"这句话所蕴涵的真正涵义。

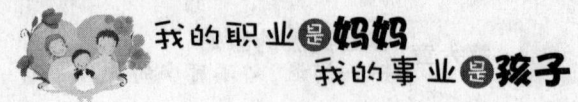
给孩子足够的空间，让他们自主地发展。

就是要让孩子从各种各样的束缚中解放出来。妈妈必须放弃单纯追求分数的错误想法，先让孩子从繁重的作业和各种补习班中跳出来，让他们的眼睛、双手和大脑都能得到解放，让他们拥有足够的时间和充分的空间，让他们尽情地享受童年的幸福和快乐，从而自由自主地健康发展。这是一个孩子健康快乐成长的最基本的保障。自主发展顺应了儿童贪玩好动的天性，体现出了对儿童真正的关心，是放手让儿童到大自然中去，让他们用自己的眼睛认识世界，用自己的大脑思考问题并形成自己对世界最基本的看法，这带有十分鲜明的个性特点。有研究表明，幼小的动物是在玩耍中学习生存的本领的，而孩童的玩耍也有与动物类似的地方。孩子的交往能力、辨别周围世界的能力以及适应各种生存环境的能力都是在与伙伴们一起自由自在玩耍时逐渐形成的。只有在这样宽松的环境氛围中，孩子的身心才可以算得上是健康的，而他们各方面的能力也能够得以正常发展。同时，宽松的环境还有可能激发孩子的潜在才能。

给孩子较大的空间，尊重孩子的意愿。

让孩子朝着自己乐意为之努力的方向发展，任何违背儿童天性的教育都注定是一种失败的教育。这就要求妈妈们要注意观察孩子，能够及时地与孩子达到心灵上的沟通，了解孩子的兴趣与愿望，并且针对他的兴趣与爱好，在活动中发展他的特长、培养他的个性。这也就意味着孩子的学习活动，应该充满有趣的、令人惊奇的东西，让他们在学习的过程中，总是能够感受到快乐与满足，而这种快乐与满足正是儿童智慧、情感和全面发展所必不可少的东西。一旦让孩子入迷地学习一种事物，那么他们的思维就会因为这种事物的刺激而得以发展，同时他们的知识和技能也可以得到丰富。

给孩子较大的空间，让孩子学会自立自强。

培养孩子自己的事自己做的好习惯，娇生惯养的孩子缺乏独立生存的能力，妈妈的包办代替只会让孩子的生活能力差，只有舍得放手，让孩子得到真正的锻炼，才能培养孩子各方面的能力，塑造孩子坚强的性格，这也有助于孩子的成长和进步。当然，刚开始孩子肯定会遭遇很多困难，会受到失败的打击，甚至有时候会丧失信心，但是妈妈们不要怕，让孩子自己去摸索，去实验，去试着面对失败，只有这种探索才是最有意义的。对孩子成长过程中犯的一点小错或学习中暂时的失利，妈妈们应该显得相当的宽容并给予充分的理解，唠叨埋怨只会让他们产生更深的挫败感。生活上的事尽量让孩子自己去学着做，不要怕孩子吃不得苦。锻炼多了，孩子的能力自然就提高了。

给孩子足够的空间，尊重人的成长规律。

给孩子足够的空间，它是符合人性发展要求的，也是最人性化的教育。当然，任何一个人才的成长都会经历一番曲折，周围环境的不同以及个人禀赋的好坏，都会对他的发展具有一定的影响，不同的个人际遇也会使素质大体相同的两个人呈现出迥然相异的人生轨迹，或是大放光彩，或是平平淡淡。但是其中最重要的一条就是与个人的性格有关，家庭教育从很大程度上决定着一个人的性格，能否给孩子一个宽松的环境，给他们足够的空间，能否尊重他们的个性，就在其中起着决定性的作用。正如一个父母在总结孩子的成

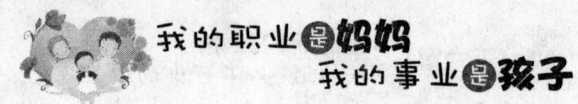

功时所说的："如果给孩子多一点点的空间，你会获得意想不到的
结果。"

孩子大了，规矩也该少了，给孩子足够的空间，是每一位妈妈
应该做到的，尊重孩子的个性，培养孩子独立自主的个性，让他们
能够自主地成长并发展。相信只要妈妈们可以做到这一点，那么孩
子一定不会让她失望的。

妈妈职业通行证 》》》

太多的规矩只会束缚住孩子们发展的翅膀，太多的束缚只会让
孩子更加叛逆。妈妈们的出发点也许是为了孩子好，但是千万不可
把自己的思想强加在孩子的身上，少一点规矩，就可以得到一份贴
心；少一点规矩，就可以赢得一份理解；少一点规矩，就会得到孩
子更多的爱。

动之以情，晓之以理

妈妈对待孩子最好的方式就是讲道理，也就是所谓的
"动之以情，晓之以理"，用事实和孩子说话，用道理和孩
子沟通。无理取闹并不是孩子愿意的行为，他们更多的时
候只想以自己古怪的行为引起妈妈的注意。所以理解孩
子，和他们讲道理，培养出孩子讲理的好习惯，相信妈妈
们会和自己的孩子相处得更加融洽。

我们总是会无意中听到妈妈抱怨自己的孩子胡搅蛮缠，而孩子也在抱怨着妈妈的不讲道理。妈妈和孩子并非天敌，他们应该是相互深爱着的亲人。妈妈们可以为了自己的孩子吃更多的苦、受更多的罪，但是却从来不允许孩子忤逆自己；甚至在面对孩子的时候，妈妈有点独断霸道。

现今已经不再讲求"棍棒底下出孝子"这种教育方式了，更多的孩子则愿意妈妈和自己讲道理，哪怕是一件小小的事情，他们也想知道原因。孩子们不愿意做温室里的花朵，也不想任何事情都被蒙在鼓里，他们渴望妈妈的关注，渴望知道事情的真相。那么，和孩子最好的相处方式就是"讲道理"——动之以情，晓之以理。培养出孩子讲道理的好习惯。

情景一：乔乔和小朋友抢玩具，双方都不肯善罢甘休。妈妈对乔乔说："宝贝别抢，不是告诉了你要谦让吗？"孩子毫不松手，依然和小朋友进行着抢夺游戏。

妈妈有些恼火，又冲着乔乔说："喂，乔乔，不能这样，有东西应该和小朋友一起玩，平时妈妈是怎么教你的……"乔乔不为所动，依然蛮横地和小朋友扭打成一团。看到孩子不听自己的话，妈妈彻底生气了，于是猛拽乔乔的衣袖，将他强行拉开。结果，乔乔又哭又闹，很多人都向乔乔妈妈投来了责备的眼光。

孩子们大多都不喜欢妈妈对自己大喊大叫，特别是他正玩得开心的时候。孩子们有自己喜欢的东西，也有自己喜欢的游戏方式。

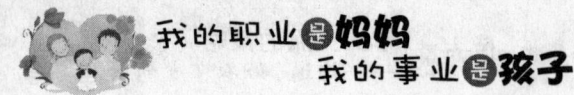

要是妈妈们不懂孩子的话，就会养成孩子蛮横不讲道理的坏习惯。但聪明的妈妈总是能够找到合适的教育方式，不仅可以制止孩子的错误行为，而且还能让孩子学到东西。

　　情景二：乔乔和小朋友抢玩具，双方都不肯善罢甘休。妈妈看到情况，于是上前对乔乔说："宝贝，先松开手，来告诉妈妈，为什么要和小朋友抢玩具呢？"乔乔不愿意松开手："妈妈，我想要这个玩具，我喜欢它！"

　　妈妈的口气依旧温和："可是小朋友他也想要这个玩具，你看玩具只有一个，那么你应该怎么办呢？"

　　乔乔说："我先玩！"

　　妈妈："嗯，如果你想先玩，你可以和小朋友说啊！"

　　于是乔乔松开手，问那个孩子："我先玩一会，好吗？"不过那位小朋友依然不肯松手，他紧紧拽着玩具不理会乔乔。

　　妈妈故作为难地看着乔乔："现在该怎么办呢？"

　　乔乔偏着头想了一会："那就让他先玩吧，然后再给我玩，大家轮流，好不好？"妈妈笑了，亲亲乔乔说："这就对啦，宝贝学会谦让了，真棒！"

　　尽管孩子看上去还小，但是他们也有自己的主见，他们的内心还是存在讲道理的渴望的，但是要看妈妈怎么去引导他了。聪明的妈妈会让孩子自己意识到整个事情的利害，然后在一旁指导他们，让他们自己做出决定，而愚蠢的妈妈却企图控制孩子的思想，总想替孩子做任何决定。可以说，孩子讲不讲道理，其实是妈妈一手造成的。

无论社会环境如何变化，面对白纸一样的孩子，妈妈作为其人生的领路人，都希望自己的孩子无论是在家里，还是在学校、社会，他都是一个讲理的孩子。纪律来源于秩序，秩序来源于自律，自律则来源于对他人的尊重。因此，培养孩子讲理，引导孩子讲理，其方法主要在于妈妈对生活中一些小事的正确把握上。

让孩子体会到妈妈的辛劳，培养其分担的意识。

妈妈为孩子无怨无悔地付出本身并没有什么错误，但是让孩子麻木地接受，坦然地享受这一切，而不是有所回应就是错的。妈妈应该在孩子力所能及的一些小事上故意示弱，给孩子多创造一些表现的机会，让他们欣然为父母做一些事，体会到照顾成年人之后的那种成就感。比如，妈妈在周末大扫除时，可以鼓励孩子帮助自己做一些小事情。妈妈可以把所有需要做的事情一一列举出来：扫地、擦地板、擦家具和窗台，还要收拾厨房和卫生间……然后告诉孩子为了享受整洁的环境，你应该出一份力，必须选择其中的两项，做完这些之后就可以一起去超市买好吃的。当然，做完家务之后，妈妈在验收孩子的劳动成果时，一定要对他的成绩大加赞赏，这样会使孩子在以后有持续参与的热情。孩子在参与的过程中，对父母的辛劳就会有一定的切身感受，其效果远远胜过父母用语言所做的空洞的描述。

告诉孩子眼泪绝对不会成为武器。

妈妈总是会妥协在孩子的眼泪之下，其实这是一种十分不好的现象，因为这样就会给孩子一个有恃无恐的心态：只要是自己想要的，只要流下眼泪就可以得到。淘气是孩子的天性，有时候孩子会

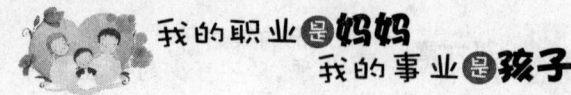

以一些极端的行为来抗拒妈妈们的说法，在这个时候，妈妈一定要传达这样一个信息给孩子：这种方式不好使！眼泪绝对不会成为武器，不要期望以此来逼妈妈妥协。妈妈要迫使孩子懂得，在每个人的成长过程中，都会经历一些不顺心的事情，但是必须要学会自省、自控和自律的能力。在面对将来的时候，任何极端的抗拒方式不仅不会被接受，甚至有时候还会带来反效果。

批评孩子时，就一定要明明白白，说深说透。

孩子在成长的过程中，经常会有一些不良的苗头冒出来，如果妈妈在这时候不加以制止，让其继续发展下去，那么将来不仅会害了孩子而且也会害了自己。面对出现在孩子身上的坏毛病，妈妈不可以每次只是蜻蜓点水般地说上一两句，这样根本就不会对孩子带来任何触动。就好像在一个小园子中，有荒草长出来时如果不随时铲除，等到有一天仔细查看时，就会发现荒草丛生，铲除起来已经力不从心了。因此，孩子身上有毛病时，妈妈发现苗头就应该对其进行严厉批评，促使他及时改正。

总之，妈妈在教育孩子的时候，一定要以理服人、以情动人，只有这样才可以培养孩子讲道理。

妈妈职业通行证 》》》

学会和自己的孩子沟通，掌握合适的沟通方式——动之以情，晓之以理。孩子之所以喜欢无理取闹，主要的原因在于妈妈的引导失误。如果妈妈对自己的孩子讲道理，时时注意培养孩子讲道理的性格，那么，相信"种瓜得瓜，种豆得豆"，妈妈终究会拥有一个讲道理的好孩子的。

分析利弊可以，但别替孩子做任何决定

妈妈可以替孩子分析利弊，但是千万不要替孩子做任何决定。孩子并非只会执行口令的机械，他们有自己的想法见地，需要自由，需要空间。所以，他们才会以各种方式从妈妈那里争取更多的权利和自由。理解自己的孩子，给他们正确的指导，才是每个妈妈应该做的事情。

相信每个妈妈都是爱自己的孩子的，她们所做的决定，初衷也都是好的。在遇到事情之前，替孩子分析利弊是可以的，但千万不可以擅自替孩子做决定。要知道妈妈自认为孩子喜欢的东西，并不一定是孩子想要的。妈妈总觉得孩子太小，不会自己做选择，于是就"好心"替孩子决定一切，但是有时候结果未必是好的。

强强期中考试成绩出来了，不太理想，尤其是数学，与理想分数相差甚远。为此他的情绪很低落，并且他看妈妈的眼神很复杂。强强的妈妈不知道自己在儿子心目中是一个什么样的母亲。在学习上，无论孩子的成绩怎样，她从来都没有打过他，也没有骂过他。她懂得什么是赏识教育，强强考试考得好，妈妈就会表扬他："继续努力，下次争取更好。"考得不好，她也会说："没关系，一次的失败并证明不了什么，仔细查找出问题所在，争取下次克服。"妈

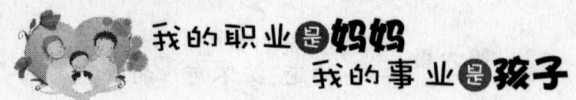

妈一直以为自己这样做会使强强快乐，并激发他对学习的兴趣，可是从今天强强看着她的眼神里，妈妈分明体察到，在孩子的心里，除了由于考得不好烦闷之外，还有对妈妈的愠怒和抵触。妈妈非常理解孩子此刻的心情，但是她只能说一些安慰和鼓励的话，来缓解孩子的烦闷。没想到一直不做声的儿子突然愤怒地对妈妈说："你别说了，我数学不好，都怪你！""怪我？怎么讲？"孩子的抱怨让妈妈惊呆了。她不知道自己做了什么让孩子这般怪自己。"都怪你在三年级的时候非给我报什么'奥数'班，上课的时候我根本就听不懂。我本来不想上的，你非逼我上。就是从那时起，我看见数学就烦。"看着愤怒的儿子，妈妈不知说什么才好，没想到自己当时的一个轻易决定，竟然毁了儿子对数学的兴趣。

妈妈给强强报名参加了奥数班，本来也是一片好心，但是她却没有征求强强的意见，并不知道孩子是否喜欢奥数，以至于孩子在上课的过程中，因为跟不上课程的进程而对数学产生了厌恶感，以至于后来出现考试成绩的不理想。孩子进而将所有的过错都推在了妈妈的身上，对妈妈产生了抱怨。可见，擅自替孩子做决定并不是一件好事情，很多时候会在无形中伤害到孩子，所以妈妈们千万不要一意孤行，替孩子决定一切。

替孩子做决定并不都是坏事，关键是妈妈必须思路清晰，能够预先分析到自己为孩子所做决定的好处和坏处。要知道孩子的眼光和兴趣往往都是短暂的，他们不一定能做出正确的、对今后的人生发展有益的决定。这时候妈妈就应该给他们建议，替他们分析利弊，帮助他们做出决定，否则就是对孩子的极不负责。

那么妈妈应该如何正确引导孩子做出决定呢？我们可以参考一

下下面的建议。

要考虑到孩子的喜好，以及自身的特长。

每个孩子都有他们擅长的事情，在学习上也是，有的孩子对画画有很浓的兴趣，有的孩子则喜欢音乐，有的孩子更喜欢体育……妈妈们不应该只逼迫孩子去啃读课本，而禁止他们所有的课外爱好。物极必反，把孩子逼得太紧，反而会让他们对妈妈产生厌恶感，进而用各种方式来发泄自己的不满。

看到孩子身上的潜能，去挖掘并促使孩子去挑战。

不能盲目满足孩子的所有喜好，要为孩子选择真正有利于他发展的兴趣。孩子有时候会因为各种外在的原因而轻易做出选择。比如，他的许多同学都报名参加了美术班，他明明喜欢音乐多于美术，并且在音乐方面也显出更大的天赋，而他为了随大众，所以告诉妈妈自己要参加美术班。在这种情况下，妈妈们就要特别注意，一定要向孩子提出自己的建议，并将利弊清楚地分析给孩子听，然后再帮助孩子做出更适合自身条件的决定。

挖掘孩子的潜力，妈妈千万不可以急功近利。

知子莫若母，孩子从出生一直到青春期，他的性格妈妈应该都知道得清清楚楚。一个善于挖掘孩子潜能的妈妈，她会从孩子平日的习惯和性格特点上看出他的一言一行、爱好倾向和脾性，进而从各种蛛丝马迹中找到规律。例如发现孩子可能不喜欢音乐，但却对绘画很有感觉等，随后在他比较有感觉的那方面进行诱导和鼓励，并多和孩子进行心灵上的沟通，了解他更适合参加什么样的活动，学习什么样的课程，在哪方面才有可能发挥出个人的潜能等。但是在挖掘孩子的潜能这件事上，千万不可以过早过于急功近利。有育儿专家曾说，逼迫孩子过早地学习太多的技能，会让孩子产生抵触

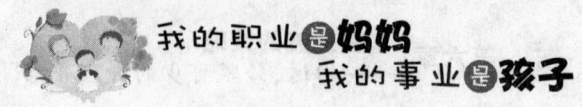

和厌烦心理，甚至有可能直接扼杀孩子的潜能，会得不偿失。

学会做决定是孩子成长过程中必不可少的重要一步，但不管是在孩子不懂事还是懂事的时候，妈妈都不可以擅自替他们做决定，而是替他们分析利弊，帮助他们做出正确的决定。一个负责任的妈妈或许无法让自己的孩子事事开心、天天开心，但是她可以去正确地引导他、教育他。

妈妈职业通行证 》》》

每个妈妈都关心自己的孩子，都希望自己的孩子能够有一个良好的发展，拥有一个美好的未来，所以妈妈们总是会忍不住为孩子做这样那样的决定。但是妈妈们要知道，自己所作的决定并不一定是孩子所需要的，甚至有时候还会伤害到孩子，所以妈妈们不可轻易代替孩子做决定，只能帮助他们做出决定。

叛逆期不可怕，找到孩子负面情绪的源头

每个孩子都会出现叛逆期，这是他们成长的一个必经阶段。孩子们到达叛逆期并不可怕，作为妈妈就应该找到他们负面情绪的源头，进而正确地引导他们，帮助他们客服各种各样的困难，和他们一起度过叛逆期。

"孩子突然之间就好像完全变了个人一样，真难管。" "这孩子

怎么一下子变得这么不懂事了呢？真伤脑筋"。这是诸多妈妈对孩子叛逆的共鸣，但是她们却不知道到底是什么原因导致孩子变化如此之大。其实究其原因，这一切都是孩子青春叛逆期到来的表现。

青少年处于初中到高中这个阶段的时候称之为"叛逆期"，这个阶段是人生中最懵懂的一段时期。对于很多事情都是似懂非懂，可是偏偏却喜欢装出一副什么都懂的样子，老是喜欢跟别人唱反调，尤其是面对自己的父母和老师。大人们让他们这样，他们偏偏反其道那样去做。总觉得按大人们的方法做起事情来就很受委屈，有一种很不甘心的感觉，觉得"凭什么他们说怎样我就应该怎样"，这种心理被称为叛逆心理。处于"叛逆期"的孩子，他们的独立意识和自我意识日益增强，甚至迫切希望能够摆脱成人的监护。他们反对成人把自己当"小孩"看待。为了表现自己的"非凡"，就会对任何事物都抱持着一种批判的态度。正是由于他们感到或担心外界会忽视自己的独立存在，所以才会产生叛逆心理，从而用各种手段和方法来确立"自我"与外界的平等地位。叛逆心理虽然和变态心理有所不同，但是多少还是带有变态心理的某些特征，如果不及时加以矫正，发展下去对青少年的成长会非常不利。

由于升学、人际关系等压力的增大，处在青春期的孩子心理发生变化，如果没有对其进行适当的引导，很容易导致孩子在认知、理解以及运用等环节产生技能和心理上的障碍，尤其在一些非正常的外界因素的影响下，往往会激发他们潜意识的反抗，刺激他们对外界采取一些抗拒行为，形成"叛逆"。青春叛逆期的孩子为什么难以管教？要知道其原因，那就需要父母走进孩子的内心深处，了解他们到底在想些什么、需要一些什么。孩子在进入青春期之后，由于生理上的一些变化进而会引发他们心理上的变化，遇到事情的

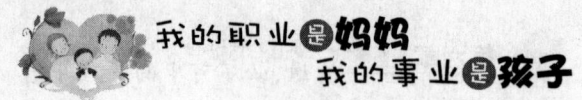

时候，他们开始思考，会形成并不成熟的主见；对父母的话开始质疑，他们有时候更相信自己的判断。而父母在自己的权威动摇后，因为一时难以适应，又不愿调整教育方法去面对孩子，因此，孩子便心生抗拒，让父母觉得难以调教。面对这些处在十字路口的孩子，父母的教育要更加耐心、细心和用心。

面对"叛逆期"的孩子，妈妈千万不可以陷入以下的两个误区。

误区一：全力扼杀。

有的妈妈因为难以面对孩子突然的改变，无法忍受自己的乖宝宝忽然变成了一个整天和她顶嘴、吵架的坏孩子，于是大为恼火，觉得若是自己不把孩子的这股"邪劲"狠命压下去，那么这孩子以后就完蛋了。于是她就会采取"以硬碰硬"的手段，奉行"棍棒底下出孝子"的信念，对孩子非打即骂。渐渐地，孩子表面上是恢复到以前那个对妈妈言听计从的"乖宝宝"形象，而实际上，已经关上了心灵深处的那扇门，拒绝和自己的妈妈交流了。

误区二：放任自流。

有的妈妈面对正处于"叛逆期"的孩子，就会产生一种无力感，在几度管教而无多大起色后便失去了信心，开始对孩子抱着一种放任自流，破罐子破摔的态度。此后，不管孩子的言行、想法如何，妈妈们都不会再过问，也不会加以指导。当孩子发现妈妈的故意忽略时，久而久之，就会受到不良影响，为了引起注意，行为会变得更加偏激，甚至有时会误入歧途，进而毁了自己的一生。

其实孩子们的"叛逆期"并不可怕，妈妈也没必要大惊小怪，有句话说"上有政策，下有对策"，面对孩子突然之间的改变，妈妈们大可以究其源头，然后对症下药，不怕病不会痊愈。这里介绍几条比较实用的亲子沟通技巧，以方便妈妈们对自己处于"叛逆期"的孩子对症下药。

尊重孩子，不要紧抓孩子的缺点不放。

妈妈不要老是盯着孩子的弱点，也不要总是拿孩子的短处同其他孩子的优点比较。在和孩子接触的过程中，妈妈应该尽可能地多找孩子的优点，并加以鼓励，以减少孩子对父母的抗拒心理。发现孩子的优点，其实对于孩子来说，既是一种尊重，也是一种鼓励。

站在孩子的角度上看问题，走进他的内心深处。

相信每位妈妈也是从青春叛逆期走过来的，或许当时没有现在的孩子表现得那么明显，但是至少也知道一些"叛逆期"的特征。所以面对孩子令人不解的行为的时候，不妨换位思考，想想孩子为什么会这样。试着尽量去理解孩子，和孩子进行心灵上的交流，走进他们的内心深处，等和孩子的心灵产生了共鸣之后就会理解孩子，找出问题的症结进而帮助他们解决。

切忌从学习成绩入手和孩子谈问题。

妈妈和孩子交流的时候，不要老是以学习成绩的好坏入题。因为这样只会让孩子的内心产生压力，进而对妈妈和自己交流的目的产生怀疑。在和孩子交流的时候，妈妈可以从一个比较轻松的话题入手，比如从家事入手，先试着将孩子的情绪稳定下来之后，再慢慢地将话题引导到正事上来。

妈妈都怀有"望子成龙、望女成凤"的想法，甚至有的妈妈把自己没有实现的愿望强加到孩子身上。总是给孩子报名参加这样那样的培训班，美其名曰全面发展。但是她们却偏偏忘记了"劳逸结合"这个简单的道理。以至于孩子的精神总是处于一种紧绷的状态之下，进而让孩子的"叛逆期"提前到来。相信这并不是妈妈们乐

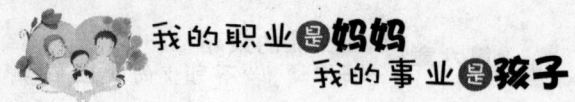

意见到的情况吧！了解自己的孩子，不要被他们的叛逆期所吓倒，和孩子进行心灵上的交流，找出负面情绪的源头，帮他们度过"叛逆期"，这是妈妈们真正应该做的事情。

妈妈职业通行证 >>>

陪伴孩子度过"叛逆期"，做孩子最贴心的朋友，这是一个合格的妈妈应该追求的目标。叛逆期并不可怕，虽然处于这个时期的孩子有点难以管教，但也是他们成熟的一个标志，这表示着他们开始具有自己的想法，开始对自己的人生进行思考，也表明他们开始尝试着独立了。对于孩子偏激的行为，妈妈应该加以矫正，对他们的负面情绪应该加以开解，完善自己的事业，做最优秀的妈妈。

生气之前深呼吸，处罚不是最好的沟通方式

妈妈和孩子的相处方式除了打骂吵闹之外，还有更好的相处方式，那就是做朋友。孩子难免会犯错误，妈妈们的耐心偶尔也会消失殆尽，但是要知道处罚并不是最好的沟通结果。生气之前记得深呼吸一下，或许妈妈们会发现自己的怒火并没有到爆发的边缘。

相信每个妈妈都会有这样的感觉，那就是面对淘气又不听话的

孩子，自己快要崩溃了。由于现今社会发展迅速，所以很多妈妈并不是专门的家庭主妇，她们除了必须照顾孩子和家人的饮食起居之外，还要上班。本来上班回来就已经很累了，回家之后还要面对淘气的孩子，收拾被他们弄得一团乱的家，辛苦可想而知。当然要求妈妈们永远保持一个平和的心态，难免有些强人所难，但是面对犯了错误的孩子，妈妈们大吼一通也不会有什么好的结果，不仅不会换来孩子的理解，甚至还会造成他们的抱怨，让妈妈和孩子之间产生误解。

或许处罚有时候可以让孩子听话，但是更多的时候却会有反效果。当孩子们逐渐习惯了妈妈们的怒火之后，就会对她们的处罚习以为常："反正妈妈处罚人的方法也就那么几招，没什么可怕的。""她就会对着我大吼大叫，世界上的妈妈就属她最讨厌了。""你骂吧，反正我就当作没听见，要是怕的话我就不是你的孩子。"孩子们一系列的反应，只会让妈妈们寒心。可见，生气和处罚并不是教育孩子的最好方式。

小南的姨妈带着表弟来小南家过暑假了，这让小南十分开心。作为独生子女的小南，平时难得有兄弟姐妹和自己一起玩耍，她兴奋得整天和弟弟闹着玩。一天，玩得忘乎所以的两个孩子竟然光着脚丫子跑进卫生间之后又返身跳到了床上，顿时洁白的床单上立即留下了两个黑糊糊的脚印。妈妈回家后看到这个场景气坏了，但是妈妈还是拼命忍住了怒火，将床单拿到卫生间，稍稍平静了一下心情之后，才把女儿叫过来说："小南，你知不知道自己今天犯了一个错误？"小南看到妈妈拿着的被自己和表弟弄脏了的床单，十分胆怯地点点头。妈妈对她说："那你打算怎么补救这个错误呢？"小

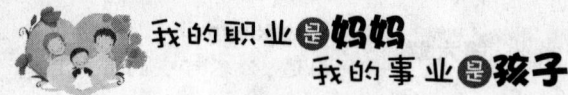

雪红着脸说："妈妈，请让我把它洗干净吧！"妈妈同意了小南的提议，当小南用自己的小手费力地搓着床单的时候，妈妈问她："洗床单很累吧？要知道妈妈洗的时候也很累，所以你应该爱护床单，不能随便弄脏，对不对？"懂事的小南立即点点头，意识到了自己的错误，并向妈妈保证以后不会再犯。妈妈欣慰地笑了。

面对孩子的错误不能一味地去生气，必要的时候需要冷静去处理。就像故事中要是小南的妈妈不冷静，看到小南弄脏了床单就发火，狠狠地批评小南一番，估计小南就不会意识到自己的错误了，也不会意识到妈妈的辛苦了。其实，有时候孩子犯错误并非有意的，对于他们所犯的错误他们还是抱有一定的歉意的。聪明的妈妈会用冷静和耐心唤出孩子的歉意，让他们自动改正错误；而愚蠢的妈妈却会用一把怒火将孩子的歉意燃烧殆尽，继而让孩子对妈妈产生怨恨。

健健是一个顽皮的孩子，一天深夜了，他突然吵着要吃蛋糕，因为当时很晚了，没有地方买，所以健健妈妈只好哄孩子说明天再买。可是健健却不听，他一个劲地朝着妈妈撒娇耍赖，健健妈妈本来就是个脾气火暴的人，她看到健健这么不听话，一个巴掌打在健健身上。健健立即大哭起来，甚至在地上打滚了。健健妈妈的怒火又一次被点燃了，干脆把健健关进了房间，让他一个人在里面哭闹。大约过了半个小时，妈妈来到健健的房间，却见健健把房间里的枕头、被子翻得乱七八糟，他还一个劲地踢着墙，在雪白的墙壁上留下了无数的脏脚印。妈妈对儿子的撒泼耍赖实在是毫无办法了，她不明白孩子为什么如此难以管教。

　　其实，我们可以从这个事例中可以看出，健健犯的也不是什么大错，孩子喜欢一个东西，想要立即拥有也是很常见的事情。健健的妈妈实在不应该随便打骂自己的孩子。面对健健的撒泼耍赖，她完全可以耐心地解释给孩子听，告诉他太晚了，店铺都关门了，妈妈明天一定给他买，必要的时候再加上一点额外的小补偿，估计健健还是会同意的。由此可见，面对自己的孩子，妈妈尽量应该将自己的怒火收起来，生气和处罚并不是最好的解决问题的方法，冷静的沟通才可以达到预期的效果。

　　面对孩子的无理取闹，妈妈们应该怎么做才能抑制自己的怒火呢？以下有几点建议，送给妈妈们。

　　尽量冷静控制自己的怒火。

　　几乎每个孩子都是淘气的，因为孩子的天性就是淘气。面对孩子的叛逆和不听话，妈妈们应该尽量冷静控制住自己的怒火，可以一遍又一遍地暗示自己"不可生气、不可生气"，提醒自己保持理性。相信一般的人通过自我暗示之后，还是可以控制住自己的怒火的。

　　用一些语言进行自我鼓励。

　　妈妈们一般回到家的时候，都是比较累的，不管是在身体上还是心理上，都产生了一些疲惫感。正因为如此，所以她们的情绪是比较难以控制的，可能一件小小的烦心事都会引发她们的怒火。孩子的淘气势必会让妈妈心生烦闷，这时候妈妈可以用一些语言进行自我鼓励，借此熄灭自己的心中怒火。

　　将自己和他人隔离，冷静后再去面对一切。

　　这个方法是最管用的一招。任何人都知道，发火是要有一定的

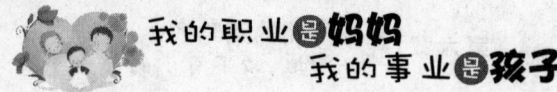

对象的，只要远离了这个对象，火气也就没那么大了。"生气其实是在伤害自己"，这是众所周知的道理。面对孩子的胡搅蛮缠，妈妈们在生气之前，必须先让自己冷静下来，然后再去针对孩子所犯错误的大小，对其进行适当的教育。相信这样不仅不会伤害孩子，当然妈妈也不会被自己的怒火烧伤。

掌握教育孩子的技巧，学会适当的沟通方式，相信每个妈妈都会成为孩子心目中的好妈妈，会成为孩子的良师益友。

妈妈职业通行证 》》》

掌握和孩子交流的策略，做一个聪明、受孩子喜欢的妈妈并不难，最重要的就是抑制自己的怒火。不让怒火烧掉自己的理智的同时，也不要让怒火烧掉孩子对妈妈的爱。生气之前请深呼吸，处罚并不是妈妈应该选择的与孩子相处的方式。爱自己的孩子，就应该了解自己的孩子，走进他们的内心深处。

　　有了孩子仅仅有耐心还是不够的，除此之外我们还必须拥有一个宽容的胸襟，当孩子第一次冲你发脾气，当孩子在你面前理所当然地搞破坏，当孩子不小心打破了装牛奶的玻璃杯坐在那里哇哇地哭泣，你一定要抑制住心中的怒气，更不要用各种各样的方式去责罚他们。要知道他们是你爱的延续，要想将这份事业更好的经营下去，我们必须学会尊重和理解。它是你为事业保驾护航的必备工具，也是你作为妈妈这个经营者所必须拥有的大智慧。

第七章　谱写宽心的智慧
——用尊重与理解为事业保驾护航

给孩子一点搞破坏的机会

很多小孩子都有很重的好奇心，因为随着年龄的增长，他们开始慢慢接触这个社会，并且身边的一切都让他们感觉到新奇，想要去探索，可是在妈妈的眼里，这种探索往往都会变成一种"搞破坏"。其实孩子的"搞破坏"并不是真的想要去弄坏什么东西，他们只是想要去探索一下，想要认识外界的一些东西。所以妈妈想要自己的孩子学到更多，更好地接触这个社会，就给他们一点"搞破坏"的机会，让他们在自己的探索中快乐地成长。

可能在生活中，有些妈妈会叹息自己养了一个好奇宝宝，因为很多时候只要是他经过的地方，家里的很多东西都会被"肢解"，有的甚至会"尸骨无存"，所以面对自己的好奇宝宝，很多妈妈都感觉到头疼，总是拿他们没辙，也有的妈妈担心自己的宝宝是不是得了什么病。其实宝宝的这种行为并不是因为他们真正得了什么病，只是一种儿童破坏性行为。他们只是想要用"破坏"来探索未知的世界，对自己所遇到的东西想要去摸一摸、尝一尝、闻一闻，偶尔也摔一下，来看看这些东西的反应。

如果妈妈看到小机器人的零件散落在客厅里，看到桌上的电话线被拔掉了，或者是看到台灯罩也掉到了地上类似这样的情况，大可不必紧张，因为这样证明自己的宝宝动手能力很强，也会有很高的创造性。因为对于身边未知的东西，宝宝一直在探索，一直在了解，虽然他们的行为在妈妈看来只是"搞破坏"。

作为一个有智慧的妈妈，一定要给自己的宝宝"搞破坏"的机会，或者也可以跟自己的宝宝一起完成"搞破坏"的行动。因为这个行动会让孩子用自己的方式去了解那些未知，会让他们好奇心一直保留下去，不断地去探索真理，也会让他们充满创造力。而妈妈跟自己的宝宝一起"搞破坏"，不仅可以增进与孩子之间的感情，更会让孩子感受到来自妈妈的支持与信任，这样对他们的成长很有帮助。

林凡从小就淘气，总是把家里翻得那么乱，让作为妈妈的可卿收拾起来很费事。每次可卿一皱眉，老公就说："俗话说，淘丫头出巧的，淘小子出好的。咱儿子将来一定有出息，因为聪明的孩子才好动。"林凡一听，自然更加来劲了。给他买的玩具，没有一个是好的。好好的赛车，崭新的，他非要拆开看看内部构造不可。好吧，为了激发他的创造力，那就拆吧，拆了一地零部件，再也装不回去，赛车只好报废。所有布娃娃，也都被他毫不客气地"开肠破肚"，因为他好奇地想知道里面装的是什么填充物。有的布娃娃一拍就会唱歌，他更好奇了，非要打开看看里面有什么特殊装置不可，这样一来，好好的布娃娃也就被他玩坏了。

这也只是小事，但是有一天，可卿发现他竟然把墙上挂的石英钟摘下来，偷偷卸掉外壳，玩起里面的时针，分针和秒针来了。自然，玩了一个过瘾的他，有拆开的本领，却没有复原的本事。这好

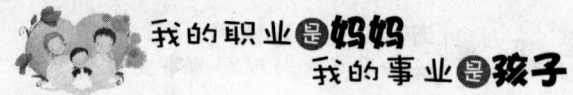

好的钟，也从此就"光荣退休"了。

当然后来这样的事越来越多，所以作为妈妈的可卿就不得不对他约法三章：一，家里的日常用品不许乱动；二，不许乱拆乱卸玩具和家里的钟表；三，不许在家里登高爬低，要注意安全。这样一来，林凡在家里确实老实了许多，除了看动画片，什么也干不成。时间长了，两眼发呆，神情恍惚，不知他心里在想什么。

有一天，可卿下班回来，发现他竟然不在家，所以她急忙出去找他。在街心花园，可卿看见林凡一人独坐，看脚下的蚂蚁搬家，神情很落寞。她问他在想什么，他说："家里没意思，什么也不能动，一碰就坏了，我是破坏大王，我是一个坏孩子。我不想回家了。"

孩子的话深深地震撼了可卿的心。第二天，可卿去书店买了儿童心理学的书来看，才明白了，喜欢动手动脑的孩子创造力强，懂得了孩子的好奇心是那么珍贵，那是创造的源泉，懂得了善待孩子，首先要成为孩子的好朋友。

那天晚上，吃过晚饭，林凡小心翼翼地对可卿说："妈，我想看看收音机的构造。"这次可卿没有任何迟疑地答应了他。于是就拿出一台微型收音机给他，林凡欣喜若狂，三下两下拆开了，左看右看，随后又原样恢复，竟然没有拆坏，还能听广播，可卿的心这才放下。后来林凡的拆机经验越来越多了。他不仅拆开录音机，随身听看构造，甚至连家里的组合音响也不放过。有一天，他说："我想看看电脑主机箱，因为风扇的声音太大了。"可卿闻言吓了一跳。可是林凡却说："你想想，这台电脑吧，如果我懂一点简单的维修，那以后家里可以省不少钱呢。"可卿觉得儿子的话言之有理，就答应了。

　　她和自己的儿子一起动手拆开了电脑主机箱。儿子仔细地检查了风扇，说："是因为灰尘太多造成的噪音太大。"说着拿出家里的电动吹风机对着风扇吹。吹了一会，说，好了。于是我们又轻手轻脚地把主机箱装好。打开电脑一试，风扇的噪音果然小多了。她和儿子相视一笑，心里都充满了成功的喜悦。

　　从那以后，儿子的聪明邻居们也渐渐知道了。常有人拿收录机，甚至VCD让林凡帮着看看，看毛病出在什么地方。林凡说："行，我试试。"随后叫可卿，"妈，咱们一起搞破坏吧。"可卿总是欢欢喜喜地跑过来，和儿子一起拆啊装的，做儿子最得力的助手。从儿子满意的目光中，她知道，自己已经是他最好的朋友了。和儿子一起"搞破坏"，增进了母子间的思想交流，也增长了知识。许多家用电器，可卿从来没有打开过，不知道内部结构，现在都知道了。从这一点上来说，她觉得自己应该感谢儿子的好奇心，带她走进一个神奇的世界。和儿子一起"搞破坏"让她体会到了其乐无穷的感觉。

　　和儿子一起"搞破坏"，不仅让可卿觉得自己跟儿子成为了好朋友，更让她感觉到了无穷的乐趣，懂得了很多的知识。而且孩子也因为"搞破坏"搞出了很多的经验，搞出了很多的知识，也搞出了成长。

　　所以妈妈们想要自己的孩子能够时刻进步，能够更好地去了解一些事情，更有创造力，那么就给自己的孩子一个"搞破坏"的机会，让他们在自己的"搞破坏"活动中不断去探索，不断去收获经验，不断去增长知识。当然妈妈们也可以跟自己的孩子一起"搞破坏"，从而让母子的感情更为深刻，真正成为孩子成长

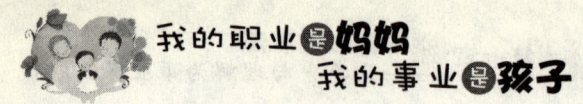
中的朋友。

孩子的成长需要妈妈的帮助，更需要妈妈给孩子创造一些机会。所以想要自己的孩子更有创造力，更加聪明伶俐，那么妈妈就要给孩子一些"搞破坏"的机会，让他们在"搞破坏"的时候发挥自己的创造力，了解自己的兴趣，从而增长自己的知识与经验，用好奇去探寻世界的万物，从而不断地朝真理迈进。

孩子，犯错是你的权利

谁都会犯错，错误有时候就像是无孔不入的空气一般，总是与我们如影随形。孩子还处于一个成长的时候，他们的心智还在慢慢地发育，所以犯错其实是孩子的权利，因为有了犯错孩子才能更快的成长，才会在错误里面吸取教训。所以面对孩子的错误，妈妈要懂得去循循善诱，通过自己的言传身教去帮助孩子改正那些错误，而不是不问原因就给予孩子批评。

作为妈妈，可能我们经常会看到自己的孩子犯错，也会经常以自己的方式去面对孩子的犯错。我们都知道孩子还处在一个成长期，并且在成长的过程中也有着顽皮的天性，所以犯错有时候对他们来说就如一日三餐一样的频繁。面对孩子的犯错，也许有的妈妈就觉得非常的头疼，因为她们不知道该如何教导孩子不去犯错，当然也有可能有的妈妈原本就缺少耐心，所以面对孩子的犯错总是给予孩子严厉的批评，并且有时候面对他们的频频出错，妈妈们更是感觉到无能为力。

可是妈妈们要知道，犯错误乃是我们取得进步所必须要交付的学费。其实孩子也一样，对于他们的成长，有时候也需要用犯错来交付学费，当然孩子的有些进步很多时候其实也是在错误中完成的。所以作为妈妈我们应该正确面对自己孩子的错误，有时候更是应该允许他们去犯错，而不是一味地去批评他们，让他们的心理产生恐惧。可是妈妈当然也要注意，在孩子犯了错误以后一定要及时地以适当的方式给予他们指正，只有在这样的不断指正与改进中，孩子才能真正地成长，才能真正地进步。

邻居家有个5岁的小男孩浩浩，常常听人夸他聪明、活泼、好动，做事富有创意，可偏偏就有人不喜欢，他的妈妈就是其中一个。

有一次，独自在家的浩浩又有一个新创意，他看见一只玩具狗有点脏了，决定帮他洗个澡，拿来刷子、肥皂，把狗放浴缸里，打开水笼头，开始给狗洗澡，这儿刷刷，那儿搓搓，瞧，他洗得多认真。狗没有洗好，倒把自己洗了一下，全身湿淋淋的。可他好像又有了新的想法，放下刷子，让狗睡在浴缸里，水龙头也不关就走了。去哪儿了呀，原来，他又去给娃娃烧饭了，在地上挖呀挖，湿孩子又成了泥孩子，等妈妈回来以后，看见了泥孩子已是哭笑不

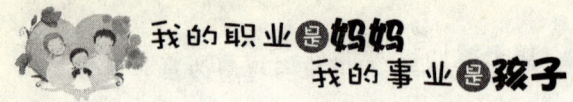
得，又听见哗哗水声，走进房间一看，呆了，水已从浴室里流出来，房间地板上也是一片水汪汪。这时，她气不打一处来，一把抓住浩浩，在他的屁股上狠狠抽了几巴掌，说："以后再乱搞，看我不打死你！"妈妈帮浩浩换了衣服，至于那只狗，喝饱了水，晒了十天半月也没干。

浩浩再也不敢给狗洗澡了。可没过几天，他又有了一个新创意。他要让自己像妈妈一样又香又白。这个创意已在他心里想了好久了。他每天都看见妈妈抹粉，可是，当浩浩拿起妈妈的粉盒，一不小心，把它打破了，粉洒了一地。有了上一次的经历，当妈妈问起此事时，浩浩赶忙摇头："不是我，不是我。"

浩浩两次犯了错，但前后两次心态是不一样的，由于第一次妈妈不听他的解释，动手就打，似乎孩子长了记性，第二次浩浩就学会了撒谎，于是孩子不诚实的品质也萌发了。

是孩子都会有自己一些"新奇"的想法，虽然这些"新奇"的想法在我们大人看来是那样的让人难以接受，但每个人的孩童时代，都会有一些天真可爱夹杂着一些顽皮淘气。就像故事中的浩浩一样，其实他只是在探索这个神奇的世界，只是在以自己的方式理解一些事情，虽然他在给狗狗洗完澡以后没有关水龙头是他的错误，但是作为妈妈并不应该以故事中那样的方式去对待自己的孩子。因为可能这次的批评能让孩子深刻地记下来，让他以后不再会为狗狗洗澡，但是也就是妈妈那样的对待方式，让他变得不诚实，让他学会了撒谎，扼杀掉了他犯错误的权利，并且让他的错误在以后不断地延续，并且放大，甚至牵涉到了品质的问题。

孩子的健康成长在于妈妈的教育，他们只是一个懵懂的开始探索世界的小小生命，他们也很难去辨别是非对错，所以犯错是他们的正当权利。也正是因为他们对于错误有很模糊的概念，所以就需要妈妈的帮助，帮助他们去理清思绪，让他们在自己的行为中获得一些信息，去让他们把自己的错误改正过来。但是面对孩子的错误，妈妈们究竟应该怎么去教导他们，让他们清楚的认识自己的错误，让他们改正自己的缺点，并且在每次的错误中取得进步，以后跟这些错误说拜拜呢？

以理解和尊重的态度对待孩子的错误。

每个人都渴望得到别人的尊重与理解，其实小孩子也是一样。虽然他们经常犯错，虽然他们经常做错事，但是我们要清楚很多时候一个错误的出现是有很多的原因的，所以面对孩子出现的错误，妈妈一定要了解清楚，问清楚真相，而不是以自己认为的方式去面对孩子的错误，当然在这个过程中最重要的是妈妈应该以尊重以及理解的态度去对待自己的孩子。虽然说孩子幼小，很多事情可能他们并不懂，但是他们还是可以自己捕捉妈妈的表情，通过妈妈的说话以及行为来理解妈妈对他们的态度的，当然妈妈的态度很多时候都会影响孩子以后的行为与品质。

给孩子解释的权利。

有时候事情的表面并不是我们所看到的那样，当然孩子的有些错误也是。我们大人都知道在自己有了错误的时候去给自己周围的人解释原因，以取得他们的谅解，难道小孩子就没有这种解释的权利吗？不，大人所拥有的这些权利，小孩子也应该拥有。所以作为妈妈在孩子犯了错误以后一定要给孩子解释的权利，让他们说清楚事情的来龙去脉，了解整个事件的发生始末，然后再去判定自己孩子的行为，对他们的行为给予正确的解说。千万不能像故事中浩浩

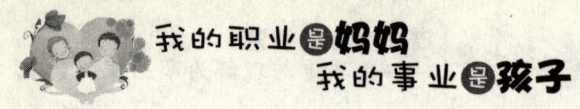

的妈妈一样，看到孩子犯了错误就去打，一点都不给孩子解释的机会，最后让孩子学会了撒谎。

针对孩子的错误行为，选择正确的教育方式。

每个孩子都有自己不同的个性，每次的错误也有本身所具有的独自的特征，所以对孩子的教育妈妈也应该选择不同的方式，对待孩子每次的犯错也要加以区分。就像故事中的浩浩，他的两次犯错是出于自己对他所生活的环境的探索与尝试，第一次犯错是因为他爱干净，看着狗狗脏了去给它洗澡，由于没有经验所以忘记关了水龙头，第二次是因为看到妈妈在抹粉，所以才去模仿，所以出了错。但是在浩浩第一次犯错后他却学会了说谎，这就是由于妈妈的教育出了问题，所以才造成了浩浩品质方面的偏差。如果妈妈在看到浩浩出错以后不是去骂他打他，而是以尊重以及理解的态度去面对他的错误，然后再告诉他用完水之后一定要关水龙头这样的生活常识，那么浩浩也不会学会撒谎。所以，妈妈一定要注意对小孩的教育方式，千万不能选择让小孩子恐惧或者是排斥的方式去教育他们，从而产生消极的结果。

给孩子自己解决问题的机会，逐步培养孩子的评价能力。

在孩子出现错误的行为以后，妈妈一定要帮助孩子寻找改正错误、解决问题的办法，而不是一味地去批评孩子。要让孩子知道下次发生同样的问题应如何解决，而不只是让孩子知道自己不应该做什么。当然有时候妈妈也应该给自己的孩子去解决问题的机会。例如当两个孩子发生争执的时候，妈妈最好不要介入，而应该让他们自己去解决。因为孩子还在成长，他们需要锻炼的机会，需要自己去接触这个社会上所有的一切，如果给孩子更多的机会去解决那些错误，那么孩子也会更加能够明辨是非，当然他们也会在每次的错

误中获取经验以及教训，不会让这次的错误一直延续到下次，他们
解决问题的能力和社会交往能力就越强。孩子之间在试图自己解决
问题的过程中，他们是在自己的思维水平上进行交流的，其交流的
内容被相互理解，假如这时大人介入，以成人的思维水平影响孩子
的想法，很有可能会引起孩子的误解。

妈妈职业通行证》》》

犯错也是孩子的一项权利，妈妈要明白这个道理，因为顽皮好
动是孩子的天性，犯错也是在孩子的世界里经常发生的事情。但是
对于孩子的错误，妈妈一定要以平常心来对待，用尊重以及理解的
态度去面对他们，化消极为积极，既让孩子的个性自由发展，又要
随时注意"纠错"，并且随时指正引导，让他们的错误在妈妈的帮
助下能够得到改正，并且促进他们的成长。

开阔心胸，孩子不是你完成梦想的工具

每个人都会有一些梦想，当然并不是每个人的梦想都
能变成现实。可能有些妈妈在教导孩子的时候喜欢把自己
没有完成的梦想强加到自己的孩子身上，想要看到孩子能
够帮助自己去完成梦想。其实妈妈这样的想法以及做法只
是一种自私的行为，孩子并不是完成自己梦想的工具，孩

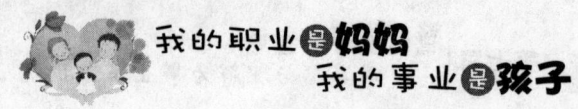

子也渴望有自己的一片天空。所以妈妈们如果真的爱孩子，就给他们自由，让他们有自己的梦想，有自己真正属于自己的精彩人生。

梦想是一种向往，也是人们一生中最美好的东西，但是并不是每个人的梦想都可以变为现实，并不是每个人的梦想都能在自己的有生之年出现在自己的生命里。

可能有些人觉得梦想可以被延续，虽然自己没能够实现，但并不代表自己的后代不会让自己的梦想变为现实，即使自己的孩子没有实现，但是孩子还会有下一代，就这样反反复复，总会有实现的一天。可是作为父母他们不知道，自己的梦想不一定就是孩子的梦想，他们心中的美好有时候也会成为孩子心中沉重的负担，会是孩子一生不幸人生的根源。

一个7岁的男孩在众亲友面前说自己最大的理想是放牛，挨了父母一顿毒打后离家出走；一名湖北大学生，独生女，喜欢哲学，但却学了4年的金属材料，毕业后在北京找工作，4个月无果，跳楼自杀；一名江苏大学生，爸爸妈妈都是著名的物理学家，夫妇俩一心想让这唯一的孩子出国深造，于是从小学到大学，天天看着儿子学，不给儿子一点自由，儿子被压得喘不过气来，终于忍无可忍，就在生日那天，用皮带勒死了自己的妈妈和爸爸……

这样的悲剧在我们的生活中仍然在不断地上演，也引起了社会的广泛关注，但是父母们有没有注意到，这些悲剧究竟谁是导演？医生的孩子当护士，博士的孩子当老师，商人的孩子做生意。更有甚者，我们还看到有些孩子被迫变成十项全能选手，弹钢琴、学跳舞、踢足球、唱歌、滑冰、参加智力竞赛、出书、当班干部，凡是好的东西样样不缺，孩子看起来像个超人。生活中这样的例子数不胜数，但是父母有没有考虑过，自己的孩子真的喜欢自己这样的状态吗？这些都是他们自己的梦想吗？

可能有的孩子的确是喜欢自己父母安排的生活，但是大多数的孩子都是有着自己的思想以及梦想的，他们更多的时候是想过自己想要的生活，是想要去完成属于自己的梦想，想要拥有自己真正的人生。

妈妈是孩子成长中的得力助手，也是孩子的第一任老师，更是孩子心灵的牵挂。很多时候妈妈的一些决定、一些想法很大程度上都会影响孩子的思想，影响孩子的成长，更会影响孩子的未来。所以妈妈在做一些决定的时候一定要注意，要考虑孩子的内心，去了解他们真正想要什么，而不是把自己的思想强加在孩子的身上，让他们成为实现自己理想的一个工具，让孩子背着沉重的负担走完自己的一生。

明心上学的时候，每到元旦或班里举行文艺节目的时候，她就特羡慕那些会弹琴跳舞的同学们，觉得她们真好，有自己的特长。当知道肚子里有了孩子，明心也梦想着将来让女儿学弹琴学跳舞，以后也有机会去展示自己。

一转眼，孩子3岁了，也该学东西了，但明心自己倒茫然了，要学什么呢？自己小区外面就是青少年宫，学东西很方便，每到周末就看到好多孩子在里面学东西，家长在外面等着。也真是苦了这些家长，明心想也许有一天她也会加入在里面。自己喜欢跳舞，但

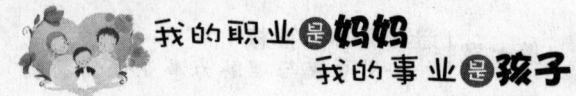

不会跳，偶尔就抱怨父母，如果当初让自己学跳舞多好呀，说不定以后就成了未来的舞蹈家。当然明心也有让自己的宝宝奇奇学跳舞的打算，但是想了一下自己的成长经历，她也害怕自己的宝宝被自己逼迫做不想做的事情，从而让孩子痛苦遗憾。在想这些事情的时候，明心的耳边总响起那句话"不能将大人的梦想强加在孩子身上"。当然明心的老公也总对她说，看孩子的兴趣吧，她喜欢什么就让她学什么，明心也觉得有道理，没有兴趣的学习怎么能学得好呢！

后来，奇奇入了幼儿园，并没有像别的孩子一样每天有上不完的学习班，明心只是想要明确知道自己孩子的真正兴趣，于是她准备多和老师沟通，让老师来发现奇奇的爱好，然后再根据孩子的爱好来让她自由快乐地学习，幸福地成长。

人这一生总有一些缺憾，可能就像故事中的明心一样，本来自己的梦想是成为一个跳舞家，或者成为一个钢琴家，但是由于家庭教育的原因，自己的梦想没有变成现实。在自己有了孩子以后，她也想过将自己的梦想强加到孩子的身上，让孩子去成为自己想要成为的那种人。但是当耳边回想起"不能将大人的梦想强加在孩子身上"这句话的时候，她的脚步停下来了，也不想让孩子背负着自己的梦想过一生，所以她选择了让孩子自由地成长，自由地学习，给自己的孩子一个自己想要的人生。其实对于奇奇来说，她无疑是幸福的，因为她有一个真正为自己考虑的、真正懂得爱自己的妈妈。她的妈妈不会强迫她做一些事情，更没有把自己未完成的梦想强加到她的身上。但是在这个社会上还有多少孩子能够像奇奇一样幸福，可以自由地成长？

孩子不是你完成梦想的工具，所有的父母应该铭记这句话，如果真的爱自己的孩子，就给他们一个广阔的天空，让他们自由地飞翔，不要牵绊他们，也不要掌控他们，而是让他们去追逐属于自己的梦想，去找寻真正属于自己的人生。

妈妈职业通行证 》》》

梦想属于自己才会真正美好，人生属于自己才会感觉到真正的精彩。每个人都应该有自己的梦想，有自己的人生，孩子也是一样。所以作为妈妈一定不要用自己的思想来控制自己的孩子，也不要自以为是地去给孩子安排未来。因为很多时候的控制与安排妈妈们都会加进自己的思想，更会把自己未完成的梦想强加到孩子的身上。孩子不是你完成梦想的工具。可能有时候你的梦想并不会成就美好，而是会毁掉自己孩子的一生。

别让过去的错误延续到明天

错误可以被解决，但是也可以被延续。在孩子的成长过程中犯错是在所难免的，妈妈要允许孩子犯错，但绝对不能让孩子在一个错误上摔太多的跟头。所以在孩子犯了错以后，妈妈不应该去责骂他们，而是应该立即帮助孩子

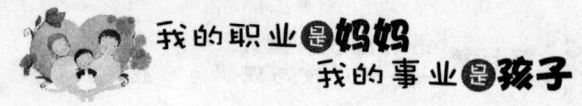

去找到问题的症结所在，彻底地去解决问题，从而不要让孩子的错误延续到明天。

作为妈妈教育孩子是一件很不容易的事情，因为很多时候的教育让妈妈们很是迷惑，甚至有时候根本不知道怎样去做才是对的，怎样去正确解决孩子成长中的一些问题，从而真正地有助于孩子的成长。例如孩子的犯错问题，犯错是每个孩子在成长中不可避免的事情，针对孩子的错误，妈妈有时候不知道如何去给他们纠正，让他们以后不要再犯。因为很多时候解决目前的这个错误很是容易，但是要让孩子的错误不再延续却是一个需要好好思考、让妈妈们感觉到很是棘手的问题。

话说一个孩子想帮妈妈拿放在厨房柜子上用玻璃瓶装着的有 5 斤重的牛奶，可由于柜子太高，牛奶太重，终于牛奶被打翻在地。5 斤牛奶让小小的厨房立刻成为一片白色的海洋，并且孩子在这片白色的海洋中伤心哭泣。这时候他妈妈听见声音跑进厨房，看到眼前的情景……到此，如果您是这位母亲，您会怎么做呢？

妈妈 A：听见声音跑进厨房，看到眼前的情景，立即把愣在一旁的孩子拉过来，大声呵斥，甚至打骂道："谁让你乱动东西了？你怎么这么不乖？你看这满地的牛奶怎么办？还得让我收拾，你怎么这么麻烦……"然后屋里只听见孩子的哭声和妈妈的痛骂声……

妈妈 B：听见声音跑进厨房，看到眼前的情景，立即把愣在一旁的孩子拉过来，轻声对孩子说："现在牛奶已经打翻了。我们一起想想利用这些打翻在地的牛奶能做些什么呢？看！现在厨房成了白色的海洋，你不是一直想让你折的小船在海里遨游吗？快去你的房间把你折的小船拿过来，我们一起让小船在白色的海洋上遨游吧。"利用孩子去拿小船的时间，妈妈将玻璃碴清理干净，而后和孩子一起在白色的海洋上玩了近半个小时的时间。当纸做的小船已经湿透不能再玩的时候，母亲和孩子一起把牛奶打扫干净，并且母亲找到一个类似装牛奶的塑料瓶子，在院子里教孩子怎样正确地拿瓶子，这样孩子下次在拿牛奶瓶子的时候就不会再打翻牛奶了。

打翻一瓶牛奶，这可能是孩子在成长过程中所犯错误之一，也有可能是很简单的一个错误。面对这样的错误，有的妈妈会像故事中的妈妈 A 一样，用责罚以及教训的口气去责备孩子，让孩子认识到自己的错误。但是她们不知道这样的一种处理孩子错误的办法，只是会让孩子在这次错误中严重受伤。本来是想要好心帮自己的妈妈拿牛奶，由于自己的不小心得到的并不是妈妈的赞扬，而是妈妈的责罚，在做错事的时候得到的并不是妈妈的理解与宽容，而是不可原谅以及痛骂。这样的处理方式会严重挫伤孩子的积极性，也会深深影响孩子的健康成长，会让他们产生自闭的倾向，不愿意表露自己的心声，不愿意跟自己的父母沟通，当然也会导致孩子自主解决问题能力的下降。这样的处理方式有时候不仅不会让孩子正确的面对这次的错误，甚至还会让错误延续到下次。

当然有的妈妈会像故事中的妈妈 B 一样，用理性以及耐心去解决这件事情，让孩子不因为犯了错误而受到心灵的伤害，当然也会让孩子意识到自己的错误，教会他们以后应该如何去杜绝这些错误的发生，从而让这样的错误不会延续到下次。

牛奶已经打翻了，我们为什么还要为打翻的牛奶纠结，为什么还要为打翻的牛奶去付出那些不必要的代价，为什么还要因为打翻

的牛奶去伤害自己孩子的幼小心灵？牛奶已经被打翻了，妈妈 B 用自己的宽容与内心去排解孩子心中的自责与伤心，并且诱导孩子看可以利用打翻的牛奶做一些什么样的事情，从而以作弥补、然后接着教会孩子如何去正确地拿牛奶，从而不让牛奶再次被打翻，这样也是教导孩子在以后的人生道路上，碰到困难，遇到挫折千万不要去逃避，也不是一味地去哭泣，而是应该主动的去寻找解决问题的办法，从而在下次做同样的事情的时候能够不再犯同样的错误。

不要为打翻的牛奶哭泣，不要让这次的错误延续到下一次，这是妈妈们应该教给孩子的一种生活方式，一种生活态度。诗人泰戈尔说过"当你为错过太阳而哭泣时，你也将错过群星"。一个错误当它已经发生的时候，就已经成为了过去式。如果一个人总是在一个过去式上面纠缠，而不是在这个过去式中吸取经验以及教训，那么这个人就注定永远活在过去式中，永远也只能在原地踏步，永远都得不到进步。

每个妈妈都希望自己的孩子每天都有一点成长，每天都有一些进步，如果妈妈们真的想要自己的孩子成长、进步，那么就要用自己的智慧以及耐心去教导自己的孩子。孩子在成长过程中会犯很多的错误，也会有很多的迷惑。妈妈作为孩子成长的引路人，一定要扮演好自己的角色，在孩子需要帮助的时候去用宽容以及耐心去帮助他们；在他们陷入迷惑以及困难的时候，用自己的智慧教导孩子如何去正确的解决；教会孩子生活的方法，教会孩子如何去行走，如何去前进，如何去实现自己的梦想。

孩子是妈妈们一生都要辛苦去经营的事业，如果妈妈们不想让自己的心血白费，不想让自己的事业出现危机，那么就要仔细去注意孩子的每一次犯错，去用心关注孩子的每一次成长。帮助他们在

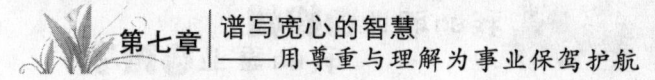
每一次的错误中取得经验以及教训，帮助他们在每一次的犯错之后让这次的错误终止，从而不断地去进步、去超越自己。

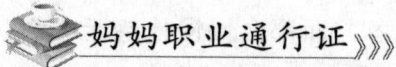妈妈职业通行证 》》》

　　最有智慧的妈妈不是帮助孩子解决这次的错误，而是在解决这次的错误之余诱导孩子不再去犯类似的错误，不让这次的错误延续到下次；最高明的妈妈不是给予孩子优越的成长环境，给孩子一个已经设计好的光明的前途，而是让孩子自己去探寻自己的未来，教会他们如何自己创造想要拥有的一切。做个智慧的妈妈，做个高明的妈妈，去成功经营自己的事业，相信妈妈们一定会大有收获。

多点智慧，多点幽默，谁说母子之间有代沟

　　人与人相处，有时候多一点智慧、多一点幽默能够拉近彼此之间的距离，其实孩子与妈妈之间的相处也是如此。面对孩子，不管他们有怎样的行为，不管他们是怎样的性格，如果妈妈们能够幽默一点，能够很智慧地表达出自己想要表达的东西，然后让自己的孩子读懂，那么母子之间就不会有那么多的阻隔，更不会有那么深的代沟。

　　有时候总听见妈妈们抱怨，心与心的距离真是可怕，孩子似乎

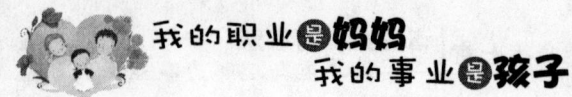

越是长大就跟自己离得越远，自己跟孩子之间总感觉有一道跨不过去的鸿沟一样。其实心与心的距离的确可怕，但并不是说孩子越长大就跟自己的妈妈离得越远，只是孩子在成长的过程中会越来越有自己的想法，他们的思想以及价值观各方面都会慢慢地趋于成熟。当他们有些想法以及有些观念跟自己的妈妈的想法以及作为格格不入的时候，或者觉得自己的妈妈不能理解自己的时候，他们才会跟妈妈疏远，母子之间也就慢慢有了距离，有了代沟。所以说母子之间的代沟并不是天生就注定的，只是后天产生的，并不是不能杜绝，也并不是没有办法，只是需要一些巧妙的智慧，然后再加上一点幽默而已。

用智慧以及幽默的方式去跟自己的孩子沟通，这是拉近母子之间的感情的有效方法，因为幽默会让孩子感觉到放松，也会让他们觉得跟自己的妈妈沟通起来很有趣，会让他们感觉自己的妈妈有时候也是朋友。当然妈妈在跟自己的孩子幽默的同时不要忘了去加点智慧，这样让他们在幽默中慢慢地去明白一些道理，从而帮助他们的成长。

一天，妈妈在给上一年级的儿子检查作业，发现他有 3 道数学计算题只做了 2 道。然后，妈妈问道："你的数学作业留了几道题？"

儿子立即答道："3 道题。"

"那你怎么只做了 2 道题呢？"

"第一道做了，第二道也做了，第一加第二不就等于第三吗？"

妈妈明白，儿子是故意不想做数学题，于是什么也没有说。过了一会儿，妈妈买来两块雪糕，对儿子说："爸爸吃一根，妈妈吃一根，你就吃第三根吧！"

儿子眨了眨眼，不解地问："就两根，哪来的第三根啊？"

妈妈说："第一根加上第二根不就等于第三根吗？"

听到妈妈这样说，儿子"扑哧"一声笑了。然后，儿子马上回到书房，去做那道剩下的数学题了。

可能面对孩子不爱做作业的毛病，有的妈妈喜欢用严厉的方式去教育他们，可是有时候由于孩子的逆反心理，严厉的教育方式会让妈妈与孩子之间发生很多的不愉快，也让孩子与自己的距离越来越远。有时候更是不仅没有达到想要教育他们的结果，还会出现母子不和的现象，让母子之间竖起一道无法跨越的鸿沟。

所以在教育孩子的时候，妈妈们一定要特别注意与孩子进行沟通的一些技巧，千万不能按着自己的性子做事，而应该需要运用一些智慧，运用一些心思。就像故事中的妈妈一样，面对儿子不想做作业的现象，她并没有严厉地去批评自己的孩子，而是以一种幽默的方式去回应儿子不想做作业的理由，最后既惹得孩子"扑哧"一笑，又达到了让孩子去做作业的目的，更是让儿子认识到了自己的错误，并且拉近了自己与孩子之间的距离。

孩子的心充满着新奇与古怪的想法，需要妈妈的触动。只要触动孩子活泼的天性，那么妈妈不仅可以达到自己想要的结果，还能避免母子之间发生的一些不愉快情况，更能让自己与孩子之间没有阻碍，那么也就不会有母子之间的代沟，那么妈妈应该如何去触动孩子活泼的天性呢？这就需要"幽默"的帮助，努力让自己做一个幽默的妈妈，用幽默而且智慧的方式去跟自己的孩子沟通，去教育自己的孩子。可是妈妈都知道，幽默有时候是人的天性，自己并不是一个幽默的人，那么应该在与孩子的相处过程中如何做一个有幽

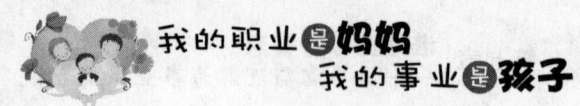

默感的妈妈呢？

学会用幽默去激励孩子。

想要让孩子跟自己的心没有距离，那么妈妈一定要让孩子感觉到自己对他的肯定与关爱，也要让孩子时刻感觉到妈妈对他的赏识以及激励。但是有时候如果我们仅仅是用几句比较熟悉的话语去激励孩子，他们也会形成"听觉疲劳"，就会产生听腻了的感觉，当然对于妈妈的夸奖与赞赏也就慢慢地没有了认同感，会觉得妈妈一直还停留在他们没有成长的状态，而自己一直在成长，这样会慢慢地跟自己的妈妈拉开距离。所以对于孩子的激励与赞赏的方式，妈妈要有新意，要让他们感觉到妈妈也是一直在成长。

例如孩子玩完玩具以后就把它们收起来了，这时候妈妈可以对他们讲："玩具被送回家，就可以好好睡一觉了，睡醒觉后再跟你玩。"如果看到孩子把房间收拾得干干净净，妈妈就可以对他说："是灰太狼帮你收拾的吗？灰太狼的本领真大，把这里收拾得干干净净的。"等等。这样的一种赞赏与激励方式，不仅可以让自己的孩子获得一份劳动后的快乐，而且也可以让他们感觉到自己与妈妈之间的距离很近。

用幽默的方式去提醒孩子所犯的错误。

孩子会出错是避免不了的，很多时候也是由于妈妈对孩子的批评所以才会跟孩子之间产生隔膜。所以面对孩子的错误，妈妈应该用合适的孩子欣然接受的方式去批评他们，不要让他们产生一种逆反的心理，并且产生一种妈妈不理解自己的感觉，从而远离妈妈。例如如果看到孩子浑身脏兮兮的，本来是早上才换的衣服，但是在中午的时候就已经被他们弄得满身泥土，虽然很是生气，但是妈妈一定要忍住，千万不能去严厉地批评他们，而应该以幽默智慧的方式去教导他们。妈妈可以这样说："哎呀，怎么有一只大花猫进来了呀，早上还是一只白白的小兔子，才一会就变成了大花猫了……"听到妈妈这样说，孩子才会意识到自己原来变脏了，大花猫多不好，白白的小兔子才会招人爱呢。这样孩子下次也会注意，当然也不会因为妈妈的教育产生逆反的念头。

幽默也要把握尺度。

真正的幽默是自然流露出来的，是为了让孩子在笑声中感受到妈妈对他的尊重和宽容，并且让他去明白一些道理。但是如果妈妈在与孩子的沟通过程中不能把握幽默的那个尺度，有时候反而会弄巧成拙，可能会让孩子感受到自己被嘲笑、被讽刺，从而与自己的妈妈越走越远。例如自己的孩子浑身脏兮兮地从外面跑回家，妈妈想用幽默的方式让他知道自己身上太脏，于是对他说："你可真是干净啊！身上一点儿尘土都没有。"听到这句话后，可能妈妈的话音刚落，孩子就会气呼呼地走进了自己的房间。因为在妈妈的话语中孩子不仅没有感受到幽默，反而感受到了一种讽刺以及妈妈对自己的不尊重。所以妈妈们一定要把握幽默的尺度，千万不要让幽默的话语变成嘲笑、讽刺孩子的"剑"。

妈妈职业通行证 》》》

幽默是一种与人沟通的艺术，妈妈在自己的这份职业中也应该做到巧妙运用。用智慧以及幽默去化解自己与孩子之间的矛盾，去避免一些不必要的冲突，也让孩子在与自己的交流中感觉到妈妈的"好玩"，这样孩子就不会跟自己的妈妈越走越远，更不会让两颗原本应该相近的心之间有了鸿沟。

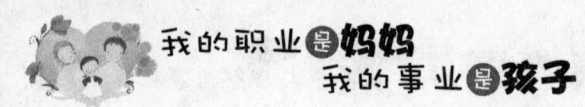

冷静处理，别惯坏了蛮横的小霸王

相信不管是谁，一提到"霸王"二字，必然会和不讲理联系在一起。在工作中遇到不讲理的同龄人，妈妈都会觉得很不舒服，觉得对方很没素质。但是回到家看看自己的小宝贝，他总是时不时地发脾气摔东西，只要你有一点没顺了他的意，他就会雷霆大怒，在你面前连哭带闹地大要一番。倘若这时候，妈妈不能冷静地处理好这一切，而是任由其发展下去，那后果必然是不堪设想的。

每个妈妈都希望自己的孩子是世界上最懂事的宝宝，也是最听话、最讲道理的、最优雅的宝宝。但是并不是每个妈妈的愿望都会变成现实，因为并不是每个宝宝真的能够很懂事、很听话并且很讲道理的。其实宝宝能不能讲道理，懂不懂事很多时候都跟妈妈的教育方式有关，如果一味地宠溺自己的孩子，让他们总是按着自己的性子做事，那么宝宝很可能就会变得不讲理，像个小霸王一样在家里为所欲为，并且在外面也是目中无人。

一位年轻的母亲带着男孩上了公交车。刚上来，孩子就冲到中间的位子，眼睛直直地盯着坐在前面的一个中年妇女。中年妇女迟疑了一下，只好站起来，把位子让给男孩。孩子没有道谢，母亲也没有道谢。年轻母亲的打扮像个标准白领，很矜持；然而她的孩子一点儿也不给她面子，嘴里嚷嚷着爬上座位，站了起来。这时候他鞋子上的泥水全踩在座椅上了，奇怪的是，年轻的母亲既不制止，也不数落男孩，像是习以为常。男孩朝窗外看，随即大叫："我不要这个位子，看不清楚！"他指的是玻璃不干净，看不清窗外。然后他就用目光盯住坐在他前面的一个六十多岁的老爷爷，然后指着他对自己的妈妈说："我要坐这个位子！"年轻的母亲像是没听见，男孩又大叫："你替我跟这个人换嘛！"车上的人都看着那个老爷爷，当时车上有的人在嘀咕：家长为什么要让孩子占着座位？这孩子有四岁了，长得这么结实，完全可以站在一边的。这个母亲为什么让自己的孩子这样大叫而不管管？她为什么不赶紧把被孩子踩脏的位子擦干净？

当男孩第三次大叫要换那个老爷爷的位子时，年轻的母亲说话了，她说："你小声对爷爷说，爷爷一定会换给你的。"她为什么这么有把握？可那男孩又一次大叫："不嘛，我就要你去跟他说！"老爷爷觉得自己不能把位子换给这样胡闹的孩子，更不能纵容那位年轻母亲的教育方式，于是他一直当做没有听见，还是在那里看着窗外的风景。

车上乘客一直在注意这对母子。男孩大怒，一下子哭喊着从座位上跳下，在车厢地上打滚，浑身泥污，边哭边滚。周围的人面有愠色，看着他有声有色地表演。那个年轻母亲似乎很尴尬，但看得出来，她一点办法也没有。孩子哭喊着滚了好一会儿，她把男孩扶起来，又让他站在座位上。男孩看着那位老爷爷，那位老爷爷也看着他。就这样，老爷爷在下一站下了车，至于后来那个孩子怎么样了也无从知道。

　　故事中的这个孩子无疑就是一个"小霸王"的形象，并且目无尊长，想整谁就整谁，想要什么就要得到什么，究竟是他的本性如此，还是那位年轻妈妈的纵容滋长了他这样的任性？毫无疑问的，每个妈妈都疼爱自己的孩子，也想尽办法地宠爱着自己的宝宝，但是这个疼爱与宠爱也应该是有限度的，也应该是在理智的情况下发生的，而并不是应该像故事中的那个妈妈一样，对于孩子所有的作为都听之任之，让自己的孩子变成了名副其实的"在世的小皇帝"，根本不懂得什么是礼貌、什么是谦让，更不懂得什么叫做尊老。妈妈们爱孩子是毋庸置疑的，但千万不要因为自己"盲目"的爱让孩子的本性迷失，更不要因为自己"有害"的爱牵绊孩子的成长。

　　妈妈爱孩子要懂得去把握那个度，不要让自己的疼爱变成溺爱，也不要让孩子养成任性不讲道理的习惯，更不要让孩子变成自以为是、目中无人的"小霸王"。可能妈妈会说，孩子是自己心头的宝，即使有时候知道他们的要求是无理的，他们的做法是错误的，但还是会不由自主地去纵容，有时候本来也想去纠正，但是最后还是经不住他们的吵闹，会在他们的眼泪的攻击下妥协。那么面对自己孩子的任性以及无理取闹，妈妈们究竟应该怎么做，才能让孩子变得讲道理、明事理，并且不会伤害到他们呢？下面是一点意见，希望会对头疼"小霸王"的妈妈们有所帮助。

用冷静思考面对孩子的"任性"。

　　孩子处于一个成长的阶段，对于很多事情都喜欢按着自己的性子来，当然很多时候也会提出一些很无理的要求。这时候妈妈一定要仔细地去分析其中的原因，弄清楚为什么不合理，然后再向孩子进行针对性的教育，千万不能明明知道自己孩子的要求是无理的，还进行祖护。

用热心诱导来化解孩子的"顶牛"行为。

妈妈们可能有这样的一种经验，在自己管教孩子的时候，孩子往往表现出不服从，并且还跟自己"对着干"的情况，孩子的这种行为其实可以说是"顶牛"行为。面对孩子的"顶牛"行为，妈妈们可要注意了，千万不能跟他们赌气，以顶还顶，以牙还牙，而是应该正确地分析找出孩子"顶牛"的原因，然后热心诱导，通过"软手段"来教育孩子。

静心地对待孩子的"哭闹"。

妈妈们都知道，是孩子就没有不哭闹的，有时候的哭闹只是他们想要达到自己目的的一种手段。有的妈妈一看到自己的孩子哭闹，就乱了方寸，不知道怎么办，只想着顺着孩子的意思孩子就不会再哭，所以就养成了孩子哭闹达到自己目的的习惯。其实这样的习惯对孩子的成长很是不利，所以妈妈们要注意以后不管是在家里还是外出，当孩子哭闹时，一定不要让步，要显示出自己不怕他哭闹的样子。这样慢慢地孩子才能改变哭闹现象。

妈妈职业通行证 》》》

哭闹与眼泪有时候只是孩子威胁自己妈妈的手段，是他们为了达到自己某些目的的一种惯用方法，妈妈们一定要注意识破，千万不能让孩子揪着自己的尾巴走。家里不应该有"小霸王"的存在，孩子也不应该是"在世的小皇帝"，妈妈们想要自己的孩子懂礼貌、讲道理、有素质，就一定要懂得用正确的方式去教育他们，用正确的爱去引导他们。

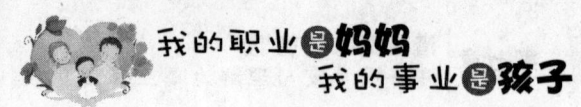

还原天性，批评也要讲求语言艺术

批评不是乱发脾气，不是对孩子进行惩罚，更不是彰显自己作为妈妈的威风，而是妈妈与孩子之间的一种沟通对话，是让孩子打开自己的心灵窗户，接受妈妈的指正与引导。批评孩子要讲求一种语言艺术，让孩子在接受自己批评的时候感受到来自妈妈对自己的关心以及爱护，感受到妈妈的尊重以及对自己的理解，这样孩子才能慢慢地明辨是非，才能更加健康地成长、取得进步。

教育孩子，给予他们批评是不可缺少的部分，因为孩子不是圣人，他们会犯错，而且由于他们还处于成长的状态，所以很容易犯错。于是怎样去恰当地批评自己的孩子也就成了妈妈们不得不去思考的一个问题。看看周围，我们会经常看到妈妈们批评自己的孩子，当然她们的批评手段也是各不相同。

"赵磊，你真是给我丢脸啊，你是不是不犯点错误就难受啊?"

"陈欣，你看你考的这点分，我就不明白了，你和其他同学一起上学，听同一个老师讲课，考同样的内容，为什么你的成绩就这么差呢?"

"王小蒙，看看你的房间，跟个猪窝一样，你要是再不收拾，我就把你这些玩具全部清理出去！"

当孩子做错某件事情的时候，说教、挖苦、警告这样的批评是很多妈妈最常用的批评方式。当然每个妈妈批评自己的孩子只是想让自己的孩子变得更好，让他们明白自己的错误，从而希望以后能够注意，能够不再犯错。可是她们并不知道，也不会去思考自己这样的批评方式究竟能不能够被自己的孩子接受，让他们心甘情愿地接受自己的教诲，从而真的有所改正，在错误中吸取教训，得以进步。

前苏联教育家马卡连柯曾经说："批评不仅仅是一种手段，更应是一种艺术、一种智慧。"孩子有了过失，我们应该给予他们教育和引导，当然也可以给予他们适当的批评，但是这个适当的批评一定要讲求一种艺术，并不是仅仅像上面例子中的那些妈妈一样对自己的孩子进行赤裸裸的说教、挖苦、甚至警告。

一天，家里来了客人，妈妈让8岁的佳明给客人拿糖果。一不小心，他把糖果撒了一地。妈妈非常生气，当着客人的面就批评佳明："你都多大了，怎么连个糖果都拿不好呢？"

这时，佳明低下了头，客人忍不住说："孩子还小，没关系。"

妈妈却说："真是没见过这么笨的孩子！"

听到妈妈这样说，佳明更觉得无地自容了。从此以后，只要妈妈让佳明做事情，他都会非常紧张，害怕因为出错而遭到妈妈的训斥。

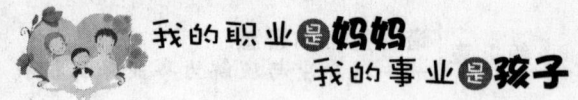

　　这样的一种对孩子的变相的否定可能也是妈妈们对孩子进行批评时的惯用手段。其实这样的一种方式有时候比说教挖苦以及警告更是不可取，因为这样的批评会造成孩子心灵上的伤害，会让他们感到一种孤独无助，更会让他们慢慢地产生一种紧张的心理，从而害怕与人接触，有时候也会造成孩子幼小心灵的扭曲，所以妈妈一定不要用这样的方式去批评自己的宝贝。如果故事中佳明的妈妈在看到佳明把糖果不小心撒了的时候，告诉佳明把糖果捡起来，让他以后做事当心一点，然后拍拍他的肩膀，这样佳明可能就不会出现后面的只要自己的妈妈让他做事就会紧张的现象，造成他的一种恐惧的心理。

　　所以，在我们批评自己的孩子的时候，一定要注意自己的措辞以及态度，更要讲究自己的分寸，千万不要因为一些话语或者动作眼神给自己的孩子心灵造成伤害，让他们丧失活泼开朗的天性，给他们的天空蒙上一片浓雾。

　　妈妈们想让自己的孩子更明事理，能够更加健康地成长，就一定要意识到批评方式在教育孩子的时候的重要性，去掌握一些批评的艺术，从而与自己的孩子进行心灵上的沟通与交流。这里有两种比较好用的批评技巧跟妈妈们一起分享。

反弹琵琶效应

　　如果妈妈们想要自己的孩子乐于接受批评，那么就一定要学会这个批评技巧，那就是"反弹琵琶效应"。可能妈妈们会有所疑惑，什么叫做反弹琵琶效应的批评方法呢？其实反弹琵琶效应的批评方法很简单，那就是当孩子犯了错误的时候，妈妈们先不要急着批评或惩罚他，而是要充分肯定或表扬他的长处，使他自己去反省，进而认识并改正自己的错误。

三明治效应

除了反弹琵琶效应的批评方法，妈妈还应该了解另一种颇有效应的批评方法，那就是"三明治效应"。三明治不是吃的吗？怎么可能会作为一种批评方法呢？其实三明治效应可以作为一种有效的批评方法，也是妈妈们教育孩子的必不可少的一种手段。也就是说当孩子犯了错误的时候，我们可以把批评内容夹在两个表扬之中，第一层是对他认同、肯定的积极语言，中间一层夹杂着对他的批评，第三层是对他鼓励、信任的积极语言。这样孩子也会在批评与表扬中认识到自己的缺点与不足，同样也会意识到自己的优点，从而自发的去发扬自己的优点，回避自己的缺点。

妈妈职业通行证 》》》

孩子是妈妈要细心经营的一份事业，这份事业中也时时需要妈妈的智慧以及巧妙的艺术。孩子只是一棵还在成长的小树，在成长的过程中会出现很多的问题，也会给妈妈带来很多的麻烦，但是这时候，妈妈一定不要烦躁，也不要苦恼，而是应该以一种很艺术的方式去面对他们的成长，纠正他们的错误，给予他们批评，这样小树苗才能在自己的教导下慢慢成长。

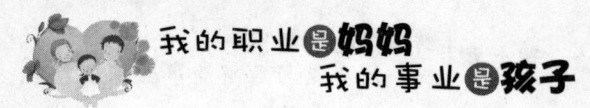

学会宽容，小失误就睁一只眼闭一只眼吧

孩子的成长本来就是在磕磕绊绊中完成的。作为妈妈，在教育孩子的时候要学会宽容，对于他们的小失误尽量做到睁一只眼闭一只眼，让孩子在宽容中感受到妈妈的爱，接受到教训。宽容并不是说无限制地放纵孩子的错误，而是在尊重孩子的基础上，冷静、灵活地处理。只有这样，孩子的路才会越走越宽，越走越顺畅。

曾几何时，那个只会躺在襁褓中哭闹的小家伙终于长大了，他们开始向自己的妈妈提各种各样的要求，也开始慢慢变得淘气，甚至有时候不顾妈妈的警告，故意搞一些小破坏了。妈妈对于自己淘气的孩子，总是爱多过责罚，但是她也深知教育的重要性，开始给孩子制定一系列的规矩。有了规矩就会犯错误，犯了错误的孩子总是会受到妈妈的责罚。面对孩子的过失，妈妈究竟是应该铁面无私，还是任其胡作非为呢？

铁面无私，就会显得太过苛责，这样会让孩子对自己的妈妈产生怨恨，进而变得更加叛逆；但是任其胡作非为，无意中增长了孩子的嚣张气焰，会让他们显得更加肆无忌惮，这样也就等于毁了孩子的一生。那么，面对孩子的过错，妈妈究竟应该怎么做呢？

其实过错是有大小之分的，面对太过严重的过错，妈妈一定要让孩子知道后果，并且让他们明白什么事情该做、什么事情不该做。对于一些小过失嘛，妈妈完全可以睁一只眼闭一只眼，用宽容来收买孩子的心。因为在很多时候，宽容是具有神奇的力量的，它可以让孩子主动认错，然后改正。

有一次，妈妈给了桐桐1元5角钱，她让桐桐去小区门口的粮油店买一斤面条。桐桐只是个几岁大的孩子，很多事情都可以吸引住他的注意力，从而让他忘记自己的"任务"。桐桐刚走到楼下，就看到不少的孩子在那里玩跳皮筋，他看得入了神，好久之后才想起自己是要去买面条的，可还是不小心将5角钱弄丢了，手里只有1元钱了。于是他只好买了1元钱的面条回到了家。

回家之后，妈妈看到桐桐这么久才回来，并且只买了1元钱的面条，那火"噌"的一下就上来了。可是在看到桐桐小心翼翼的样子之后，妈妈笑了："桐桐，你已经很不错了，虽然丢了5角钱，可是你还是买了1元钱的面条回来了。妈妈以后还要把这样的任务交给你，但是下次你可不要再弄丢钱了啊！"妈妈的话让桐桐很开心，他十分慎重地向妈妈保证，以后一定保质保量地完成任务。

果然之后凡是妈妈交给桐桐的任务，他都会很认真地去完成，很少出现差错。

其实很多孩子在犯错误之后，还是很害怕受到父母的责备的。假如桐桐买回面条之后，妈妈狠狠地将他批评一顿，桐桐可能就会对自己失去信心，以后也不会认真地去做一件又一件妈妈所交代的事情了。宽容孩子的缺点，妈妈就会发现，不仅自己的脾气变得温和了，而且孩子做事也变得更加积极了，而整个家庭更是会因此变

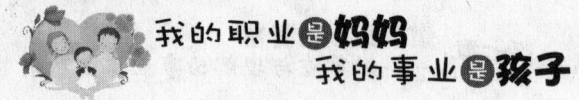

得和谐很多。

孩子在做某件事情的时候，虽然一心想着成功，可还是会不可避免地出现这样那样的失误和差错。当出现失误和差错的时候，孩子本身的情绪就会变得低落。作为妈妈，不应该一味地指责和批评孩子，而是应该善待他们的差错，宽容他们的过失。黑格尔曾说过："错误本身乃是达到真理的一个必然环节。"在教育孩子的过程中，每个妈妈应该有足够的耐心，去宽容孩子犯下的过错，正确地引导他们从过失和错误中吸取经验教训，以便帮助孩子更好地完善自我。

甘地被印度人视为民族英雄。他年轻的时候，看到身边有很多人喜欢吸烟，于是在好奇心的驱使下，他也学着吸烟，慢慢地染上了烟瘾。后来实在没钱买烟的时候，他就去偷家里的钱，他知道自己的偷窃行为是非常可耻的，所以，他把自己的行为和内心的纠结都写了下来。

后来，经过一番激烈的思想斗争之后，甘地将记述了自己内心的本子拿给爸爸看。爸爸在看了甘地的日记之后，他没有说一句话，也没有责打辱骂甘地，而是流下了热泪。显然，爸爸已经宽恕了儿子的过错。爸爸的宽容非但没有让甘地感到轻松，他反而觉得自己很对不起爸爸，于是下定决心，痛改前非，好好做人。最终他成为了民族英雄。

无声的宽容有时候比打骂和批评更有说服力。用宽容教育孩子，就等于在孩子的内心播下了一颗善良的种子，而这颗种子最终也会让孩子变得善良而宽容。"人无完人，金无足赤"，不少妈妈因为望子成龙心切，在教育孩子时，往往忘记了这一定律，对孩子求全责备，结果给自己和孩子都造成了很大的压力，影响了孩子的身心发展。

当然，宽容孩子并不是要求妈妈对孩子一味纵容。对于孩子的错误，该批评的也得批评，只是要注意批评的艺术和技巧。对孩子少一些苛刻，多一些宽容，是聪明妈妈的明智选择。妈妈可以采取以下的建议。

学会赏识孩子，不可随便侮辱孩子。

每位妈妈都希望自己有个优秀的孩子，希望他们十全十美，但这只是一个理想。尽管在很多妈妈的眼里，自己的孩子都是最优秀的；但也有一些妈妈，在面对孩子的缺陷或弱点的时候，会产生厌恶的情绪。妈妈对孩子的侮辱，会给孩子的心灵造成很大的伤害。一些自身存在缺陷或是表现得不怎么出色的孩子，他们的心理本来就很脆弱，他们更希望得到妈妈的肯定。妈妈要意识到这一点，学会赏识自己的孩子，不随便侮辱他们，才能帮助孩子取得成功。

以一颗平常心来对待自己的孩子。

不论自己的孩子是优秀还是平庸，妈妈都应该用一颗平常心来对待他们。把自己的孩子当普通人对待，从内心赏识孩子的优点，宽容地接受孩子的缺点。尽量放大孩子的闪光点，将孩子的缺点缩到最小。聪明的妈妈在宽容中会让孩子真正认识自我，发挥自己的长处，弥补自己的不足。

容许自己的孩子犯错误。

每个人都会犯错，所以妈妈应该允许自己的孩子犯错。以宽容的眼光来看待孩子所犯的错误，耐心地帮助孩子分析出错误的原因，并指出孩子需要改进的地方，进而引导孩子不断地充实和完善

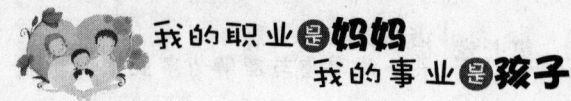

自我。对于孩子，宽容是最好的说教。妈妈应该意识到，正确的东西都是在错误的积累中得以形成的。所以，妈妈要想自己的孩子得到进步，就应该允许自己的孩子犯错误，不苛求孩子十全十美。

妈妈职业通行证》》》

过分苛刻孩子是很多妈妈常犯的错误。妈妈没必要时时刻刻都盯着自己的孩子，当孩子有做得不好的事情时，不要急于去纠正，也不要一味地指责批评他，这样会让孩子感到厌倦，而且很容易激发孩子的逆反心理，是一种错误的教育方法。妈妈应该多关注孩子表现出色的方面，不断鼓励孩子，以一颗宽容的心去对待他们的过失，让孩子主动意识到自己的不足并改正，以便获得更好的发展。

在每个妈妈心中孩子都是自己一生的事业,他承载了自己太多的希望和理想,就好比是自己用一生精心雕琢出来的作品,我们总是希望他能够尽善尽美,总是希望他能够更加完美。于是孩子就这样慢慢长大,在他还很小的时候,妈妈就已经高瞻远瞩地将自己的目光放远到了遥远的未来,不停的运作,不停的辛劳,最终为他插上了展翅高飞的翅膀。然而,事业还在继续,妈妈的努力还在继续,勇敢地去经营自己的这份爱吧,尽管从未奢求回报,但你一定会得到自己想得到的东西……

第八章 坚持到底的理想
——永无止境,爱让事业尽善尽美

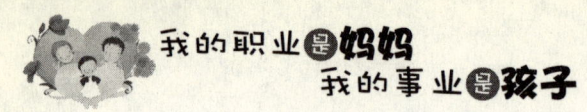

举目远望，心高才能路更远

"父母之爱子，则为之计深远"，众所周知，天下父母没有不爱自己的子女的，但是每一位父母也都怀着"望子成龙、望女成凤"的美好愿望。作为父母，要想自己的儿女真的有所发展，就应该做到举目远望，只有心高才能走得更远。

孩子是上帝赐予每对父母的宝贝，做父母的自是对他们呵护备至，有时候甚至想天天将他们捧在手心里疼爱。孩子们的身上也承载着父母的梦想，那就是父母最真诚的希冀——希望他们将来有一天能够有所成就，拥有幸福美满的生活。

有人会说："儿孙自有儿孙福，做父母的干嘛操那些闲心。"很多父母认为自己没必要去操心儿女的未来，因为即使自己有心也使不上力。殊不知，其实父母对孩子未来的事业都具有很大的影响，当然这些影响有时候是一瞬间的，但很多时候都是自小就留下的。"种什么因，就结什么果"，目光高远的父母，他们带给儿女的影响是积极上进的。他们教会儿女用一种长远发展的眼光看待事情，所以当他们遇到事情之后，能够看得长远，做起事情来也稳重，当然他们大多数都能够在自己的事业中获得成功。

　　许多年以前，有一位穷苦的牧羊人带着他两个年幼的儿子，靠为别人放羊来维持生活。一天，他们赶着羊来到了一个山坡。这时候，父子三人看见了一群大雁鸣叫着从他们的头顶飞过，很快就消失在他们的视野中。

　　"大雁这是要飞到哪里去呢？"牧羊人的小儿子仰起头，问他的父亲。

　　牧羊人回答说："它们要去一个比这里更温暖的地方，在那里度过寒冷的冬天之后才回来！"

　　"要是我们也能像大雁一样飞起来就好了，并且我要比大雁飞得还要高、还要远，那样我就可以去天堂看妈妈了。"牧羊人的大儿子眨着眼睛羡慕地说。

　　"做个会飞的大雁多好啊！可以随便飞到自己想去的任何地方，那样我们就不用再放羊了。"小儿子的话语中充满着渴望。

　　牧羊人稍稍沉默了一下，然后对他的儿子们说："如果你们想，你们也会飞起来的。"两个儿子张开手臂试了试，可是并没有如他们的父亲所说那般飞起来。他们用疑惑的眼神看着父亲。

　　牧羊人说："看看我是怎么飞的吧。"于是他也张开了双臂飞了两下，当然也没有飞起来。但是牧羊人却十分肯定地说："可能是因为我的年纪太大了才飞不起来，你们还小，只要不断努力，不放弃飞翔的目标，那么就一定能飞起来，到达你们想去的任何地方。"

　　儿子们牢牢记住了父亲的教导，为了实现他们的飞翔之梦，他

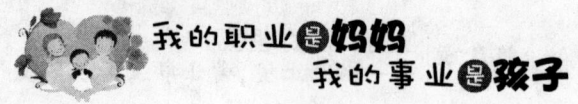

们一直不断地努力。等他们长大以后终于飞起来了，他们就是美国的莱特兄弟——飞机的发明者。

有人说，聪明的父母可以为儿女插上飞翔的翅膀，愚蠢的父母就只会做折断儿女羽翼的刽子手。是啊，父母对儿女的影响是十分重要的，孩子们总喜欢受到父母的鼓励和赞扬，父母的一言一行无形中影响着孩子们的言行举止。好的父母在教育孩子的时候，他们不会只重视眼前的得失，他们更注重的是孩子们的长远发展。

艾迪是美国犹他州一所中学的学生，他虽然出身贫寒，但是性格乐观向上。

一天，老师比尔给大家布置了一份作业，要求孩子们就自己的未来理想写一篇作文。

艾迪回家之后，就兴高采烈地开始写自己的梦想。他用了整整半夜的时间，写了七大张，详尽地描述了自己的梦想。在作文中他写道："我梦想将来有一天拥有一个牧马场。"艾迪把自己梦想中的牧马场描述得很详尽，甚至画下了一幅占地200英亩的牧马场示意图，图中有马厩、跑道和种植园，还有房屋建筑和室内平面设计图。

第二天他就兴冲冲地将这份作业交给了比尔老师。然而作业批回的时候，艾迪伤心地看到老师在第一页的右上角打了个大大的"F"（差）。艾迪觉得自己的功课完成得很出色，他想不通为什么只得了个"F"。下课后艾迪就去找老师询问原因。

比尔老师认真地说："艾迪，我承认你的这份作业做得很认真，但是你的理想离现实太远，太不切实际了。要知道你父亲早就死了，你母亲只是一个穷人家的女儿，带着你四处流浪。你们连固定的家都没有，而且还经常搬迁，根本没有什么资本。而要拥有一个牧马场，得要很多的钱，你能有那么多的钱吗？"比尔老师最后还说，"如果你愿重新做这份作业，确定一个现实一些的目标，我可以考虑重新给你打分。"

艾迪拿回自己的作业，去问母亲的意见。母亲摸摸儿子的头说："孩子，你的作业很棒，妈妈支持你。但是，要不要重新写作业，还得你自己来决定！"听了妈妈的话，艾迪考虑了整整一晚上，最后他决定坚持自己的梦想，即使老师给的成绩是"F"。

多年来，艾迪一直保存着那份作业本子上刺眼的"F"，那个"F"一直激励着艾迪，让他不断奋斗着，一步一个脚印地迈向自己的创业征程，多年后艾迪终于如愿以偿地实现了自己的梦想，拥有了自己的牧马场。

数年后，比尔老师带着他的20名学生参观了一个占地200多英亩的牧马场，当登上一座面积达4000平方米的建筑时，他惊奇地发现，牧马场的主人就是曾经被他评价为梦想太不切实际的艾迪。

很多人会建议自己的孩子在订立人生目标的时候要谨慎，一定不能脱离实际。但是从以上的故事，我们可以看出，一个人志向高远并非什么坏事，孩子们的梦想需要父母的支持和鼓励。如果艾迪的母亲当时和比尔老师一样批判艾迪的梦想不切实际，让他重新写作业，打消这种白日做梦的念头，或许艾迪真的会放弃自己的理

想，甘于命运的安排。但是妈妈的鼓励和支持却给了艾迪莫大的信心，所以他留下了那份作业，并借此激励自己坚持下去，最后，他终于达到了自己的目标，成为了一个大型牧场的主人。

做父母的要学会看得远点，心高有时候也没有什么不好，至少可以走得更远一些。爱自己的孩子，就要考虑他们的将来。爱可以让事业尽善尽美，坚持自己的理想，做好妈妈这个职业，让孩子这个事业发展起来吧！

妈妈职业通行证 》》》

或许有时候我们会觉得自己的孩子的想法太过古怪，脱离了正常人的思绪，但是我们不应该固执地一心想着改正它，而是应该问问他为什么这么想的原因，想想孩子之所以做出如此想法的根据，然后再以适当的方式去对待。一个好妈妈，她可以给自己的孩子鼓励和信心，她可以在孩子的心中种下希望的种子，可以给孩子的梦想插上翅膀。所以，爱自己的孩子，那就看得远些、心高一些，这样才能让自己的孩子走得更远、看得更多。

完成超越，让孩子体会自我的生存价值

不管自己的孩子长到多大了，在妈妈的眼里，孩子永远都是那个需要她关怀照顾的孩子。每个妈妈都希望自己的孩子能够过得幸福、她的事业能够成功。但是，要知道，孩子们不可能一直都甘心躲在父母的羽翼下生存，他们有自己的理想和愿望。所以，作为一个为孩子着想的妈妈，就应该试着放开，鼓励孩子完成超越，让他们体会到自我的生存价值。

孩子在慢慢地成长，他们的价值观以及心理也在慢慢地趋于成熟。在这个过程中他们接受外界事物的能力也越来越强，他们也越来越有了自己的主见。可能有的妈妈觉得，孩子已经成长，这个时候已经不需要再去教导他们、再去引领他们，如果这样想，妈妈们就错了。因为不管孩子长多大，毕竟他们只是在接触这个社会，他们的经验没有妈妈的那么丰富，他们也会时常受到来自社会各界的诱惑，所以他们还是需要妈妈的引导，需要妈妈来带领他们完成一些事情，让他们真正地完成超越，找到自己的生存价值。

2009年夏天的一个夜晚，在北京西郊一处僻静的小树林里，三

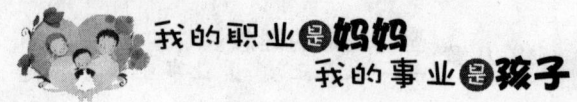
个少年正在对一个中年男子实施抢劫，其中年龄最小的少年拿出绳子准备捆绑中年男子的手脚，对此他丝毫没有恐惧感，甚至有一丝丝快感涌上心头。突然，他听到中年男子的哀求声。迟疑了一下，他扔下绳子和同伙扬长而去……

　　这个少年就是孙东，他就读于河北某县城高中二年级，是一名品学兼优的好学生。孙东的父母曾这样描述自己的儿子：听话、懂事、很上进、知道心疼父母。这样一个优秀、阳光的少年，怎们会去抢劫呢？他真的如父母所描述的那般懂事优秀吗？

　　孙东出生在河北一个偏僻的小山村里，他的父母是地地道道的农民。自打孙东一出生，他的父母就商量好了，不论再苦再累，也要把儿子培养成大学生，让他鲤鱼跳龙门。

　　孙父常年外出打工，孙母起早贪黑地劳作，时不时地叮咛孙东一定好好学习，将来考上大学，报答父母的养育之恩。孙东从小就懂事，理解父母生活的艰辛，他经常暗自下决心一定好好学习，将来考上大学，让父母过上好日子。这是孙东学习的动力。孙东每次捧回三好学生的奖状和优异的成绩单，都能看到妈妈脸上灿烂的笑容，也正是母亲满意的笑容让孙东觉得生活充满阳光，更平添了几分上进的动力。

　　此后，孙东以优异的成绩考上了县城的重点高中。拿到录取通知书的那一刻，全家人就像过年一样高兴。同时，父母也作了一个惊人的决定：为了孙东能够考上大学，全家搬到县城租房住，把家里的农田承包给别人，夫妻俩在城里做小生意维持生计。

　　孙东父母的生意经营得日益惨淡，辛苦的妈妈总是抱怨还不如在农村种地。这样一来，孙东的成绩单就成了父母情绪的晴雨表。

妈妈一见到孙东就会用充满期待的口吻问："考试考得怎么样？成绩出来了吗？能不能考上北京的重点大学？"紧接着就是一长串的叮嘱，"虽然放假了，可不能有丝毫的懈怠呀。""眼看要高考了，可不要功亏一篑呀。"

孙东早已习惯了这些话，起初还有一句没一句地哼着、啊着，后来就没了回应，只是默默地走开。沉默了几天后，孙东受不了了，他觉得妈妈的这些问话把他的心逼近了死胡同，他甚至对未来、对生活完全失去了信心，丧失了前进的动力。有一次他考试成绩不怎么理想，班级排名从前五名滑落到十五名，妈妈知道后却哭得很委屈，母亲带有抱怨的话重重地敲在孙东的心上。

孙东很想找人倾诉，更准确地说是发泄。就在此时，他接到了表哥的电话。表哥邀请他去北京玩，孙东想想就去了，于是在表哥那里认识了那两个少年。孙东在两个少年的"教导"下，终于做出了违法犯纪的事情，也就是故事开始的那件事……

在孩子们幼小的心灵里，父母是他们的全部依托。取悦父母，是很多孩子行为的原始动机。但是，随着孩子们慢慢地长大，特别是到了青春期，做父母就要开始引导他们认识自我、寻找生活目标、树立自己的生活理想、规划自我的人生、体现自我的生存价值了，否则孩子在这个阶段很容易丢失自我。

故事中的孙东就是因为在成长的道路上丢失了自我，我们可以看出他是一个自我概念很淡泊的少年。在孙东的内心，他刻苦学习都是为了父母，他是为了父母而活着，完成父母的愿望就是他学习的最大动力。他的生活是单调而烦躁的，这是因为父母没有很好地

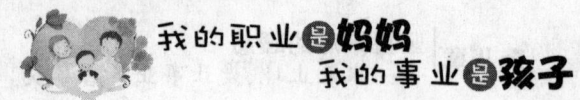

去引导他，让他在超越自我之中找到自己的生存价值，所以一旦他脱离了父母的管制，就会产生一种逆反心理，进而做出一些坏事。

任何人都有一个成长的过程，他从刚开始的牙牙学语一直到能够独自撑起一片天空，这个过程是漫长的，也是艰辛的。因为在这个过程中，很多人会因为生活的不顺遂而感到迷茫，也会因为现实中众多的诱惑而迷失自我。做妈妈的都想将自己的孩子保护在怀里，让他们不受到丝毫伤害，但是这种爱只会让孩子失去面对困境的勇气，继而失去生存的能力。爱自己的孩子，就要成就他们，让他们找到自己的生存价值。一个人一旦找到了自己的生存价值，有了一定的生活目标，那么面对一切的时候，他就不会轻言放弃，当然，他也能得到自己想要的成功。

那么如何让孩子完成超越，体现自我的生存价值呢？

引导孩子树立正确的人生观和社会观。

我们也知道，随着社会的迅速发展，各行各业之间的竞争也日益激烈。如果在年轻的时候，仅仅是为了生存而盲目度日，那么在之后的生活中就会充满压力，人生也只会被消极和抱怨所腐蚀。所以，父母应该引导孩子积极面对自己的人生，让他们及时设定自己的人生目标，在面对任何困难的时候，都能够端正自己的工作态度，树立正确的人生观、价值观和社会观。

引导他们完成自我超越，在对事业的追求中找到自己的人生价值。

充实并丰富自己的成长历程，踏实做好本职工作，在不断的自我完善和自我超越中体现自己的存在价值和创造更大价值。一个人无论是在学习、工作还是创业的每一个阶段，该阶段目标的实现，就是一次自我价值的体现，就是一次自我超越的表现。失败的未必不是成功者，只要努力了就会问心无愧。只有在追求中我们才能够享受到真正的人生，在超越中创造出自己的人生价值。

远离抱怨，学会反思。

在工作中由于工种、职位分工的不同造就了薪水的不同，庸人只会抱怨薪水太低、怀才不遇，并对自己的人生产生种种抱怨，这种人不管走到哪里，都只会是永远的失败者；聪明人会反思自身存在的价值和自己创造的价值，看看自己做出了什么成绩，所以他一直都会受到老板的器重。人生并不是用悔恨和抱怨来填充的，而是应该在不断超越中找寻出真正的生存价值。人活着应该要有目标、有追求，所以父母要正确引导孩子，让他们远离抱怨，学会反思。

父母是孩子最好的引导者，所以，作为妈妈，最主要的就是让孩子学会自我超越，让他们体会到自我的生存价值，只有这样，才能够让孩子们在以后的道路中走得更轻松。

妈妈职业通行证》》》

作为妈妈一定要记住，不要将自己的人生理想强行加在孩子的身上，妈妈更重要的任务是引导孩子拥有自己的人生理想，并帮助他们不断超越自我，让孩子体会到自我的生存价值。只有这样，才能让孩子们在自己以后的人生道路上走得更轻快一些。当然，很多妈妈认为，自己的一切做法都是为了孩子好，但是千万要记住，对于孩子来说，妈妈只可以作为引路人，千万不可以替孩子走路。

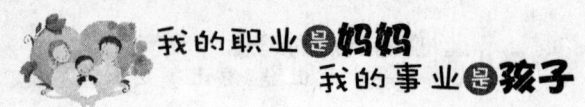

保持关切，告诉孩子他对你很重要

有的人说爱需要含蓄，就算是你很爱那个人，但总是把爱挂在嘴边就不算是深沉的爱。其实事实并不是这样，爱是需要说出来的。孩子是妈妈的宝贝，想要宝宝健康成长，那么妈妈一定要让孩子知道自己很爱他，也要让他知道自己对妈妈是多么的重要，这样妈妈才能在孩子的心里注满爱，才能让孩子在关切与幸福中欢快成长。

孩子就像是小树苗一样，他的成长需要妈妈用"爱"去浇灌，也需要妈妈用"爱"去照耀。经过爱的浇灌与照耀，他才能更加健康快乐的成长。其实孩子有时候也像我们大人一样，想要追寻一种被需要的感觉，也想要知道在妈妈的生命中自己是不是很重要，可是在现实中很多妈妈都忽略了孩子的这些心灵上的感受以及他们那些小小的愿望，所以这时候妈妈就不要忘记给自己的孩子一种关爱，让他们知道自己的重要性，千万不要因为一些外在的条件，或者是拿自己忙碌为借口，而忽视孩子的成长，忽视自己孩子的心灵需求，让他们在一种不被重视的环境下长大，从而心灵有了创伤。

在美国纽约的一所乡下小学，有个十分内向、自卑的小男孩，因为家境贫穷，成绩也不好，所以他一直自暴自弃，整天调皮捣蛋，恶作剧不断，几乎所有老师都认为他没救了。后来他们班来了一位新老师，新老师得悉他的劣迹，但不想放弃。一天老师把男孩叫到办公室里，在他手腕上系了一条蓝色丝带，并且告诉他系上蓝丝带的人，是在老师生命中最重要的人。同时老师又给了孩子几根蓝丝带，希望孩子为他认为最重要的人系上。孩子感到非常震惊，他从来没有想过自己会成为别人生命中最重要的人。他若有所思地拿着丝带回家后，看到了他的大哥，想到大哥在父母去世后撑起了这个家、供他上学，孩子认为大哥应该是他生命中最重要的人了。于是孩子把丝带系在了哥哥的手腕上，又把老师说的话复述给哥哥听。第二天，他哥哥带着弟弟给的几条丝带上班，见到了老板。哥哥想："虽然平时老板对我们很严厉，但毕竟是老板给我们提供了工作机会，让我学到了很多东西，他也算是我生命中一个重要的人。于是哥哥也如法炮制，将丝带系在老板手上，并向老板讲述了蓝丝带的故事。

晚上老板回到家后，见到了行为叛逆的儿子。老板轻轻地抚摸着儿子的头，温和地说："儿子，今天我遇到一件不可思议的事情，在我的办公室里，有一个年轻的同事告诉我，他十分仰慕我、尊敬我，甚至把代表我'很重要'的蓝丝带系在我手腕上，而且还多给我一条，让我送给值得感谢和尊敬的人。我一下子就想到了你，儿子，你就是我要感谢的人。长期以来，我每天回到家里都没有精力来照顾你、陪伴你，而且有时我还会因为你的学习成绩不好、房间又脏又乱而对你大吼大叫，我真的很惭愧，很对不起你！今天晚上我只想坐在这儿，让你知道你对我有多重要，你就是我生命中最重

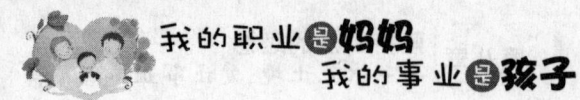

要的人！你是一个好孩子，我爱你！"他的儿子震惊地注视着父亲，嘴唇开始颤抖。最后他痛哭流涕地说："爸爸，我……我以为你根本就不爱我，我本想明天去……去自杀的，现在……现在……，我想已经没有那个必要了。"

一根小小的蓝丝带，却让几个不同的人明白了自己生命中重要的人，也知道了自己在别人生命中的重要。这是多么感动的一种肯定别人与肯定自己的形式，也就是因为这个蓝丝带挽救了一个正要去寻找死亡的幼小的生命，挽救了一段似乎被搁浅了的父子情，也挽救了一个正在沉沦着的灵魂。

可能在现实中，有时候我们的孩子也会像故事中的孩子一样，由于我们的忙碌或者是外在的一些我们自认为很重要的事情而忽视了自己的孩子，也总是对他们的有些行为欠缺耐心，但是我们要知道孩子也需要肯定，他们也想让自己成为别人心目中重要的那一个人，他们比我们大人更渴望得到关爱。不管他们在别人眼里是聪慧还是愚笨，是调皮还是顽劣不堪，是懂事还是喜欢无理取闹，他们都想要得到别人的尊重，想要在自己的父母心中占有一席之位，想要成为妈妈心中那个无可替代的最重要的人。因为只要他们感觉到自己的重要，他们就会知道自己的妈妈有多么爱自己，无论何时都不会感觉到孤单，更不会在成长的过程中感觉到孤立无援，产生不安全的感觉。

所以作为妈妈一定要时刻关注孩子的内心世界，不管何时都不要忘记给他们关切的话语，或者是关切的动作，让他们体会到自己的重要。不要再对自己的孩子吝啬的不去说"爱"，也不要以为只

250

要说出口的爱都是肤浅，孩子是妈妈一生要去经营的事业，也是妈妈一生最大的牵挂，所以不管何时说出口的爱都不会肤浅，更不会矫揉造作，那只是一种发自内心的声音，更是一种对孩子深沉的爱的表述。

给自己的孩子一份安全，让孩子知道无论何时都有妈妈的陪伴，就要告诉孩子自己有多么爱他，就要告诉孩子他对自己有多么重要。不要再用冷漠或者是不重视的方法去面对自己的孩子，更不要因为自己的忙碌让孩子在一个冰冷的环境中成长。孩子只是一个纯洁的小天使，妈妈的一举一动都会成为他们幸福或者痛苦的源头，妈妈的每一句话、每个动作都会在他们的心中埋下种子，都会影响他们的成长。

妈妈职业通行证 》》》

在孩子心上系上一根蓝丝带，告诉他在妈妈的心中他有多么的重要。孩子是妈妈一生都要去用心经营的事业，所以不管有多少个理由、自己有多么的忙碌，也不要忘记给孩子最真诚、最美好的关切，给孩子最温馨最深沉的爱，不管是艰苦还是顺畅，不管是欢乐还是痛苦，都陪着孩子一起去走，都伴着孩子一起去成长。

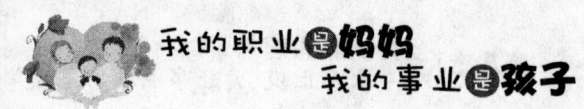

学会放养，让孩子在自由中学会坚强

教育孩子是讲求一定的技巧的，做一个严厉苛刻的妈妈，时时刻刻将孩子禁锢在自己身边，还是做一个聪明的妈妈，给孩子一定的自由？相信每个妈妈都会选择后者。学会放养，让孩子在自由中学会坚强，只有坚强的孩子才能够有足够的勇气去经受以后生活中的种种磨砺和打击。

放养原意是指把具有经济价值或者需要保护的动物放到一定的环境中，使它们生长繁殖，从而达到更好的保护或获取更高的经济回报。其实很多时候，孩子也需要放养，主要是这样不仅可以锻炼他们，让他们更好地适应环境，更能进一步培养他们独立自主的能力，以保证他们能够更好地成长。

做父母的不能把自己的愿望强加在孩子的身上，孩子应该享受快乐的童年，在自由中呼吸新鲜的空气。面对"给孩子自由"的呼吁，许多父母可能会有这样的疑问："给小孩子自由，那岂不是放任他们胡闹？""我们做父母的也是为了他们好，有吃有穿有的钱花，还要什么自由啊！""没有大人管束，小孩子怎么会有出息？"面对这一大堆的质疑，于是很多父母都会拒绝给孩子自由，因为他们认为，只有在父母的监督和管束下，孩子才能走向成功的道路，将来有所作为。他们认为，牺牲孩子童年的快乐并不可悲，可悲的是由着孩子的性子，进而耽误了他们宝贵的童年，浪费了童年的时光去做一些没什么用的事情。

"牺牲"童年短暂的"快乐"，获得一生的辉煌，还是享受"快乐"的童年，牺牲未来？对孩子到底是"圈养"还是"放养"，一时之间竟然引起了很大的争议。但是在这里，还是建议妈妈们最好对自己的孩子进行"放养"，让他们在自由中学会坚强。虽然说是放养教育，但是并非支持妈妈们对孩子放任不管，而是要求在对孩子进行放养的过程中，妈妈也应该参与，并且给予一定的激励、制约和引导。

如果总是把孩子搂在怀里，就会使孩子的理想受到一定的压制，埋没他们的愿望，破坏他们的个性，大多数时候甚至会让孩子变得懒惰、毫无斗志，当然这样他们也不会体验到生活中的乐趣。

每个妈妈都爱自己的孩子胜过一切，但是必须保证自己不成为他长不大的根源。孩子还小，让他们独立去面对生活，经历人生中的风风雨雨，对每个妈妈来说都是难以做到的。但是妈妈们应该了解孩子的优点，知道他们的不足，让他们在实践中不断发挥自己的优势，弥补自身的缺点，只有经历过历练，才能够更好地迎接新挑战。妈妈决不能让孩子滥用我们对他的爱，进而养成只会依赖他人的懦弱性格。

陈小小一直被认为是一个优秀的好孩子。小时候的他就显得很听话，只要是妈妈让他去做的事情，他都会尽力完成；在老师的眼中，陈小小不仅懂事听话，而且学习成绩也很好，所以大家都一致

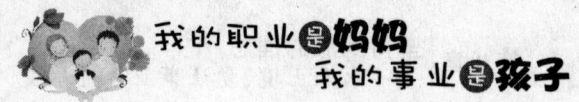

认为，陈小小是最优秀的孩子。

为了让陈小小能够集中精力努力学习，妈妈可谓是操尽了心，除学习以外的任何事情，妈妈都会代替陈小小去干——吃饭时，妈妈会及时地把饭端到陈小小的手边，甚至有时候陈小小一边做作业，妈妈一边喂他吃；衣服脏了，当然也是妈妈的事；练习本或者写字笔用没了，也是妈妈亲自去买。陈小小从来没有为学习以外的事情烦恼过，当然也没有帮妈妈做过家务。有一次爸爸因为忙，于是喊他去车站接来家里玩的表姐，结果陈小小却因为找不到地方，又不好意思问他人而在家周围转了转就独自回来了。直到高中毕业，陈小小连自己的袜子都未曾洗过，他习惯了饭来张口、衣来伸手的生活，而且有时还为自己拥有这种生活而沾沾自喜。

高中毕业之后，陈小小以极其优异的成绩考取了北京某名牌大学，那是他梦寐以求的地方。家人也因此而开心无比。凉爽的 9 月，陈小小和其他刚入学的学生一样，怀着无比兴奋的心情来到了首都北京。然而大学生活刚开始不久，陈小小就遇到了许多困难：他不会自己买饭，衣服也不知道怎么洗，甚至经常找不到要上课的教室，他更不知道该如何和同学相处。虽然好心的同学也在不断地帮助陈小小，但还是难以让他适应大学的生活，适应周围的环境。当然，这种情况也让陈小小万分苦恼，无奈之下，他只好提出了休学。学校根据他入学之后的表现，也就同意了他的请求。

每个孩子无疑是父母的掌上明珠，但过分小心翼翼，这明珠反倒成为易碎品。就好像是故事中的陈小小，妈妈给予了他所有的爱，本来是一片好心让他安心学习，所以就替小小包办了一切，谁知这样反而让小小难以适应陌生的环境，进而影响到了小小的美好前程。本来想要给予的是精心呵护，想要将所有的爱都付出，结果却因为过多的控制而变得过分和压抑。过分的管束和呵护，无异于让孩子生活在到处都遮得严丝合缝的铁屋子里，在缺少了严寒酷暑的同时也缺少了阳光雨露，孩子怎么可能健康茁壮地成长，怎么可能培养出自己的个性？

放养孩子，培养他们克服困难，迎接人生各种挑战的心理素质和实际能力。放养孩子，给他们一定的自由，给他们提供锻炼的机会，自己的事情自己办。这种"放养"的教育方法，能让孩子在自由中逐渐变得独立、自主、自强，让孩子独立去完成他们力所能及的事，从失败中吸取经验教训，在成功中增强自信心。当然这种"放养"绝不是放任自流，而是建立在了解孩子的能力范围内，尊重他们的情感的基础上的。

2011 年中国籍女孩丁丽晴先后获得哈佛大学、宾夕法尼亚大学沃顿商学院、斯坦福大学、哥伦比亚大学和加州理工大学的本科录取通知书。最终，立志攻读商科的丁丽晴作出了选择，她将于 2011 年 8 月 17 日入读哈佛大学。

她之所以如此成功，就因为妈妈对其采取"放养"式教育，从不强迫她去学习，而是给她足够的自由，让她自己去体验生活。丁丽晴回忆起那时候的生活，也是一脸的幸福："我很庆幸，我有如此开明、有见识的父母，因为父母工作的原因，我曾跟随父母去过 12 个国家，这看似辛苦的事却开阔了我的眼界，让我能拥有一个全球化的思维方式来看待问题、审视周围的一切。然而比这更重要的

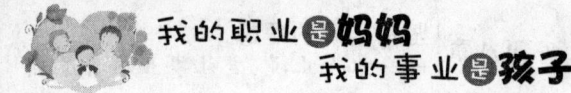

是，他们让我拥有了一个可以跳绳直跳到傍晚的童年，看着周围的小朋友都被一个个的补习班'收编'了，我的幸福是溢于言表的，特别是现在回忆起来，就更觉得幸福！"

"放养的孩子上哈佛"，这是人们对于丁丽晴事件所作出的评价。给孩子足够的自由，不强迫他们进入各式各样的"补习班"，培养他们自己动手的能力，让他们在实践中感知生活的不容易。只有经历过风吹雨打之后，他们才能健康地成长。

面对孩子，到底是"放养"好，还是"圈养"好？是事无巨细全部替他们包办好，还是具有方向性地进行指导好？相信每个妈妈都有自己的想法。做一个"放养"孩子的妈妈，让孩子走出温室，接受风雨的洗礼，只有这样，孩子才能更加坚强。

妈妈职业通行证 》》》

爱自己的孩子，给予他们一定的自由；学会"放养"自己的孩子，让他们在自由中学会坚强，在自由中体会到生活的滋味。妈妈们一生最重要的事业就是将自己的孩子培养成人，相信"放养"教育可以为妈妈们带来惊喜，让妈妈们梦想成真。

努力圆梦，给孩子插上梦想的翅膀

　　每个人都有自己的梦想，并且有些梦想是自己在孩童的时候就种下的种子，然后随着时间的流逝与辛勤的灌溉不断地发芽开花，延续自己的整个生命。所以当自己的孩子有了梦想的时候，妈妈就一定要努力尝试着给自己孩子的梦想插上翅膀，不断地诱导他们为自己的梦想而奋斗，努力帮助孩子通过不断努力向着他们的梦想靠近。

　　人类因为梦想而伟大。当孩子有了自己独立的思维的时候，并且尝试着理解社会上的一些事情的时候，他们也会默默地把自己放到社会这个大家庭中，想着自己以后在社会上扮演一个什么样的角色，这也就是他们最初的梦想。可能孩子的梦想有时候在我们看来有点天真，也有点不切实际，但是那都是存在于他们脑中的真实的想法，也是他们童真的表现，所以只要孩子有一些梦想，作为他们引路人的妈妈都应该在身边鼓励他们，努力帮助他们去圆梦，给他们的梦想插上可以真正飞翔的翅膀，而不是听到他们那些不切实际的梦想的时候去打击他们，去扼杀他们的那些想法。

　　周六晚上，楼上楼下的几家聚餐后，到楚衍家闲坐。闲谈间，

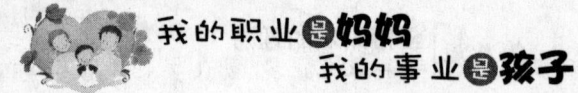

作为家长的他们在谈到孩子的理想这一话题时，纷纷问起了自己的宝贝长大后想做什么。

楼上大张的女儿回答得很响亮："长大我想当一名建筑师，建造一所全中国最漂亮的大楼，把咱这栋楼的住户都接进去！"

对门王叔的女儿也不甘示弱，她的理想是"办一所舞蹈学校，培养好多舞蹈天才，然后到世界各地去巡回演出"……

当孩子响亮的回答带着童音在客厅里响起的时候，楚衍听到的不是家长们的赞许和鼓励，而是嗤笑和呵斥："别做梦了，想得也太没边儿啦！你若是能考上重点大学，咱家就烧高香了，还想成大气候？"一时间，客厅里骤然静了下来。看着孩子们一脸的委屈，楚衍决定给在座的家长和孩子们讲一个故事。

很多年以前，一个小男孩跟着他的父亲顶着太阳在地里干活。父子俩却很热、很累，于是就坐在地头的树阴下歇息。小男孩出神地眺望着天边的云朵，父亲就问他："孩子，你在想什么啊？"小男孩说："等我长大了，我就不种地了，每天都待在家里，等别人寄钱给我。"父亲听了，哈哈大笑，对儿子说："孩子，哪有那样的好事！你这纯粹是白日做梦啊！"小男孩上学后，从书本上知道埃及有举世闻名的金字塔，就很想去看一看，他对父亲说："等我长大了，我就去埃及看金字塔。"他父亲这次可有点生气了："你赶紧做你的作业去吧，别再做梦了！"十几年之后，当年那个小男孩经过自己的努力成了一位畅销书的作家，他每天都坐在家里写作，报刊社和出版社源源不断地给他汇款，他后来也真的去了埃及，看到了金字塔。小男孩小时候的梦想，长大后全部实现了！这个小男孩就是台湾著名作家林清玄。

听完故事，家长们陷入了沉思，而孩子们却都欢呼雀跃起来。楚衍也趁热打铁，接着跟楼上楼下的几位邻居说："孩子有梦想是好事，有梦想说明他们有追求、有志向、有目标。梦想是孩子飞翔的羽翼，拥有梦想的孩子，长大后才能在天空中飞翔。给孩子一个梦想吧，现在给他们一个小小的梦想，长大后，他们回馈父母和社会的就是一个辽阔无垠的天空啊！"

家长们频频点头。刚才欲言又止的楚衍的女儿，猛地跳到沙发上，大声说："我的理想就是——长大后，当一名旅游家，走遍全世界的山山水水，把人间的美好都记录下来！"

每个孩子的心中都有一个或大或小，或现实或缥缈的梦想，那些梦想都承载着他们美好的愿望，也都反映着他们内心想要的生活，并且也昭示着他们想要成为哪种人的倾向。不管自己孩子的梦想多么的虚无缥缈，不管他们的想法是多么的天马行空，作为妈妈都不能去扼杀他们的愿望，也不要像故事中的那些家长一样打击孩子的想法，让他们在追求梦想的路上孤单前行，而是应该循循善诱，让他们有了梦想的时候给他们的梦想插上翅膀，当他们开始懈怠放弃的时候鼓励他们继续前进，朝着自己梦想的方向不断地努力，去创造奇迹。

星期六是点点学游泳的日子，近一段时间，他老是磨磨蹭蹭地不想去。有天早上他又嘟着嘴说："妈妈，咱们不去了吧，下次再去吧！"想要游泳是点点最先提出来的，他给自己的妈妈讲自己想像鱼儿一样在海洋里无拘无束地游泳，所以点点妈妈就去为自己的

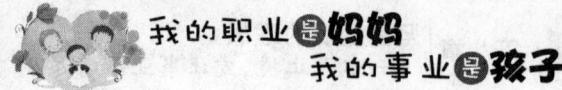

儿子报了名，让他去学游泳，以实现他的愿望。可是最近不知道怎么一回事，点点总是不愿意去游泳。面对这种情况，点点妈妈有一点生气，但是她知道自己不能生气，而应该纠正点点的一些思想，让他恢复以前对游泳的态度。所以她就想出了一个办法。

有一天她跟点点走在街道上，于是就对点点说："点点，妈妈特别想去'水立方'看看！"她边走边撒娇似的对他说，"'水立方'就像一个蓝色的立方体，好美呀！我真想去里边看看，你带我看看吧。"她摇了摇点点的小手。其实点点也一直都想去"水立方"看看，可惜就是没有机会。"我也想去看看！可我怎么带你去呢？我没有钱！"点点遗憾地说。"哎！你要是菲尔普斯就好了！等你比赛的时候，人家就会给咱们免费的票，妈妈坐在观众席上，看你像飞鱼一样，在'水立方'游泳赛道上……你说'水立方'里面什么样呢？"点点妈妈开始转入正题。"我想里面肯定比外面更漂亮……妈妈，你说我能当冠军吗？"点点开始憧憬。"当然能了，我儿子什么事都是最棒的！"妈妈自信满满地说，"颁奖仪式开始了，你站在'水立方'的冠军台上，国歌响起来了，所有的观众都站起来，都给你鼓掌！""真的吗？所有人？我能当冠军吗？"他开心极了，几乎要停下脚步。"当然了，可是哎！说了半天，我看我还是去不了'水立方'。"点点妈妈叹气着说，把话题拉回来。"怎么去不了？我参加比赛人家不是送票吗！"点点骄傲地说。"你都不想学游泳了，还怎么比赛啊，我还怎么去呢？"她故作伤心地说。"谁说我不想学了？我肯定要学，我肯定要去'水立方'参加比赛，我要跟菲尔普斯一样，拿8枚金牌，让你天天去'水立方'！"一段路在谈话过程中很快走完了，看着点点坚定的表情，她知道，在接下去的日

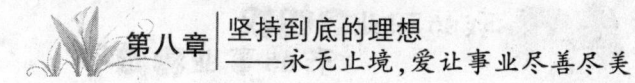

子里，他会很积极、努力，因为他已经插上了梦想的翅膀。

孩子梦想的延续有时候需要妈妈的帮助，就像是故事中点点的妈妈一样，看着儿子快要放弃自己的梦想的时候努力地推了孩子一把，让他重新燃起对自己梦想的火花，从而为自己的梦想继续努力，继续去奋斗。就这样她用巧妙的方式给自己的儿子的梦想插上了翅膀，以后的日子里即使没有自己的教导，孩子也会朝着自己的方向积极努力地前进。

妈妈职业通行证》》》

孩子心中梦想的维持很多时候都需要妈妈的帮助，所以想要孩子心中梦想的火花不熄灭，作为妈妈就要懂得给自己孩子的梦想插上一双可以飞翔的翅膀，懂得给他们圆梦，让他们在遇到困难险阻的时候依旧能够努力积极面对，能够跨越那一道道的困难，最终朝着自己最初设定的梦想、自己想要到达的那个地方努力飞去。

顺其自然，保护好孩子内心深处的纯净

孩子的内心总是纯净的，很多时候他们都在用自己的天真以及独一无二的方式表达着他们的感情，表达着他们的喜好。所以作为妈妈的我们，如果真正爱自己的孩子，

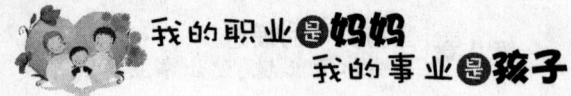

那么就要懂得去保护他们内心深处的那份纯净，而不是以自己的眼光以及方式去让孩子接受一些事情，强迫他们做那些他们不愿意做的事情，从而扼杀了他们的天真与快乐。

妈妈对孩子的爱应该充满着理智，而不应该因为爱之深而让自己的孩子受到委屈，或者是逼迫他们去做自己做不来或者不愿意去做的事情，这是每个妈妈应该懂得的一个道理。虽然有时候孩子的成长需要妈妈的不懈教导，但是有时候妈妈们也应该让孩子的成长顺其自然，让他们的内心保持原有的那份纯净，而不是让强迫的乌云遮住他们的眼睛，蒙蔽他们原本晴朗的天空。

有这样的一个场景，在一个溜冰场上一个七八岁的女孩，可能是第一次来溜冰，穿上鞋后，还没有站稳，就被自己的妈妈一把拉进了场地。场地上女孩的妈妈一直拽着女孩飞奔，还大呼小叫着："快，再快，不摔学不会！"每当女孩磕磕撞撞地跑了起来，妈妈一松手，女孩因为害怕，或顺势倒下，或者去抓周边的连椅，这时总会又遭到妈妈一顿训斥："起来，继续！不摔永远学不会！"最后女孩紧紧抓住连椅，惊恐地望着妈妈，再也不学了！

还有这样的一个场景，在一个琴童家，有一个七八岁的女孩，她妈妈为了让孩子在自己的老师面前展示一下自己的才华，非要让孩子弹刚学的那首很长的曲子。孩子要求弹一首短的，只见母亲怒目一瞪，大声呵斥道："叫你弹哪个就弹哪个！"这时候孩子伸出颤巍巍的小手，慌乱地找着琴键，一出错音，孩子就惊恐地看看妈妈。看着自己的妈妈始终面无表情,这个女孩才诚惶诚恐地弹完了那首曲子。其实我们都清楚,这样的场景实质上并不是展示,而是小女孩一个遭罪的痛苦的过程。

故事中的两个小女孩不管是谁看了,都会给她们投去同情的眼光。因为在她们美好的童年,不是随心所欲地过自己的生活,去让自己的童年变得丰富多彩,而是在妈妈的呵斥与压迫下做着自己不愿意去做的事情,并且还时时感觉到恐慌。试想,这样的孩子,在他们的心中究竟有多少欢快,他们那原本纯净的心灵会不会因为这些呵斥与强迫而慢慢地蒙上乌云,他们的心灵究竟受到了多大的创伤,并且在他们的心中究竟还有多少的爱?

曾听人这样说过"爱是一个口袋,往里装,产生的是满足,往外掏,产生的是成就感"。一个人在被他人需要时,才能感受到自己渺小的生命是多么伟大,于是才能感悟到一种深深的爱意。作为父母,我们是不是应该顺着孩子成长的轨迹,让他们能够顺其自然地成长,让他们自己去慢慢地学会一些事情,去用自己的方式去理解一些事情,而不是强迫地让他们去接受,让他们去理解。如果只是强迫,孩子的心中怎么可能会真正体会到爱的存在?孩子怎么会真正健康地成长?

怀宁今年已经5岁了,也变得越来越懂事、会关心人了。他以自己的方式不断地成长着,关于这一点怀宁的妈妈感觉到很是骄傲。

有一天,由于丈夫忙于工作在单位加班,发着高烧的妈妈无力

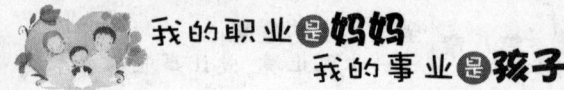

地躺在床上，想想还要照看儿子、为儿子洗脚，真有点支撑不了，所以就不禁对儿子说："妈妈现在发烧了，身体很不舒服，要是你爸爸在家该多好呀！""妈妈，没事，有我呢！"怀宁还拍着小胸脯骄傲地说，"我是男子汉。"看着他那神气的样子，真叫人好笑。

"妈妈，你要多喝水，病就会好得快。"说着，他从饮水机中接满一杯水，端到自己妈妈的面前，让她喝，然后又搬来一把椅子并踩在上边吃力地从药柜中拿出一包药，用水冲好，颤颤悠悠地端到自己妈妈的面前。从始至终，怀宁的妈妈一直在担心，怕自己的孩子摔着、烫着……但她没有阻止儿子的行为，因为她打算给自己的儿子一个爱的机会，从而也让他学会心中有爱。

"儿子，你给妈妈冲的是什么药呀？""就是我发烧时，你冲的那个。""哦，是小儿热速清颗粒。"怀宁关心地说，"妈妈，你赶快把药喝完了，再睡一觉，出点汗就好了。"然后又帮自己的妈妈把被子盖好，仍有些不放心地说，"妈妈，你快睡吧！我会自己玩，也会自己洗脚，睡觉……"过了一段时间，看着怀宁有板有眼地洗脚的样子，她好欣慰。他洗完脚后，又学着电视公益广告的样子吃力地端来一盆水，说："妈妈，你也洗洗脚吧！"看着儿子的一举一动，一种幸福从心底油然而生。

同样是教自己的孩子学会一样东西，这个案例中的妈妈就跟上面案例里面妈妈的作为完全不同。这个故事中怀宁的妈妈让自己的儿子以自己的方式去学习怎样去爱一个人，这应该比学溜冰学钢琴难得多，但是她却用自己的方式让孩子学会了心中有爱，学会了怎样去表达自己的感情。而相对于比较简单的弹钢琴与溜冰，上个案

例中的妈妈却无法让自己的女儿真正地接受，并且诚恳地学习，这
究竟是哪里出了问题呢？

其实每个妈妈都想要自己的孩子快快地成长，也想要自己的孩
子学到最多的东西，但是很多时候有些妈妈的愿望却只能是一个愿
望，永远也无法实现，不管她们是多么努力地在教自己的孩子。其
实她们完不成愿望的原因很简单，就是他们不懂得去让自己的孩子
顺其自然的发展，也不知道如何在让孩子学东西的时候去保护孩子
纯净的内心，让爱去滋润他们的心灵，甚至很多时候她们喜欢把自
己的一些想法强加在自己孩子的身上，从而让孩子的心灵承受了太
多的压力与负担，让孩子只能在成长的道路上蹒跚而行。

孩子的心灵需要妈妈的保护，不管是在教他们做什么事情，我
们都不应该忽略他们的感受，更不能去强迫他们接受一些事情，因
为有时候忽略了孩子的感受或者是强迫他们去接受一些事情，会让
孩子产生一种逆反心理，甚至有时候会给他们的幼小心灵造成不可
弥补的创伤。孩子是妈妈的宝贝，也是上天赐给父母的一份珍贵的
礼物，所以不管我们有多少的理由，都不应该扼杀孩子的天性，更
不能强迫他们成长，我们应该顺其自然，保护好他们内心的纯净，
让他们在一个宽松充满爱意的世界里面成长。

妈妈职业通行证 》》》

给自己的孩子一份成长的空间，也给他们的心灵一份成长的自
由。作为妈妈的我们有时候应该给自己的孩子一个机会，让他们顺其
自然地去接受一些事情，让他们以自己的方式去成长，让他们在自己
的心中始终保持着那份纯净，去明白爱的含义，而不是用强迫的手段

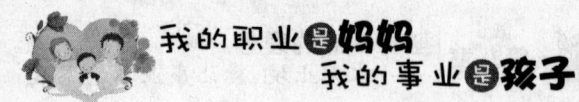

去逼迫他们学习，扼杀他们纯真的本性，让他们原本明朗的世界充满乌云。

足够信任，给孩子最无私的支持

如果一个孩子生活在承认与信任之中，那么他就学会了有一个目标，并且能够为这个目标不断地努力。所以作为妈妈，想要自己孩子真正地成长，那么我们就应该给他们足够的信任，在他们尝试着做某件事情的时候，给予他们最无私的支持，让他们带着妈妈的陪伴与支持把自己心中的理想坚持到底，让他们以自己的能力为自己谱写出不一样的人生。

美国历史上的平民总统林肯曾这样说过："我之为我，或希望成为的我，都该归功于我亲爱的母亲。"的确，母亲是孩子未来的指引者，一个孩子的成功很多时候都来自于母亲给予他的良好的教育以及最信任的支持。因为信任与支持往往是一种坚不可摧的信念以及力量，只有母亲给了孩子这份信念以及力量，才能帮助孩子在未来的路上勇敢坚强地渡过人生中的一个又一个的难关。那么究竟林肯的妈妈给予了林肯怎么样的信念与力量呢？

林肯有两位母亲，一个是他的生母，一个是他的继母。林肯不幸青少年失母，但又有幸得到一个深爱他，并支持他的继母。当然林肯的成功离不开他的两位伟大的母亲。

林肯的第一位母亲南希是位个性善良，甚至有些羞涩的妇女。在决定事情时由于胆子小，通常是不采取主动，但林肯5岁时，她突然变得胆大起来。

"孩子必须上学。"她说。林肯父亲托马斯开始反对："读书对于像我们这样的人家是不现实的。另外，你需要他们在家帮忙，他很快就是个好帮手了。"但在母亲的坚持下，林肯和姐姐都进入了两英里远的一所学校。

"你们今天学了什么？"尽管很累，但南希还是常常地问。一次，林肯天真地问着他不知从哪儿听来的名词："妈，什么是解放？"南希屏住了气，用目光注视着他："解放，就是自由，就是一个属于自己而不像奴隶一样属于别人。这是每个人应当有的权利，不管是什么肤色，这一点一定不要忘了。"孩子严肃地点了点头。南希心里轻松了，虽然她无法确定这番话对这个幼稚的孩子所产生的兴趣，后来历史却证明，她的这番话影响了一个国家的进程，这番话对孩子心灵的震动是无法形容的。

孩子的心灵向往爱，无私的爱。这爱对于他的成长有莫大的作用，促使他成为一个充满爱心的人。但仅有爱还是不够的，孩子的心灵渴望知识，渴望理解，渴望尊重。而林肯的继母萨利确实体会到了这一点，也切实做到了这一点。自从萨利来后，家务事就不用林肯操心了。他又可以抽出更多的时间来读书了。看到他如此爱读书，萨利就给他找来更多的书，生日时送给林肯一本他盼望很久的

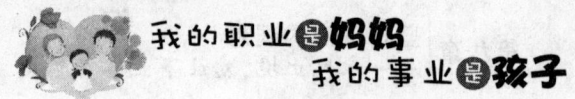

《英语缀字课本》。这些书可乐坏了林肯，他又可以重新徜徉在书的海洋中了。从这些书中他获得了大量的知识，能取得以后伟大的成就，他不能不感谢他的第二个母亲——萨利。母子俩有了共同语言，孩子爱着继母，而继母也继续用无私的爱来关心他、帮助他。1823 年秋末的一天，他装着一肚子新闻去见萨利："妈，您猜怎么啦？人家说，阿泽尔·多西要办一所学校。我真希望也能去。"萨利很高兴，她决定支持儿子。在她的坚持下，林肯的父亲终于同意了。不管是在以后的生活，还是在他走进社会、步入政坛，萨利始终是林肯身后最强有力的支持者。

一个母亲给了林肯坚不可摧的信念，一个母亲又给了他最大的支持与帮助，由此看来林肯的确是一个幸运的人，因为他得到的是两个爱他的人的最大的信任与支持。支持与信任是一种从暗中支撑的行为，也是一种爱的无声的传递，能够像阳光一样照进孩子忽明忽暗的内心世界，可以引导他们走向最终的光明。

身为孩子的母亲，在孩子的生命中，我们就应该扮演好支持他们、信任他们的这个角色，让他们带着妈妈的鼓舞与信任前行，去寻找自己的未来，去让他们高飞。当然有时候生命并不会像我们想象中的那样一帆风顺，我们的宝贝也会遇到风雨，也会遭受到打击，这时候作为妈妈的我们千万不要忘记了要给予他们同样的肯定与支持，用自己的鼓舞与信任帮他们渡过难关，让他们在跌落的时候知道还有自己的妈妈在下面接住他们，不让他们跌伤。

苏安的儿子菲力普想参加学校的足球队，但他太紧张了，根本就不敢去报名试踢。苏安每天看到菲力普在后院踢足球，就觉得心酸。她知道那种感觉——渴望某个东西，却不敢去接近。她知道自己很希望孩子能够有自信心，于是她做了一个计划。

苏安跟菲力普谈话，想找出在热忱背后还有什么原因。他说他很紧张，怕他踢不到球，或试踢时表现不佳会让其他的孩子取笑他。这给了苏安一个点子。第二天，苏安到学校接菲力普时，她带菲力普到离家大约十五分钟路程的运动场去。菲力普问她要去哪里，她笑笑说："你马上就知道了！"

苏安带他到一家正在练习足球的学校操场，菲力普一个人也不认识。他们在旁边看了一会儿，看到许多孩子错过球门，成绩平平。其中一个孩子竟然被自己的脚绊倒，跌倒在草地上。就在这个孩子跌倒时，其他的孩子都笑了，菲力普也笑了。苏安这时告诉孩子，在学校并没有人会真正地嘲笑某个人，球踢不好根本就不是问题，而且在场没有一个人的踢球成绩比菲力普还要好。菲力普相信了，第二天就去报名试踢。他表现良好，甚至被选入球队。在母亲创意的鼓励之下，菲力普克服了恐惧，对自己的运动能力也很有信心了。

菲力普因为太紧张，因为害怕而不敢去报名踢球。看着自己的孩子在后院踢足球，作为妈妈的苏安感觉到无比的辛酸，所以她就想出了一个办法，给予自己的儿子鼓励与支持，让他克服自己心灵的障碍，从而去做自己想做的事情。事实证明苏安成功了，她用自己的支持与鼓励，用自己的爱与信任，让自己的儿子迈出了踢球的第一步，也克服了恐惧的心理。

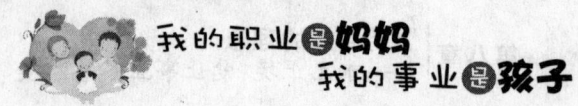

　　其实妈妈给予孩子的信任与支持是这个世间最强大的力量，即使孩子的心中有千千结，即使孩子的心里充满着恐惧以及不自信，但如果有妈妈的信任与支持，有妈妈的鼓励以及陪伴，那么就算是多大的恐惧都能化为虚无，即使是多大的困难也能最终克服。

　　孩子是妈妈一生要去经营的事业，当然每个妈妈都希望自己的事业成功，希望自己的孩子茁壮成长，所以妈妈们想要实现这个愿望，就千万不要忽视信任以及支持带来的力量。当孩子想要前行的时候去支持他们，给他们指引，给他们信任；当孩子遭遇打击与困难的时候，依旧不要忘记去支持他们，信任他们，帮助他们，让他们与困难与风雨抗衡。相信有了妈妈的支持与信任，孩子一定会谱写出自己辉煌的人生。

妈妈职业通行证 》》》

　　给孩子信任，就是给予孩子肯定；给予孩子支持，就是给予孩子信念；给予孩子信念，就是给予孩子可以化解一切困难的勇气与信心。孩子的顺畅前行离不开妈妈的鼓励与支持，孩子的成就离不开妈妈的指引与陪伴。所以要给自己的孩子足够的信任，给他们无私的支持，给他们最深沉的关爱。相信带着这些，孩子的前途会一片光明。

人生灯塔，做孩子灵魂深处的领军人物

孩子是海上的初行者，需要明亮的灯塔给予他们指示，伴他们走出茫茫的大海。妈妈就是那茫茫大海中的一座灯塔，要时刻指引着孩子朝着正确的方向航行，并且用自己的爱与支持，用自己的鼓舞以及诱导牵引着孩子那颗涉世未深的心灵，让他们在自己的人生路上顺畅行走，让他们的人生少一些坎坷，多一些欢乐，少一些痛苦，多一些幸福与安宁。

孩子的心就像是一颗晶莹剔透的水晶球一样，容不下一点的污垢与磕碰，需要妈妈仔细并且充满爱意的呵护。孩子有着敏感的天性，有时候可能在我们大人看来是很平常的一件事情却能够引起他们内心的强烈反应，能够让他们原本晴朗的天空浓云密布。所以当孩子有一些敏感或者是想不通的事情的时候，作为孩子守护者的妈妈就一定要扮演好自己的角色，给孩子的灵魂做好指引，当好他们的灯塔，牵引他们走出那些迷惑，排除他们内心的那些敏感，让他们用自己能够接受、能够理解的方式去明白这个世界上的一些事情。

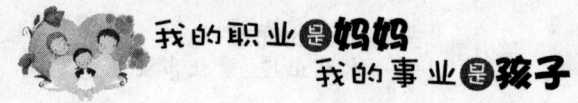

那是一个阳光明媚的日子。小欢在院子的花园里与小伙伴们高高兴兴地嬉闹着。小欢的妈妈刚在膝头展开一本久违的世界名著，悠悠闲闲地正准备展读，就看到小欢抱着那只前天刚买回的小兔，泪流满面地回来了。

"儿子，怎么了？"向来很乐天的孩子怎么突然会变得这样呢？小欢妈妈的心里纳闷极了。"小兔子……死了……"小欢泣不成声。仅仅一小会儿的工夫，这个灿烂的日子便在孩子的心目中变得阴暗无比。

小欢妈妈接过他手里的小兔子，眼里充满了疑问："你的兔子不是好好的吗？"

"不是我的……兔子死了，是毛毛的……兔子死了。毛毛不小心……把兔子……摔到地上，兔子就……死了……呜……呜……"

"带妈妈去看看。"

她跟在小欢的身后，来到小花园，看到毛毛手里抱着那只已经断了气的小兔，正在伤心地哭泣。另外两个孩子围在毛毛身边，陪着毛毛一起涕泪纵横。

看来问题确实比较严重。小欢的妈妈费了九牛二虎之力才使孩子们止住了大声啼哭。在他们抽抽搭搭的当口，她指挥他们一起在花园里的一棵大树下挖了个坑，将小兔子掩埋好。在小兔子被泥土盖上的那一瞬间，孩子们一齐大声地哭了起来。

"妈妈，我们再也见不到这只小兔子了，对吗？"

"对，我们见不到它了。"她知道，让孩子们了解真相确实很残酷，但是他们必须接受这样的现实。从孩子们悲伤的眼神里，她感觉到了来自他们内心深处的某种挣扎。懂得珍惜实在是孩子们需要具备的美好品质之一。

"但是,它会一点点地变成别的生命。"小欢的妈妈顿了顿,等待孩子们冷静下来,听她细说。果然,孩子们对她的话题产生了兴趣。他们很快止住了哭,开始轮番向她发问。

"它会变成什么生命呢?"

"我们能见到它吗?"

"首先,它会腐烂,成为泥土下面微生物的食物,变成它们身体的一部分;它的一些养分会被地面上的小草吸收,使小草长得更快、开的花更鲜艳;昆虫或者其他的小动物比如你们手里的另一只兔子吃了小草,那只死去的小兔子就成为这些小动物身体的一部分……这样,你就能在你周围的很多小生命里看到那只死去的小兔子。小兔子虽然死了,但它会通过别的生命继续活在这个世界上。"

孩子们满意地擦干了眼泪,高高兴兴地玩去了。但是,从此,孩子们的生活里多了一件事:每天到树下看看那只死去的小兔子的小坟。他们对小兔子的感情以这种方式在继续,而他们不时向小欢妈妈报告的各种喜讯则明显地表明他们已经接受了小兔子死亡的事实,同时也接受了生命正在以某种方式轮回的现实。

"树下长出小草了,小兔子变成小草了!"

"我看见有一只蚂蚱吃了树下的小草,小兔子变成蚂蚱了!"

"一只小虫吃了小草,小鸟又吃掉了那只虫子,小兔子变成小鸟了!"

小欢则抱着毛毛的小兔子高兴地说:"他的小兔吃了树下的小草,长大了许多。现在两只兔子都在我的手里了。"孩子们高高兴兴地笑着、闹着,小兔子摔死时带给他们的悲伤早已荡然无存。死

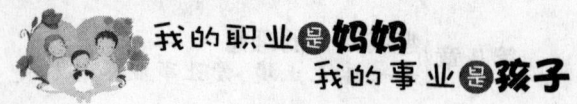

的幽暗与神秘在他们埋下小兔子的那一瞬间转变成了另一种希望，播种在孩子们的心中，如初春的阳光一样透亮、温暖。

　　一只小兔子的死亡，差点就引发了一场"灾难"，这个灾难可能没有洪水猛兽那么吓人，也没有地震海啸那么让人们措手不及，但是这场灾难却让几个小孩子的眼泪决了堤，让他们的内心充满了伤痛，让他们原本晴朗的世界一下子变得风雨不止，当然这场灾难也差点淹没了守护他们疼惜他们的妈妈那颗心。

　　其实小孩子的世界很单纯，他们的心灵也很脆弱，这样的"灾难"可能在他们的世界里面会经常发生，因为对于很多事情，他们都是无法接受的。就像是故事中的孩子对于自己心爱的宠物的死亡，他们不知道如何去面对，更不知道如何去化解自己心中的悲痛，只能用眼泪以及委屈来表达自己的感情，宣泄自己的悲痛。其实这时候就需要妈妈给予他们帮助，需要妈妈用爱以及合适的方式去给他们的心灵指引，让他们走出悲伤、化解迷惑，让他们慢慢地去接受这个世界上的一切要发生或者正在发生着的事情，并且让他们在接受一些真相的同时明白一些道理，能够一直心存希望。

　　故事中的小欢的妈妈就做得很好，在孩子们无法接受死亡这件事情的时候，用另一种方式去让他们明白死亡这个真相，让他们相信生命的轮回，让他们在埋葬一个生命的时候心中依旧充满希望。

　　孩子是妈妈一生都要去经营的事业，这份事业的经营不仅要关注孩子身体的健康，更要关注孩子内心的世界的成长。在他们迷惑的时候给他们指引，在他们悲伤的时候用最恰当的方式帮助他们真正化解悲伤，在他们无助的时候陪伴他们，给予他们支持，在他们不明白这个世间的一些事情的时候，用通俗易懂的方法让他们接受，让他们明了。妈妈就是孩子人生航行中的灯塔，也是孩子灵魂深处的领军人物，更是孩子最切实的依靠，有了妈妈的陪伴与教导、指引与鼓励，孩子才能在自己的路上走得畅通无阻，他们才能在面对悲伤与疑惑的时候依旧执著前行，依旧心中充满希望。

做好自己的职业，经营好自己的事业，这是每个人都会有的想法，也是每个人都在努力去实现的愿望。在妈妈这个职业中，在孩子这份事业中，妈妈不允许失败，也不允许有任何的闪失，因为这份职业没有回头路，这份事业也没有意外保险。妈妈只能谨慎前行，用自己的关爱与真心去经营，用理智与智慧去给自己的孩子导航，让他们真正健康地成长。

妈妈职业通行证 》》》

孩子的身体需要妈妈的照顾，但是孩子的灵魂更需要妈妈的指引。做好孩子灵魂深处的领军人物，这是每个妈妈义不容辞的责任，也是妈妈们事业成功的一个重要保证。所以在这份不允许失败的事业中，妈妈要用自己的真心与智慧去打拼，给自己的孩子一个美好的未来，同样给自己的职业一个完美的明天。